法政大学イノベーション・マネジメント研究センター叢書 | 19

起業プロセスと
不確実性のマネジメント

首都圏とシリコンバレーの Web ビジネスの成長要因

田路 則子 [著]

東京白桃書房神田

はしがき

　本書は，ビジネスの中心地である，首都圏とシリコンバレーにおける
Web ビジネスを調査対象に，その起業機会認識から成長に至るプロセスを
追いかけたものである。Web ビジネスを選択した理由は，比較的スムーズ
に立ち上がり，株式公開後も順調に成長を遂げる例が多いからである。特
に，多額の資金を必要とせずに始められることが，未公開企業向けの金融市
場が脆弱であると指摘されてきた日本においても，速く成長できる可能性が
あると考えた。

　また，首都圏とシリコンバレーを比較した理由には，起業の聖地と謳われ
るシリコンバレーに，首都圏はどれくらい水をあけられているかを検証した
かったことがある。シリコンバレーの起業のエコシステムの原動力は，イノ
ベーションの担い手として世界中から集まってくる技術系移民と，失敗・成
功にかかわらずネットワークを拡大しながら何度も起業を繰り返すシリアル
アントレプレナーと，成功した起業家が若い世代の支援者や投資家になると
いう循環のメカニズムにある。これらの条件が整わない日本の起業環境はど
のような状態なのか。この 2 つの地域を比較した上で，Web ビジネスの成
長要因を抽出することが本書の 1 つ目の目的であった。

　起業プロセスにおいては，不確実性の山をいくつも越えなければならな
い。そこで，本研究で，起業を実践しようとする人達に，不確実性とどのよ
うに向き合うのかについて成長事例から導出した方策を提示したいというの
が，もう 1 つの目的である。

　このはしがきを執筆中に，起業を予定していた，ゼミの卒業生からメッ
セージが届いた。「以前に考えていたアイデアですけど，なぜ，自分がやる
んだろうと疑問を感じ，熱意を持てないことに気がつきました」。つまり，
起業機会を認識したものの，その機会を活用してビジネスにすることは自分
に適していないと判断したのである。確かに，適合性がなければ，モチベー
ションは上がらない。もしも，それでも無理矢理に起業すれば，予期せぬこ
とが山のように出現して，耐えられずに，早期に撤退に追い込まれるのは明

らかであろう。

　たとえ考え抜いた末の起業をした場合であっても，不確実性に耐えながら，意思決定を繰り返さなければならない。本書では，起業後にどのように不確実性をマネジメントするのかを，起業前に検討した起業機会との関連も考慮しながら考察していきたい。本書の中で，不確実性のマネジメントの一端は示せたと思っているが，その評価は読者の方々に委ねるしかない。

　新産業創出に寄与し，イノベーションの源泉となるのは，いつの時代も起業家活動であることは周知の事実であり，歴史的観点からそれを論じた，1999 年に公刊された米倉誠一郎氏の著書『経営革命の構造』は色褪せることはない。また，1994 年に刊行された金井壽宏氏の『企業者ネットワーキングの世界―MIT とボストン近辺の企業者コミュニティの探求』は，米国の起業家のネットワーキングを参与観察しており，定性研究のお手本として，長く，大学院生や若手研究者の間で読まれてきた。

　しかし，それにもかかわらず，日本の経営学の領域では，起業家活動の研究者はあまり増えているようには感じられない。お二人が長く勤務された一橋大学と神戸大学にも，当該分野を標榜する研究者が未だに極めて少ないことは不思議なことである。海外の学会やジャーナルではアントレプレナーシップの研究は量も質も充実度を増してきていることとは，隔たりがある。

　日本において当該分野の研究が盛んにならなかった理由の 1 つは，日本の起業家活動は海外と比べると不活発であり，研究対象として魅力的には映らなかったことにあろう。かくいう私も，博士論文では，半導体産業の製品開発を題材にし，大企業のイノベーションを取り上げた。その後，ハイテク産業でフィールドワークをするうちに，主たる研究対象が大企業からハイテク・スタートアップに移っていった。勢いを失っていく日本の半導体産業よりも，シリコンバレーの新しいハイテク分野における起業家活動に活力を感じたからである。

　2010 年に，共著で出版した書籍，『ハイテク・スタートアップの経営戦略―オープンイノベーションの源泉』は，日本，米国，英国，台湾における成長事例を，IT，半導体，バイオテクノロジーの領域から紹介した。この 4 つの国において，スタートアップが大企業から投資を受け，共同研究も行わ

れていることが確認できた。しかしながら，当時の日本の大企業は，日本の
スタートアップにではなく，海外のスタートアップに大きな期待をしてい
た。そしてこの前著では，日本の起業のエコシステムは整っているとは言え
ず，未熟であるという結論に至った。

　それから日本の環境はどう変わっただろうか。本書では、前述のとおり，
IT 産業の中の Web ビジネスに焦点を絞って，確認していきたい。

　この 10 年の間に，それまで日本経済を牽引してきた電子半導体産業は，
アジアの新興国に追い上げられて大きな打撃を受け，多くの企業にリストラ
クチャリングの波が襲いかかった。また，平均賃金は，ほとんどの産業で過
去 20 年にわたって下がり続けた。このように，既存企業に力がないのな
ら，起業家活動を活発化させ，潜在力の高いスタートアップを送り出さなけ
ればならない。しかし，べき論を述べても仕方がない。本書では，スタート
アップが対処しなければならない不確実性のマネジメントを，日本の成長事
例から解き明かした。エフェクチュエーションとコーゼーションという 2
つの意思決定の概念をどのように使い分けているのかを参考にしていただき
たい。その 2 つを使い分けることは，既存企業における新規事業のマネジ
メントにも適用できるはずである。本書を，起業家だけではなく，既存企業
の経営者やマネジャーにも，ぜひご一読いただきたい。

2020 年 3 月 1 日

田路則子

サバティカルの滞在先であるスウェーデン・ヨーテボリ市にて

付記

　筆者は，2004 年以来，シリコンバレーに足を運び，スタートアップを対象に
フィールドワークをしてきた。そのコンテンツを，学会や東京大学と法政大学の
ジャーナルに 10 年間発表し，それらが本書の定性的な記述の元になっている。
2010 年のサバティカルでは，改めて彼の地に滞在して，Plug and Play Tech Center
内にあった SunBridge Global Vuntures のインキュベーションスペースに通い，参
与観察を行った。他にも，在住日本人経由の紹介や，イベントブースを回っての
名刺集め，LinkedIn を使った直接の問い合わせにより，訪問インタビューを実施

してきた。

　2011 年の帰国後，日米の Web ビジネスを対象に，定量調査を行う準備を始めた。インキュベータと個人投資家を経由して，創業者に，オンライン調査への協力依頼のメールを送り，2012 年には調査を実施，2014 年にホームページや SNS の公開情報によって，生存と成長の確認を行った。成長事例については，2014 年以降も公開情報による情報収集をし，2018 年までのビジネスの進捗を確認する作業を行った。心がけたのは，定量データと，起業家像と成長のストーリーを説明できる定性データを付き合わせることだった。

　並行して，創業者へのインタビュー調査も実施し，特に，日本の 2 社を選び，起業プロセスを追う事例研究のために，2019 年に追加のインタビューを行っている。

謝　辞

　日米の調査対象にアクセスするために，多くの方の協力が必要だった。定量調査のサンプルを集めるためにご協力いただいた方以外にも，本研究の基礎となった米国のフィールドワークを助けてくださった方や，国内調査を応援していただいた方，そしてインタビューにご協力いただいた起業家も含めて，ここにお名前を記し謝意を表したい。この16年間でキャリアが変遷しているので，お名前だけに留めた点，ご了承いただきたい。

Ace Yamaguchi, Allen Miner, Mark Kato, Naeem Zafar, Ron Drabkin, 阿部博美，家入一真，石井正純，石井芳明，石川哲也，上原仁，大木美代子，大澤弘治，小川和也，金島秀人，川鍋仁，久保渓，熊谷芳太郎，琴章憲，後藤功，榊原健太郎，須田将啓，曽我弘，谷口昇，中村壮秀，仲谷隆造，野口哲也，浜野勇介，平石郁生，福井俊平，藤井敬雄，外村仁，南洋一，校條浩，山田進太郎，山本敏行，吉川欣也，吉田浩一郎の各氏に御礼を申し上げる。

　次に，本研究を学術面から支えてくださった方々に感謝の意を表したい。

　法政大学の同僚である新谷優氏には，社会心理学の観点から定量調査の設計と分析を手伝っていただき，5本の論文を発表することができた。同じく同僚である福田淳児氏には，管理会計の立場から，エニグモ社の事例研究に参画していただいた。

　草稿を読んでいただき，貴重なコメントをくださった方々は，五十嵐伸吾，古賀広志，児玉靖司，新藤晴臣，野長瀬裕二，福嶋路，簗田優の各氏である。各氏の専門領域は，アントレプレナーシップだけではなく，中小企業論，社会学，コンピュータサイエンス，ファイナンスと多岐にわたっている。専門領域に関わる章の草稿に，有益なコメントをいただいた。

　コーディング作業またはWebビジネスの分類作業をお手伝いいただいた方々は，磯田友里子，澁谷覚，浜野勇介，本荘修二，野々下裕子の各氏である。

　さらに，日米企業の情報収集を担っていただいたアシスタントの方々は，青木恭子，王亦菲，久保ヒロ子，高橋春佳，田路一毅の各氏である。特に，

青木恭子氏には，サンプルの追跡調査を6年にわたりしていただいた。

　勤務先である法政大学の諸先輩や同僚のお名前を1人1人あげることは控えるが，奉職してから14年間，自由な研究と起業家教育を見守っていただいたことに心から感謝している。特に，法政大学大学院経営学研究科のマーケティングコースの同僚である，木村純子，竹内淑恵，新倉貴士，西川英彦，長谷川翔平，横山斉理，各氏には，2018年からのサバティカルをお許しいただいたことに御礼申し上げたい。

　また，法政大学イノベーション・マネジメント研究センターのスタッフの皆さんには，過去6年間にわたり，セミナーやシンポジウム開催を支えていただいた。さらに，本書は，同センターの出版助成を得ている。本書は2016年に，世に出ているはずであった。私の怠慢から出版を断念し，4年遅れでようやく出版にこぎつけた。言い訳になるが，そのおかげで，調査対象企業の成長の軌跡が追加されている。4年前に助け舟を出してくださった同僚の坂上学氏と応援してくださった方々には，それをもって，ご容赦いただきたい。

　博士課程でご指導いただいた恩師には，博士論文から大きく軸足を移した研究書を謹呈することになった。金井壽宏先生の1994年のご著書にはとても及ばないが，日米の起業家活動の研究書を上梓できたことを報告申し上げたい。また，延岡健太郎先生には，製品開発の本流ではないものの，イノベーションを扱う研究を続けていることに変わりはないことをお伝えしたい。

　本書をまとめるには，書き下ろしが4割近くあったため，その後のデータの追加や理論構築に手間取り，執筆開始から脱稿まで4カ月しかなかった。その中で，白桃書房の平千枝子氏は，博士論文の刊行に続き，今回も親身に相談にのってくださり，励ましてもくださった。また，金子歓子氏には，的確かつエレガントな校正をしていただいたことに感謝申し上げる。

　最後に，本研究は，以下の競争的研究資金から支援を受けた。多くの研究助成金をいただいたことに身が引き締まる。

日本学術振興会の科学研究費助成事業
　基盤研究C「ノービス起業家の起業意思と事業化プロセス」2016-2018年度

基盤研究 B 海外学術「ハイテク先進地域におけるグローバル・アントレプレナーシップの実証研究」2015-2017 年度

基盤研究 C「若手起業家の特性と戦略構築力が成長性に与える影響」2013-2015 年度

基盤研究 C「先進的ハイテク・スタートアップの生成と成長要因の解明」2010-2012 年度

日本私立学校振興・共済事業団の学術研究振興資金

「Web ビジネスの興隆を担う起業家活動の国際比較」2013 年度

電気通信普及財団の研究調査助成

「インターネット関連ビジネスにおけるスタートアップ企業の成長要因」2010-2011 年度

2020 年 3 月 1 日

著　者

初出一覧

序　章：書き下ろし

第1章：書き下ろし

第2章：以下3本から抜粋し，加筆修正。

> 「WEB ビジネスの起業家像—シリコンバレーのモバイル＆ソーシャル
> メディア・ビジネス」『赤門マネジメント・レビュー』東京大学，10
> 巻10号，pp. 753-774，2011年

> 「シリコンバレーの日本人起業家像」『赤門マネジメント・レビュー』
> 東京大学，12巻3号，pp.261-282，2013年

> 「米国シリコンバレー：IT ビジネスの興隆を支える移民のシリアル・ア
> ントレプレナー」（共著）『研究 技術 計画』30巻4号，pp. 312-
> 325，2016年

第3章：以下2本から抜粋し，加筆修正。

> 「WEB ビジネスにおけるスタートアップの成長要因—首都圏における
> 定量調査と事例分析—」（共著）『ベンチャーズ・レビュー』日本ベ
> ンチャー学会，第31巻，pp. 63-67，2018年

> "Growth Factors Affecting WEB Business Startups in the TOKYO Metro-
> politan,"（共著）The proceeding of Continuous Innovation Network
> Conference, September 2018, Dublin, Ireland.

第4章：以下2本から抜粋し，加筆修正。

> 「共創する人的ネットワーク連載：シリコンバレーを支える頭脳 —
> Naeem Zafar」『事業構想』1月号，pp. 86-87，2015年

> 「米国シリコンバレー：IT ビジネスの興隆を支える移民のシリアル・ア
> ントレプレナー」（共著）『研究 技術 計画』30巻4号，pp. 312-
> 325，2016年

第5章：書き下ろし

第6章：以下を修正し，大幅に加筆。

> 「エニグモ—ビジネスモデルの構築と成長のプロセス」（共著）『一橋ビ
> ジネスレビュー』63巻1号，pp. 111-128，2015年

第7章：書き下ろし

第8章：書き下ろし

終　章：書き下ろし

目　次

はしがき

謝　辞

序章　研究課題と構成　　　　1

1. 研究課題　1

2. 研究の方法　5

3. 本書の構成　5

第 1 章　先行研究のレビュー　　　　7

1. 成長要因に関する既存研究　7

　1.1. スタートアップの成長性　7

　1.2. 経営資源　8

　1.3. 戦略　11

　1.4. ソーシャルネットワーク　13

2. 起業プロセスに関する既存研究：
　　起業機会認識の 2 つのアプローチ　15

　2.1. 発見アプローチ　16

　2.2. 創造アプローチ　19

　2.3. 発見アプローチ学派の発展　20

　2.4. 創造アプローチ学派の発展　21

　2.5. 新しい視座：発見と創造の架橋　22

3. 起業プロセスに関する既存研究：
　　エフェクチュエーション　24

第2章　日米の起業環境　29

1. 日米の投資環境　29

1.1. 世界の VC 投資　29

1.2. 日米の VC 投資　31

1.3. 日米の出口　34

1.4. カリフォルニア州の資金調達状況　35

2. シリコンバレーのエコシステム　36

2.1. シリコンバレーにおける産業の新陳代謝　36

2.2. ビジネスエンジェル　38

2.3. VC の Web ビジネスへの投資　40

2.4. 投資育成インキュベータと海外インキュベータ　42

2.5. 調査対象のインキュベータ　44

2.6. 移民起業家　46

2.7. シリアルアントレプレナー　48

2.8. 日本人のシリアルアントレプレナー：
ホームラン事例の Fitbit　49

3. まとめ　53

第3章　日本の Web ビジネスにおける成長要因　55
首都圏における定量調査

1. 起業家像と経営の状況　55

1.1. 調査方法　55

1.2. 調査対象者の属性　56

1.3. 経営状況　59

1.4. 事業タイプ別の特徴　61

2. 成長要因の分析方法　66

2.1. 成長と出口　66

2.2. 先行研究からの検討　67

2.3. 変数の設定　70

3. 分析結果：成長要因の抽出　72

3.1. 経営チームと資金調達　73

3.2. 標的市場の特性　74

3.3. ビジネスアイデアー貫性とビジネスモデル変更　75

3.4. 競合との差別化と顧客アクセス　76

3.5. グローバル志向　76

3.6. ネットワーク　77

4. 成長事例の個別分析　78

4.1. 株式公開事例　78

4.2. 売却事例　81

4.3. 成長事例　83

5. まとめ　85

第**4**章　**米国のWebビジネスにおける成長要因**　89
シリコンバレーにおける定量調査

1. 起業家像と経営の状況　89

1.1. 調査方法　89

1.2. 調査対象者の属性　90

1.3. 経営状況　93

2. 成長要因の分析方法：成長と出口　95

3. 分析結果：成長要因の抽出　95

3.1. 経営チーム　95

3.2. 競合との差別化　96

3.3. グローバル志向　97

4. 成長要因の確認　97

4.1. 成長事例　97

4.2. 売却事例：Bitzer Mobile　101

5. まとめ　104

5.1. 成長要因の考察　104

5.2. 移民の起業とシリアルアントレプレナー　106

第5章　日米の Web ビジネスの成長要因の比較　　109
起業家の属性と経営状況

1. 起業家像　109

  1.1. サンプル概要の比較　109

  1.2. 起業家の属性の比較　110

2. 経営状況　113

3. まとめ　117

第6章　起業プロセスと成長要因　　119
日本の成長事例

1. 起業プロセス　119

2. エニグモの事例分析：起業機会認識と成長プロセス　120

  2.1. シード期　121

  2.2. 創業期　123

  2.3. 創業期から成長期へ　126

  2.4. 成長期　130

  2.5. 低迷期　133

  2.6. 転換期から株式公開へ　135

  2.7. 公開企業としての経営　139

  2.8. 成長要因　142

3. グラモの事例分析：起業機会認識と成長プロセス　144

  3.1. シード期　144

  3.2. 創業期　146

  3.3. 成長期：B2B 市場　148

  3.4. 転換期　150

  3.5. 売却後の経営　152

  3.6. 成長要因　153

4. まとめ　154

第 7 章　起業機会認識のモデル　　157
日米の成長事例

1. 起業機会認識と事前知識：7 社の事例　157

  1.1. 米国の事例　158

  1.2. 日本の事例　160

  1.3. 日米 7 社の総括　165

2. 起業機会認識プロセスの精緻化　165

3. エニグモの起業機会認識の 2 段階プロセス　167

4. グラモの起業機会認識の 2 段階プロセス　169

5. まとめ　172

第 8 章　不確実性と意思決定　　173
日本の成長事例におけるマネジメント

1. 成長プロセスにおける意思決定：意思決定の原則　173

  1.1. 行動の原則　174

  1.2. リスクと資源に対する見解　175

  1.3. 外部との関係　176

  1.4. 予期せぬ事象への対処　177

  1.5. 市場開拓の方策　178

2. エニグモの意思決定　179

3. グラモの意思決定　186

4. 不確実性と意思決定の論理　190

  4.1. 意思決定の論理の継時的変化　190

  4.2. 環境の不確実性の高さと事業の範囲　190

  4.3. 財務面での経営資源の状態と事業の範囲　191

5. まとめ　192

終章　議論と考察　193

1. 日本におけるスタートアップの創出と成長促進のために　193

1.1. 日本の起業環境は厳しいのか　193
1.2. 資金調達　194
1.3. 出口　197
1.4. 経営チーム　198
1.5. 戦略　200

2. 不確実性のマネジメント　201

2.1. 起業機会認識プロセスに対する貢献　201
2.2. 成長プロセスに対する貢献　202
2.3. 起業機会認識モデルと
エフェクチュエーションの橋渡し　203

3. 本研究の限界　205

4. 今後の研究の方向性　205

参考文献

事項索引，人名・組織名索引

序章
研究課題と構成

1. 研究課題

　本書の研究対象は，2010年代の首都圏およびシリコンバレーで運営された，Webビジネスにおける起業家活動である。Webビジネスは，パーソナル・コンピュータを利用するインターネット上や，携帯電話を利用するモバイル環境上の，製品サービスを提供するビジネスの総称である。現在，あらゆる産業の製品サービスが，Webビジネスとつながることによって付加価値を高めるというよりも，むしろつながらなければ存続できない状況にある。消費者の生活の利便性に直接関わるという意味でも，その重要性は増す一方である。このWebビジネスの担い手としては，大企業よりもスタートアップ企業の方が，存在感が大きい。しかしながら，Webビジネスの重要な担い手である起業家やスタートアップ企業の概要を明らかにした学術研究は，日本には見られない。

　首都圏とシリコンバレーは，ハイテク分野の先進企業が所在する日米の代表的地域であり，大企業はもちろん，それを取り巻くスタートアップの活動も盛んである。わが国のWebビジネスをシリコンバレーと比較することで，その実態を客観的に解明したい。そのために本書は，統計等の数値を使ったマクロな分析ではなく，質問票やインタビューにもとづくミクロな分析の方法論をとる。限られたサンプル数にはなるが，文脈から溢れてくる起業家活動の生々しい実態を伝えることを第一義とする。

　本書の目的としては，首都圏とシリコンバレーのWebビジネスの担い手

である起業家とスタートアップ企業の特徴を明らかにすること，Web ビジネスの成長要因を定量調査および定性調査から明らかにすること，起業機会認識から成長に至る一連の起業プロセスを成長事例を用いて提示することである。これらを以下に示す 3 つの研究課題として取り上げていく。

　まず，1 つ目について説明する。シリコンバレーは，ハイテク・スタートアップ[1]を次々に輩出しながら産業転換に成功し，世界一の産業集積の座を築いた歴史を持つ。1939 年の Hewlett-Packard 設立に始まり，1950 〜 60 年代は半導体産業，70 〜 80 年代は IT 産業，90 年代はインターネット関連のビジネスを育てて，世界を牽引した。それらを担ったのは，世界中から集まった技術系の移民であった（Saxenian, 1994, 1999, 2006 等）。2005 年以降は，モバイルとソーシャルメディア関連のビジネスを産みだしたことは周知の事実であり，筆者は，それらの起業家活動のフィールドワークを行ってきた（田路・露木，2010；田路，2011；田路・新谷，2016 等）。一方，日本における起業家活動は低調であり，先進国内で下位に位置づけられる。直近の国際調査をみると，成人を対象にした Global Entrepreneurship Monitor（GEM）[2]では，創業前後の起業家が人口に占める比率（TEA）が先進国中最下位から 3 番目であり，大学生を対象にした Global University Entrepreneurial Spirit Students' Survey（GUESSS）[3]では，起業意思が世界最下位である。

　そこで本書は，日本と米国のハイテク産業が最も盛んな地域である首都圏とシリコンバレーに限定して起業家活動を比較していく。なお，ハイテク産業のなかでも Web ビジネスに絞ったことには理由がある。第 1 点は 2005年以降に伸びた新産業に注目したいからである。また，Web ビジネスは大

1　ハイテク・スタートアップの定義は，コーネル大学の David Ben Daniel による（Nesheim, 1997）。「経済的基盤を築けるまで成長できた場合には，多くの雇用を生み，技術変化を普及させ，自らつくりだしたイノベーションのカルチャーをあらゆる経営体に波及させていくような潜在的能力を持ちうる中小企業。」

2　総合起業活動率と訳される TEA（Total Early-Stage Entrepreneurial Activity）Rate は，新しいビジネスの準備をしている起業予定者と創業からおおよそ 3.5 年以内の起業家を合わせた人数を分子に，分母は 18 歳以上の成人とする比率である。"GEM 2018/2019 Global Report" によると，2018 年の調査には 49 カ国が参加した。

3　GUESSS の起業意思（entrepreneurial intention）の指標は卒業後 5 年以内に起業予定がある者の比率である。日本の起業意思は 4 回連続で最下位に位置づけられている。2018 年調査には 54カ国が参加した。世界レポートは "2018 GUESSS Global Report"（Sieger et al., 2019）。2016 年調査は 50 カ国が参加した。日本レポートは「大学生の起業意識調査レポート―― GUESSS 2016調査結果における日本のサンプル分析」（田路他，2018）。www.guesssurvey.org に公開。

型の資金調達を必要としないため，スタートアップ向けの金融市場の脆弱性が障害になりにくいからである。1つ目の研究課題は次のとおりである。

研究課題1：起業家活動の聖地と認知されるシリコンバレーにおける Web ビジネスの起業家活動と，先進国中下位に位置づけられる日本の首都圏で活動する Web ビジネスの起業家活動には，どのような相違があるだろうか。限られたサンプルの予備的な調査に過ぎないが，2010 年代における，起業家と創業チームの特性やビジネスの概要を比較したい。

　2つ目の目的は，それら Web ビジネスの成長要因を明らかにすることである。スタートアップの内外環境を構成する要素のうち，何が成長を促進するのだろうか、という点である。

研究課題2：首都圏とシリコンバレーの Web ビジネスでは，どのような経営資源や戦略等が成長に影響しているだろうか。先行研究が扱ってきた外部環境，経営資源，ネットワーク，戦略について，定量および定性データを使って明らかにしたい。

　研究課題 1 と 2 は，外部者の視点によって客観的に，起業家やスタートアップの属性，環境要因，経営資源，戦略を評価することになるが，定量データを分析して統計的に有意となる傾向を抽出し，事例の文脈のなかで考察するという方法をとる。それによって，実践者や政策立案者に役立つインプリケーションを引き出したいが，あくまでも静態的な結果に過ぎない。実践者が現場で行うマネジメントは，予想外の環境変化によって危機に追い込まれることもあれば，思わぬ幸運によって成長が加速されることもあるだろう。実践者は，そのような不確実性が高い環境のなかで，そもそも不十分な経営資源を最大限に使いながら，マネジメントしなければならない。実際の経営の現場では，意思決定はどのように行われるのか，実践者の立場に立って分析をしたい。それが 3 つ目の目的に対応する研究課題 3 となる。

　ここで，Shane（2003）のモデルを使って起業プロセスを示しておきたい（図序 -1）。このプロセスのモデルを本書では，前半部分の起業機会認識プ

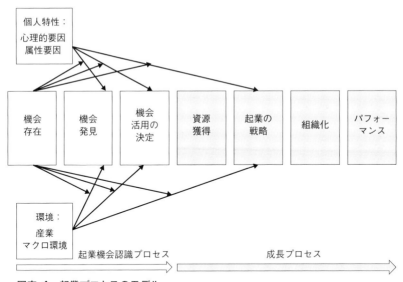

図序-1 起業プロセスのモデル
出所：Shane（2003）に筆者加筆・改変。

ロセスと，後半部分の成長プロセスに分ける。起業機会認識プロセスは，機会存在，機会発見，機会活用の決定の3段階に分かれている。しかし，機会発見から機会活用の決定まで容易には進まない。起業家は，心理面，経済面，社会面のさまざまなハードルによって戸惑う。決定には長い時間が必要になることもあるだろう。Shaneのモデルでは，このプロセスが精緻に示されておらず，ブラックボックスになっている。続く成長プロセスは，資源獲得，起業の戦略，組織化，パフォーマンスと進むが，さらに多くのハードルを克服しなければならない。成長プロセスにおける意思決定は，不確実性の下でなされる。3つ目の研究課題3は次のとおりである。

研究課題3：既存研究がブラックボックスとして扱うことが多かった，起業機会認識から成長に至る起業プロセスはどのようなものだろうか。起業家は不確実性を認知しつつも，起業を意思決定し，内外の環境変化がもたらす不確実性に対処しなければならない。この点を，特定の事例の意思決定を丹念に追うことで明らかにしたい。

2. 研究の方法

　調査対象は前述のように，Web ビジネスを提供するスタートアップである。日本の首都圏とシリコンバレーにおいて，2012 年 4 月～ 12 月にオンラインの質問票調査を行い，その 2 年後に，成長を確認した。時系列調査に耐える有効回答数は日本 86 社，米国 45 社であった。その回答内容を用いて，研究課題 1 と 2 に答える。研究課題 1 が求める日米の比較を，起業家と創業チームの特性やビジネスの概要について行う。さらに，研究課題 2 が求める成長要因を明らかにするために，成長したグループと成長しなかったグループに分けて，経営資源や戦略の要素について平均値の差の検定を行う。しかしこれらの分析は定量調査の方法をとっているため，起業家とスタートアップの具体的なプロフィールが読者には伝わらない。そこで，出口に達した事例と成長した事例を抜き出し，そのビジネスの概要や起業家のキャリアについて個別に詳細を明らかにする。なお，日本の 86 社中，株式公開は 5 社，売却は 2 社，成長は 6 社を数えることできた。米国の 45 社中，株式公開は 1 社，売却は 3 社，成長は 3 社を数えることができた。

　研究課題 3 が求めている起業プロセスを明らかにするためには，定性研究を行う必要がある。起業家活動は，経営経験がない起業家と経営資源に乏しい組織という取り合わせが典型的である。しかも，製品サービスの先例が海外にもなく，競合も存在しない場合は，不確実性が極めて高くなる。そこで，その条件に該当する日本の 2 事例を選んで，インタビューを中心とした文脈が豊富なデータを用意した。起業機会認識ではどれくらい不確実性を知覚したのか，成長プロセスではどのような意思決定をしながら不確実性を乗り越えていったのかに，焦点を当てる。

3. 本書の構成

　本書の構成を図序 -2 に示す。第 1 章で起業プロセスと成長要因に関する先行研究を検討し，第 2 章では日米の投資環境や株式公開の状況を比較し，シリコンバレーの起業環境も紹介したい。第 3 章，4 章は，研究課題 1 と 2 に対応して，日本と米国それぞれの分析を行う。第 5 章は日米の比較であ

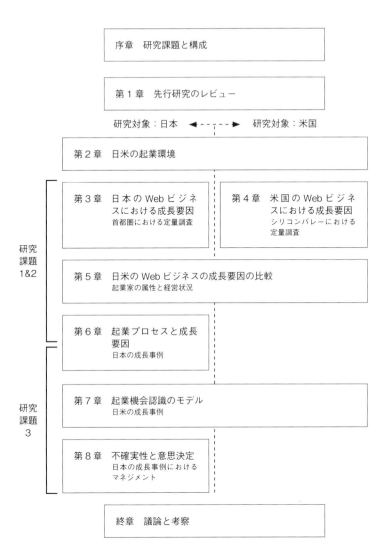

図序-**2**　本書の構成

り，第 6 章は日本の 2 事例の成長要因を掘り下げている。そして第 6 章から 8 章は研究課題 3 に対応している。第 6 章は，不確実性の高い日本の 2 事例の起業プロセスを記述している。第 7 章は，日米の成長事例における起業機会の認識を分析している。第 8 章は，第 6 章で記述した 2 事例における意思決定を分析している。

第**1**章
先行研究のレビュー

　本章では，スタートアップの成長要因に関する研究群と，起業プロセスの解明を目指す研究群について，レビューを行う。前者の研究群は，成長性，経営資源，戦略，ソーシャルネットワークの4つに分類し，後者の研究群は，起業機会の発見アプローチ，起業機会の創造アプローチ，エフェクチュエーションの3つに分類し，順に見ていく。

1. 成長要因に関する既存研究

　本節では，第3章から第5章における日米の成長要因の分析に対応して，スタートアップの成長要因に関する先行研究を検討していく。成長要因の検討に先立ちまずは，パフォーマンス指標である成長性の指標を検討したい。

1.1. スタートアップの成長性

　未公開の中小企業やスタートアップの成長性は，どのように測るのだろうか。

　成長性の指標は，売上高，収益率，従業員規模，資産等の客観的な指標と，経営者が認識する市場シェアや競争優位性のような主観的な指標に分けられる。客観的な指標によって成長性を測ることがもちろん望ましいが，たとえば収益率の数字は未公開企業ゆえ公開されることはほとんどなく，直接に入手することも難しい。したがって，成長性のもっとも客観的な指標は，売上高と従業員規模の増減であろう（Brüderl & Preisendörfer, 1998 等）。こ

の2つの指標を合わせて成長性を測ることができれば理想的であるが，売上高を質問票の回答で得ることは困難な場合もある。対して従業員数を回答してもらうことの方が容易であり，また中小企業は財務基盤が整うに従って従業員を増やしていくことから，従業員の増加は成長性を反映しているとする先行研究が多い（Storey, 1994；Brüderl & Preisendörfer, 1998；Zhao, Frese, & Giardini, 2010）。以上をふまえて，本研究も，従業員の増加を成長性の指標としたい。

　日本のスタートアップの成長性を定量的に分析した研究は少ない。忽那（2004）の研究は，特定の都市で同じ期間に設立されたスタートアップを対象に，10年間の従業員数の推移を調べて，突出して成長する企業の存在を見出した興味深い研究である。新製品開発や新規顧客開拓が成長につながることを見出した。他の日本のスタートアップの定量調査の例として，Okamuro（2004）は，1980年代の機械・金属業界における新規開業に焦点を当てて，生存状況を分析した。本研究は，特定の業界の起業家活動を対象にした数少ない研究の1つである。他の多くの研究は，スタートアップではなく，中小企業を対象にしている。たとえば江島由裕のグループは，売上高の伸びを扱った成長性の研究を2007年から2015年の間に8プロジェクト実施しており，対象とする業界にはITも含まれていた（江島, 2018）。この研究の対象企業の平均操業年数は30年程度，最も短くて10年という中小企業であった。

　本書の研究は，日本のスタートアップの成長要因を抽出し米国と比較するという点では，数少ない研究ということになる。

1.2. 経営資源

　スタートアップの成長と経営資源との関係は，Penrose（1959），Wenerfelt（1984），Barney（1991）等に代表される資源ベース理論の系譜で論じられており，日本でも金井（2002），新藤（2006），江島（2014），山田（2015）等が取り上げてきた。

　経営資源は，経営チームや人的資源，財務資源としての資金調達に大きく分類できる。

1.2.1. 経営チーム・創業チームの多様性

創業時の経営チームの体制については，1人よりも複数によって編成された方が成長につながることを，Eisenhardt & Schoonhoven（1990）が半導体のスタートアップの定量調査によって明らかにした。それに続く研究も同じ結論を示している（Chandler & Hanks, 1998；Roberts, 1991）。また，複数人による経営チームは，ベンチャーキャピタル（VC）から高く評価されることも実証されている（Goslin & Barge, 1986；Heilemann, 1997；Baum & Silverman, 2004；Franke et al., 2008）。

さらに，規模だけではなく，多様性が多くの研究で検討されている。1つ目は，職能の多様性であり（Beckman, Burton, & O'Reilly, 2007；Randel & Jaussi, 2003），チームの異質性（Chandler, Honig, & Wiklund, 2005）とも表現できる。チームメンバーはそれぞれ専門性の高い職能，たとえば，経営管理，ファイナンス，マーケティング，エンジニアリング，生産等のいずれかに長けた人材であることが望ましい。2つ目は，チームの完全性（team completeness）であり，CEOだけではなく，技術，マーケティング，ファイナンスの責任者であるCTO, CMO, CFOが揃っていることが成長につながる（Eesley, Hsu, & Roberts, 2013；Miloud, Aspelund, & Cabrol, 2012；Roure & Keeley 1990；Siegel, Siegel, & MacMillan, 1993）。

1.2.2. 経営チーム変更

経営チームは時間とともに変化し，メンバーには追加，削減，入れ替えがある。チームが変わることには賛否両方の主張がある。同じメンバーのまま継続するチームで経営が続くことは信頼と協調を示しているという主張もあれば（O'Reilly, Snyder, & Boothe, 1993），チーム変更による不連続な状態は，学習機会が多く，それにより生存機会が増すという主張もある（Wiersema & Bantel, 1992；Zimmerman & Zeitz, 2002）。どちらがよいのかはコンテクストに依存する（Hambrick & Mason, 1984）。安定した状況ではメンバーが継続するチームの方が効率的であり，不安定または緊急を要する状況ではメンバーが変更されたチームの方が新しい知識や関係を獲得できるので望ましいと，Murray（1989）は主張する。その後の研究でも同様の結果が示されている（Keck & Tushman, 1993；Keck, 1997；Tushman & Rosenkopf, 1996）。

ただし，一般に，新しいメンバーの追加は成長の指標と見なされている（Higgins & Gulati, 2006）。一方，メンバーの減少については，有能な人材ほど引き抜きがあるので去りやすいという主張があるものの，貢献度が低い者が去ったことを意味するという主張のほうが多い（McEvoy & Cascio, 1987等）。また，離脱と入れ替えは，経営チームが新しい方向性を追求することを示唆しており，よいサインであるとみなすことができよう。とくに，競争環境が激しいとメンバーの入れ替えが多くなる。（Murray, 1989；Keck, 1997）。また，成長段階に注目した研究は，立ち上げ時期を過ぎると，能力のミスマッチが起きるので，メンバーの変更が必要になるという主張をしている（Birley & Stockley, 2000；Gartner, Bird, & Starr, 1992；Ucbasaran et al., 2003）。

　Beckman et al.（2007）は，メンバーの追加や離脱によるチーム変更が株式公開と正の相関があることを実証している。また，経営チームを含む人的資源が企業の成長や生存に影響するかどうかを検証する数的モデルも登場している（Cressy, 1996, 2006）。

1.2.3. 業種とパフォーマンス

　創業チームの多様性とチーム変更に関する既存研究は，経営チームの多様性が求められる技術系スタートアップを対象にしているものが多いが，具体的に，どのような分野のスタートアップを対象に，どのようにパフォーマンスを測ったのであろうか。成長したスタートアップを扱っているため，内部収益率やキャピタルゲインの指標を採用している研究が多いが，そのなかからいくつか，紹介しておきたい。

　Roure & Keeley（1990）は，米国の電子機器産業を対象に，チームの完全性（職位が揃っているか）と内部収益率の相関を調べた。Beckman et al.（2007）は，米国のコンピュータ，ソフトウエア，バイオテックを対象に，職能の多様性によるVCへのアクセスや株式公開への影響を調べた。Eesley et al.（2013）は米国のMIT卒業生が創業した技術系企業を対象に，チームの完全性とキャピタルゲインが関係していることを実証した。Miloud et al.（2012）は，フランスの技術系産業で，投資額がチームの完全性と相関していることを実証した。Chandler et al.（2005）は，スウェーデンおよび米国の製造業とサービス業において，職能の多様性が収益性に影響す

ることを実証した。Higgins & Gulati（2003）は，米国のバイオテックを対象に，チームの完全性と投資家数の関係を明らかにしている。

1.3. 戦略

1.3.1. 一貫性

　経営資源と並んで，スタートアップの成長要因として大きな議論となるのは，戦略が一貫しているべきか，柔軟であるべきかという点である。1つの機会を見定めて，終始一貫した戦略にしたがって，成長軌道に乗せることを，起業家[1]は当然に望む。しかし，軌道修正を迫られる局面は多々ある。Covin & Slevin（1989）は，厳しい経営環境にある場合は，有機的組織によって運営することや状況に合わせて柔軟に変更できる戦略姿勢が重要であると指摘している。他にも，環境に合わせて柔軟に戦略変更することの有効性が，McGrath & MacMillan（2000）や Morris & Kuratko（2002）によって明らかにされている。

1.3.2. 起業家的志向性

　ほとんどの製品サービスには，競合が存在するか，一番乗りで製品を市場に投入しても追随する競合が登場するのが常である。競合と差別化するための戦略として，革新性に注目する研究が多い。Miller（1983）によって起業家的志向性（entrepreneurial orientation）の重要な要素とされた革新性（innovativeness）は，Covin & Slevin（1989, 1991）や Lumpkin & Dess（1996）に受け継がれた。彼らが提唱した起業家的志向性は，スタートアップではなく，創業5年以上の中小企業を対象とする研究から生まれた概念である。スタートアップから中小企業に移行しても，起業家的志向性を持ち続けているかどうかが，生存や成長に関わってくるという主張である。経営者個人ではなく，組織としてその志向性を発揮できることで，パフォーマンスが向上する。

　起業家的志向性の概念は，3つの下位概念に分けられる。それは，前述の革新性以外に，先駆性（proactiveness）とリスク負荷（risk-taking）である。江島（2014, 2018）の邦訳によれば，革新性は，これまでにない事業アイ

1　先行研究によっては，「起業家」「企業家」，双方の表記が見られるが，本書では「起業家」に統一する。

デア，創造的な事業プロセス，技術的なリーダーシップを積極的に発揮・導入することを通じて，新たな事業機会の開拓や新製品市場への進出に向かう志向性である。先駆性は，マーケティング戦略や製品開発プロセスにおいて迅速かつ攻撃的な姿勢で競争相手に打ち勝つ体制と行動を保持する姿勢である。リスク負荷は，不確実性は高いが将来のリターンの大きな事業に対して多くの経営資源を投入して市場で戦う行動姿勢を示す。いずれも，成長するスタートアップが示す姿勢であろう。

1.3.3. グローバル志向

　グローバル志向は，大企業に限ったことではない。グローバル化が全産業に広がり，企業規模の大小を問わず，国境を越えたグローバルな市場の広がりにあわせた事業展開が求められている。スタートアップのグローバル志向は，Oviatt & McDougall（1994）の掲げるインターナショナル・アントレプレナーシップ（IE）に遡ることができる。その当初の IE の定義は，「立ち上げ時より，複数の国において資源を活用して製品を販売することによって，競争優位性を打ち出そうとする経営体」であった。後の McDougall & Oviatt（2000）の定義では，「革新的で進取の気性に富み，リスクを厭わずに国境を越える活動を行い，組織的に新しい価値を創造しようとすること」とされた。さらに，Oviatt & McDougall（2005）では，機会発見の理論（Shane & Venkataraman, 2000）にしたがって，「国境を越えて機会探索を行って評価し，その機会を利用して，将来の製品やサービスを生み出すこと」と再定義された。このような企業は，俗に「ボーン・グローバル」と名づけられている（Bell, McNaughton, & Young, 2001；Bell et al., 2003；Chetty & Campbell-Hunt, 2004）。彼らが定義するボーン・グローバルとは，国際市場において，特定の領域でハイテク製品を提供する企業を指す。米国のシリコンバレーでは特に，ボーン・グローバルが多い。

　ボーン・グローバルモデルは，伝統的モデルとは異なる。伝統的モデルは，国内市場から始めて，徐々にグローバル市場に進出するステージモデルと呼ばれるものである。（Johanson & Vahlne, 1977；Johanson & Wiedersheim-Paul, 1975）。これに対し，ボーン・グローバルモデルは，先行者利益を求め，グローバルな隙間市場に急速に浸透することを目的とする（Bell et al., 2003；Chetty & Campbell-Hunt, 2004）。

ボーン・グローバルなハイテク・スタートアップの中でも，バイオや ICT のような先進的分野で極めて高い専門性をもって事業をすすめる企業は，知識ベース型企業（knowledge based firm）と名づけられる（Autio, Sapienza, & Almeida, 2000；Bell et al., 2003）。このような企業は，コアコンピタンスや競争優位性の源泉を持っているが，グローバル展開のためには，国際的な金融市場にアクセスすること，海外企業と提携すること，国際経験豊かな起業家であることが必要であると主張されている（Knight & Cavusgil, 1996；Madsen & Servais, 1997；McKinsey & Co., 1993；Taji, 2014）。

　本書が扱う Web ビジネスは ICT の分野に属するので，特にシリコンバレーの事例には，ボーン・グローバルな企業が含まれていると期待できる。

1.4. ソーシャルネットワーク

　起業家活動とネットワーキングは切っても切り離せない。Dubini & Aldrich（1991）によると，起業のために資源を集めることは，他人を説得して，資金，労働力，その他の協力を不確かな将来へ拠出させる行為であり，これはネットワーキングそのものである。Vesper（1989）も同じく，ネットワーキングは資源を獲得して管理することであると定義し，起業家の前職の経験が新しいアイデアの源泉になることや，個人の交友関係の広さや質の重要性を説いている。金井（1994）は，起業家のネットワーキング組織のエスノグラフィを通じて，個人の資源動員の活動を明らかにするとともに，ネットワーキング組織が生成，発展，変化する動態と個人の関わりにメスを入れた。

　起業家がネットワーキングする対象であるソーシャルネットワークは，ネットワーキングをすることによって拡大していく。拡大したソーシャルネットワークによって，起業家はより豊かな資源を獲得して，ビジネスを成長させる（Zhao et al., 2010）。

1.4.1. 強い紐帯

　このソーシャルネットワークを，Granovetter（1973, 1982）は 2 つのタイプ，強い紐帯と弱い紐帯に分類した。強い紐帯は長い時間をかけて構築される。起業家は意思決定に迷ったり困ったりした場合には，強い紐帯を頼ってアドバイスや助けを求める（Burt, 2000）。強い紐帯は，起業機会や資源獲得に

重要である（Aldrich, Reese, & Dubini, 1989；Aldrich, Rosen, & Woodward, 1987）。具体的な強い紐帯とは，仕事仲間，親しい友人，配偶者や親戚をさす（Aldrich, Elam, & Reese, 1997；Brüderl & Preisendörfer, 1998）。また，強い紐帯はビジネスの成長を促進する。たとえば，親しい友人やビジネス上で関わりが深い知人の数は，売上高や収益性の伸びと相関があることが実証されており（Davidsson & Honig, 2003），配偶者や友人や親戚との紐帯が従業員の規模に相関があることも実証されている（Brüderl & Preisendörfer, 1998）。しかしながら，これらの研究結果と相反する研究もある。例えば，Kaish & Gilad（1991）は，親しい知人からの情報がビジネスの成長には関係ないことを明らかにした。Zhao et al.（2010）も，友人や家族の人数がビジネスの成長には関係ないと主張する。その理由は，親しい知人や家族が必ずしも，起業家活動やビジネスをサポートすることに関心がないことである。強い紐帯のなかでも，ビジネスの相談ができ，サポートをしてくれる人でなければ，起業家は，頼れない。なおサポートとは，法律上や金銭面の経営課題を解決するために力を尽くしてくれるような具体的なサポートもあれば（Aldrich et al., 1997；Larson & Starr, 1993），議論に応じてくれるという間接的なサポートもあり，ちなみにこの議論する相手をどれだけ持っているかということがビジネスを進めるには重要であると指摘された（Greve & Salaff, 2003；Renzulli, Aldrich, & Moody, 2000）。

　起業家にとっての強い紐帯として，他にはメンターがある。メンターは一般に，キャリアや個人の生活をサポートしてくれる支持者をさすが（Ragins & Scandura, 1999；Whitely, Doughterty, & Dreher, 1991），スタートアップの研究においては，起業をサポートするビジネス上のメンターを意味する。このようなメンターは，ビジネス・メンターまたはスタートアップ・メンターと呼ばれている。Ozgen & Baron（2007）は，ビジネス・メンターを，起業機会に関する情報を持ち，その活用方法を知っている者であると定義している。彼らの主張は，起業機会は詳細な調査の結果見つかるものではなく，独創的な準備と機会に対する機敏性（Kirzner, 1979）によって見出されると指摘した Kaish & Gilad（1991）の研究に依拠している。Ozgen & Baron（2007）によると，ビジネス・メンターこそが，起業家が機会に鋭敏になることを手助けする役割を持つ。このビジネス・メンターは，ビジネスの成長に必要な

直接的援助を提供できる存在であり，強い紐帯の中でも一際存在感が大きいと言えよう。

1.4.2. 弱い紐帯

　強い紐帯と比較されるのが，弱い紐帯である。起業家活動の研究領域では，弱い紐帯とはビジネス上の関係に相当し，たとえばサプライヤー，顧客，パートナー，元同僚等がそれに当たる（Aldrich et al.,1997；Brüderl & Preisendörfer, 1998；Zhao et al., 2010）。

　弱い紐帯はそもそも一時的な関係であることが多いものの，特有の強さを持っている（Granovetter, 1973, 1982）。弱い紐帯は新しい異質な情報をもたらすので，機会発見につながることがある（Granovetter, 1982；McEvily & Zaheer, 1999）。また，強弱の紐帯をあわせ持つことが重要であるという主張も多い（Elfring & Hulsink, 2003；Rowley, Behrens, & Krackhardt, 2000）。Elfring & Hulsink（2003）は，強弱の紐帯のバランスをうまく保ったネットワークは，起業家に，機会発見をもたらすとともに必要な資源を確保させると指摘した。Rowley, Behrens, & Krackhardt（2000）によると，この双方をあわせ持つことは，企業間の関係を分析して収益性をあげることに有効である。

2. 起業プロセスに関する既存研究：起業機会認識の２つのアプローチ

　本節は，第７章の起業機会認識のモデルに対応する既存研究の検討である。その前にまず前提として，起業機会を見出す起業家について，古典的研究の位置づけにある Schumpeter と Kirzner の起業家の概念を振り返っておきたい。

　個人が経済発展の礎を築く可能性を指摘した Schumpeter（1928a,b）は，従来の経済学の理論からは逸脱している。その理論は，経済発展はある状況から次の状況に移っていく不均衡によってもたらされるとし，起業家が従来の経験や慣習を超えるような新しい可能性を求めることで均衡を破る役割を果たすとする。起業家は，経済的リーダーシップを発揮して，新しい可能性を実現する主体であるという主張である。実現されるものについては５つ

の新結合のパターンに分類しており，新しい生産物または生産物の新しい品質の創出と実現，新しい生産方法の導入，新しい組織の創出，新しい販売市場の開拓，新しい買い付け先の開拓である。起業家は，これら新結合の可能性を見出すと，実現のために困難を伴ったとしても行動する。その理由は，機会が頑然と存在すると信じており，モチベーションが大きいことである。また彼は，起業家の特性を自己中心性（self-centeredness）によって説明しており，私的王国の創設への意欲，征服意欲，創造の喜びという 3 つを，その特徴に挙げている（Schumpeter, 1934）。

1970 年代に登場した Kirzner は，Shumpeter に続いて，経済システムのレベルから起業家の役割を論じた研究者である（McMullen & Shephered, 2006）。それまでの経済学を見直した上で，市場経済の調整メカニズムに注目して，独自の起業家活動の理論を発展させた。市場でのあらゆる出来事はあらかじめ決められているという均衡モデルの世界では，完全に適切な情報が共有されて，価格が均衡するはずだが，Kirzner（1973, 1979）の理論は，完全な均衡を前提としておらず，適切な情報が共有されないので，より高い価格で買う者やより低い価格で売る者が登場して，その 2 つの価格差が利潤の機会を生むとする。そしてその機会を発見できるのが起業家であるという主張である。起業家は，やがて，需要と供給の調整をして均衡に向かわせる。

以上を踏まえ，機会認識に関する既存研究レビューに議論を進めたい。起業プロセスは，機会認識から始まり，成長プロセスへと移行していく。機会認識プロセスは 2 つのアプローチである，発見プロセス（discovery process）と創造プロセス（creation process）に分かれる。発見プロセスにおいては，既存の市場や産業で外因的なショックによって形成された機会が起業家によって発見され（Shane, 2003），創造プロセスにおいては，機会は起業家によって内因的に創造される（Alvarez & Barney, 2007）。しかし，この 2 つのアプローチのルーツとなる研究は，元々起業家活動そのものに焦点を当てたものではない。以下，Alvarez, Barney, & Anderson（2013）のレビューを主に引用しながら 2 つのプロセスの比較をしたい。

2.1. 発見アプローチ

発見プロセスは，オーストリア経済学派の流れを汲むとされている。

Menger（1871）は，消費者のニーズに関する知識を利用して，どのような財が生産されるべきかを決定できる者が存在するという，経済人のモデルを提唱した。しかし，どのような者がそのニーズに気づくことができるのかについては触れていない。後の Hayek（1945, 1978）は，満たされていない消費者のニーズ，生産手段，その手段の調整について正しい情報を得る者が起業家として行動できると主張した。このように，有益な情報の有無が，経済人とそうではない者を分かつと主張するオーストリア学派の主張は，今日の発見プロセスの研究につながっている。

　その後，起業家と非起業家の相違を，心理的相違，認知的相違，属性の相違の点から明らかにしようと，様々な研究が 2000 年代まで試みられた。これらは，ある程度は相違を説明できたものの，限定的な発見に過ぎず，決定的に二者の相違を説明できる研究はほぼないと，Alvarez et al.（2013）は判断している。

　オーストリア学派の立場から，発見プロセスの先駆者として登場したのが，先述した Kirzner であり，起業家と非起業家の相違を説明するために，機会認識に注目した（Kirzner, 1973, 1979）。オーストリア学派のなかで，初めて起業家活動（entrepreneurship）の概念を使用し，起業家とは，機会に対して機敏である者であると定義した。機敏性（alertness）が，起業家と非起業家を分かつとしたのだ。Kirzner によると，機会とは，複数の市場で価格のズレが生じるような不完全な競争から出現する。たとえば，土地の現在の価格が農地として計算されている場合，いずれ，宅地になるのなら，価値があがる。起業家は　農地として安く買い，宅地として高く売ればよい。それが機会認識であるとする。

　それでは，発見プロセスの特徴を，説明していきたい。表 1-1 は，後述する創造プロセスとの比較表であり，Alvarez et al.（2013）の表をもとに，筆者が和訳と加筆を行った。

　発見プロセスでは，既存の市場や産業への外因的なショックによって機会が発見される。機会とは，たとえば，技術の変化（Tushman & Anderson, 1986）や消費者の嗜好の変化（Shane, 2003）のようなものである。外因的ショックが起こると，産業や市場の均衡が崩れて，他人が気づかないような機会に気づく者が出現することになると，Kirzner（1973）は論じている。

表 1-1　発見プロセスと創造プロセスの比較

	発見プロセス	創造プロセス
歴史的ルーツ	オーストリア経済学派，個人特性研究，機会認識研究	社会構築主義，進化論，進化論的実在主義
競争的不完全性の源泉	現存する市場や産業への外因的なショックによって客観的な機会が形成される	起業家は機会を利用しながら，その機会を状況の中で内在的にイナクトしていく
起業家における根本的な相違点	起業家は客観的機会に気づける機敏性を持っている	起業家が機会をイナクトしていく効力には差がありうる
情報と意思決定	リスク：もたらされる成果とその可能性は既知である 情報は有益であり，物理的かつ社会的人工物の中に客観的に存在している。例えば，技術，習慣，運営手続き，プロセス，データ等であり，それらは，リスクを前提にした意思決定を可能にする	不確実性：もたらされる成果とその可能性は未知である 知識はまだ形成されていない。創造される機会は，過去には存在しなかったような新しい文脈で形成される。意思決定は漸次的で，帰納的で，直感的である
機会の存在	機会は，利用されるかどうかにかかわらず，実際に存在している	機会は，行為から独立して存在することはない
認識論	批判的実在論	進化論的実在主義

出所：Alvarez et al.（2013）の表を筆者が和訳した上で加筆。

それが起業家であり，起業家は機会を見抜く能力と利用する能力に長けている（Kizner, 1973；Shane & Delmar, 2004）。機会に関係する知識は，物理的かつ社会的な人工物の中に客観的に存在しており，例えば，技術，習慣，運営手続き，プロセス，データ等のように明白なものである。機会は，たとえ発見されなくても存在しているというのがKiznerの主張であり，知識は機会を活用するために有用なものであるという，存在論の立場に立っている。また，認識論の観点からは，認識されるものもされないものも，客観的に存在しており，意識するかどうかとは関係ないという立場をとる。これは，批判的実在論者の立場である。

　そして，起業家は，もたらされる成果に関わるリスクをわかった上で，行動をする。いち早く機会を認識できた起業家は，最初に行動する利点を生かして，リスクに関係する情報を集め，機会を活用するかどうかの意思決定をしていく（Alvarez et al., 2013；Miller, 2007）。

2.2. 創造アプローチ

　創造プロセスのルーツは，構築主義[2]（social constructionism）と進化論に あると指摘されている（Alvarez et al., 2013；Edelman & Yli-Renko, 2010）。 構築主義は 1967 年の Berger & Luckmann（1967）に始まった。日々の経験 から科学的研究の成果まで全ての知識は，人と人の相互作用から引き出され て維持され，その相互作用が我々の世界に意味をもたらすとする。たとえ ば，紙幣は，単なる紙ではなく，社会的に構築された価値を持つ。経済的富 を生成する機会もまた，社会的に構築される。起業家は，その身を置く環境 のなかで，社会的に構築される現実の一部分を担うようになってようやく， 機会が起業家にとって意味あるものとなる。Weick（1979）は，行為者の行 動が環境をつくっていくというイナクトメント（enactment）[3]のプロセスを 提示した。行為者が自分の行動を事前に説明しても，その説明は，将来の行 動が理解される文脈の一部になるだけである。時が経ち，行動を説明すれば するほど，実行する際の文脈が過去の行動によってつくられていく。すなわ ち，行動が解釈に先立ち，その行動の解釈が新しい行動に先立つ。

　創造プロセスの立場をとる研究は，このような構築主義の見地に立ってい る。機会があらかじめ存在して発見されるのを待っている発見プロセスとは 対照的に，創造プロセスでは，機会は起業家自身によって創造されるもので あり，起業家がイナクトメントのプロセスを通して創造するまで，機会は存 在しないのである（Alvarez et al., 2013）。

　そのような構築主義の主張に対して，構築されたものが真実であるかどう かを検証すべきだと主張するのが進化論的実在主義である。行為者は，自分 達の現実を社会的に構築するが，その構築したものが真実かどうかを検証し なければならない。つまり，対象物そのものと社会的に構築されたものとの 相互作用を研究しなければならないとする。たとえば，ある個人によって構 築された現実が，他人の社会的構築物に影響しているかどうかについては検 証できるはずであり，それはすなわちある個人の機会の捉え方が，他人に受

2　日本語の訳は「構成」と「構築」の 2 つが存在し，それぞれよりどころとする研究によって使 い分けられているが，本書では「構築」に統一する。

3　動詞の enact および名詞の enactment の日本語訳は難しい。多くの日本人研究者は，カタカナ で表現しているので，本研究もそれに倣いたい。

け入れられ，イナクトされるかどうかどうかを検証できるということだと，Azevedo（1997, 2002）は主張する（Alvarez et al., 2013）。

このように，創造プロセスにおける「機会」は，既存の市場や産業への外因的なショックによって形成されるのではなく，経済的富を生み出そうとする行為によって内因的に形成される。そして行為者は，その機会を信じ，機会を活用するための資源や能力に拘る（Alvarez & Parker, 2009；Sarasvathy, 2001 等）。

実際の行為者の行動においては，行為者がこうなると信じていることと，現実や社会的構築物との間には，ミスマッチが起こりうる。したがって，行為者は，行動しても，しばらく反応を待ってから，信じていたことと行動の調整を行う（Weick, 1979）。そのように行動を調整しながら，機会がイナクトされているのである。つまり逆にいえば，創造される機会は，イナクトされるまで，存在しないことになる（Weick, 1979；Sarasvathy, 2001）。このようなイナクトメントのプロセスは，進化論と一致している。

以上，2つのプロセスを解説し，比較するために，Alvarez et al.（2013）のレビューを紹介し，ルーツとなる研究やシステムレベルの概念説明を行ってきた。次は，起業家個人に着目して，なぜ，起業家は行動をするのかについて，2つのアプローチそれぞれの研究を紹介していきたい。

2.3. 発見アプローチ学派の発展

発見プロセスを，Kirzner の示したシステムレベルの視点からマイクロレベルの視点に切り替えて，起業家個人に注目したい。Kirzner（1973）は，機会は綿密に探索しても見つかるようなものではなく，特別な用意周到さを持っている者によって発見されると主張した。これは機敏性と表現されたが，それは，どのような特性だろうか。起業家とマネジャーの比較をしたKaish & Gilad（1991）によると，起業家は，機会を探すために，ビジネスと直接に関係がない時間を過ごして機敏性を高めており，ビジネスとあまり関係ない情報源を使う傾向もある。また，確率を計算するような分析よりも主観を重視することを見出した。

ほぼ同じ頃に発表された，Shane & Venkataraman（2000）の論文は，機

会と行為者の関係を，起業家活動研究におけるテーマとして中心的地位に引き上げた立役者である（Davidsson, 2015；Vogel, 2017；Venkataraman et al., 2012 等）。この論文は，機会認識には事前知識と認知的特性が必要であることを理論的に提示し，それを実際の起業例によって実証した論文（Shane, 2000）と対になっている。以降，起業機会を扱う論文は増大し，2010 年からの 4 年間に発表された論文は，2010 年以前の合計の二倍に上った（Davidsson, 2015）。事例研究よりも定量研究の方が圧倒的に多く，なかでも実験による研究が多い。とくに，機会と行為者の関係を扱った論文には，実験によるものが多く見られ，従属変数として起業に対する態度や嗜好が使われている（Dimov, 2007；Shephered, Patzelt, & Baron, 2013 等）。たとえば，事前知識を多く与えたグループとそうではないグループに分け，事前知識の多寡と機会探索の程度の相関を調べている（Shephered & DeTienne, 2005）。

　しかし，それらの研究の多くは，発見プロセスを精緻に解明することまではできなかった。Shane（2003）が提示した機会プロセスのモデル（序章の図序 -1）に示されている起業機会認識プロセスは，機会存在，機会発見，機会活用の決定の流れが説明されているだけで，行為者自身の認識の変化はブラックボックスのままである。ちなみに Shane の 2003 年以降の研究の関心は遺伝子が起業家活動に及ぼす影響へと移っており，一卵性と二卵性の双子を比べて，機会認識に遺伝子が影響を及ぼすことを実証した（Shane & Nicolaou, 2013）。また，共著者の Venkataraman は，発見プロセスから離れて，むしろ，構築主義をベースにした研究を Sarasvathy のグループと行っている（Sarasvathy & Venkataraman, 2011；Venkataraman et al., 2012）。なお，機会認識プロセスを精緻にした名高い研究は McMullen & Shepherd（2006）であり，後述したい。

2.4. 創造アプローチ学派の発展

　行為者によって機会が創造されるということは，機会を生み出す者と生み出さない者があることになる。二者の差について，Alvarez et al.（2013）は，性格や認知能力の差は非常に小さく，ほんの少しの差が機会をイナクトするかどうかを決定してしまうことが多いと説明する。機会をイナクトして創造するためには，行為者が以前より持っていた信念や行動力の影響が強調

されやすく，経路依存的な特徴がある。しかしながら，過去に経験した産業や市場における経験や知識は，逆に，機会をイナクトするにはマイナスになることがあるとも主張する。

　機会をイナクトするプロセスに，実現性と適合性の2つの概念を持ち込んだのは Krueger（1993, 2000）である。機会の実現性が高いと知覚できることは，起業を意思決定する大きな原動力となる。実現性が高いと知覚できるかどうかは，経営資源を動員できるかどうかを予想することによって決まる（Krueger, 2000）。また，その機会を利用する活動が，行為者自身に適合しているかどうかも重要である。

　資源動員について Sarasvathy（2001）は，行為者が持っている手段（means）が，資源動員の範囲を規定すると説明した。手段とは，自身の特性や経験やネットワークのことである。さらに，Sarasvathy は，イナクトのプロセスに影響するコスト面についても，重要な概念を提示した。機会を創造する際に伴うコストを計算することは，起業家には不可能である。代わりに，起業家は，うまくいかなかった場合に許容できる損失の範囲を決めておく（Sarasvathy, 2001）。この許容可能な損失とは，機会を形成できなかった場合に諦めることができるレベルの損失である。予想される損失が許容範囲を超えた時には，粘り強い起業家でさえ，機会を創造することを中断する（Alvarez et al., 2013；Sarasvathy, 2001）。

　Sarasvasthy の一連の研究は起業機会を強く強調してはいないが（Davidsson, 2015），創造プロセスに位置づけられる。彼女のエフェクチュエーションの理論は後述することとして，次項では，発見プロセスと創造プロセスにの枠組みに入らない新しい視座の研究を紹介したい。

2.5. 新しい視座：発見と創造の架橋

　機会認識の概念は，発見アプローチと創造アプローチというそれぞれの立場に二分されて論じられることが多かった（Alvarez et al., 2013；Davidsson, 2015 等）。しかし，二分するのではなく，両者の橋渡しを試みる新たな動きもある。2つのアプローチに橋を懸けたと自負しているのが，Edelman & Yli-Renko（2010）である。起業経験のない起業家（nascent entrepreneur）に注目して時系列の実証研究を行った。発見アプローチでは，環境が変化し

て不確実な状況であるほど，機会を認識すると説明される（Kirzner, 1973；Shane, 2003）。彼らは，この認識された機会，すなわち，主観的機会が高まるほど，ビジネス立ち上げの努力を行う（創造アプローチ）という流れのモデルを想定した。分析の結果，環境の不確実性と主観的機会認識との間には負の相関が見られ，主観的機会認識とビジネス立ち上げの努力との間には正の相関が見られた。環境の不確実性と主観的機会認識との相関が想定に反して負の相関となった理由として，小規模のビジネスを対象にしたことによって，起業経験のない起業家には，環境の変化を前向きに捉えることが難しかったのではないかと説明されている。想定した仮説は完全には支持されなかったが，発見アプローチと創造アプローチのつながりを示した点で，一定の成果が見られた。

　他にも発見アプローチと創造アプローチに橋を懸けた研究がある。McMullen & Shepherd（2006）の提示したプロセスは，両アプローチを統合していると筆者は理解している。また，この研究は，機会認識プロセスの精緻化に成功している。彼らは，起業の意思決定には常に不確実性が伴うことに注目しており，不確実性に耐えた結果として起業に至るという観点に立つ。個人が起業するかどうかは，自身の判断をどこまで信頼するかどうかにかかっており，不確実性の程度が決め手となる。彼らのモデルは，機会の注目段階と評価段階の2段階構成になっている。潜在的起業家は，注目段階で，保有する知識によって不確実性を下げて，客観的な機会が存在するかどうかを判断する。この客観的機会を，「第三者にとっての機会」と表現している。次の評価段階で，実現可能性が十分にあり，自らにも適合性があると判断できれば，この第三者にとっての機会は，「当事者にとっての機会」へと変化し，起業行動に移るのである。第三者にとっての機会はすなわち，発見アプローチの機会であり，当事者にとっての機会はすなわち，創造アプローチにおける初期段階に認識される機会だと見なすことができると，筆者は判断する。

　MucMullen & Shepherd（2006）は，Kirznerの理論では，注目と評価の段階が機敏性によって同時に起こるとしている点が問題であると指摘する。また，モチベーションがなければ行動には移さないことを，Kirznerは指摘してないと批判している。このモデルは図を含めて，第7章で詳しく説明し

たい。ところで，McMullen と Shepherd は，後の研究（Haynie, Shepherd, & McMullen, 2009）において，機会の評価と実行の時間差に言及し，評価時点の「現在」と，実際に実行する時点の「将来」の時間差が，何らかの影響を機会を実行する意思に及ぼしうることに注意すべきであると指摘している。彼らの提示するプロセスモデルは，今後さらに進化を遂げる可能性があるだろう。

3. 起業プロセスに関する既存研究：エフェクチュエーション

本節では，機会認識を巡る論争のなかでは，創造アプローチに位置づけられている，エフェクチュエーション（effectuation）の理論を確認していきたい。本書の第8章における不確実性と意思決定に対応する既存研究の検討となる。

エフェクチュエーションは，不確実性の高い環境のなかで行われる意思決定の理論として，近年脚光を浴びている。日本でも，アントレプレナーシップやマーケティングの領域で，研究が発表されるようになった（栗木，2018；高瀬，2017；山本，2017；吉田，2018）。エフェクチュエーションの出発点と位置づけられるこの概念を提示した Sarasvathy の論文（Sarasvathy, 2001）と，方法論と実証研究についても詳述された著書（Sarasvathy, 2008）をもとに，説明したい。

Sarasvathy は，不確実性に満ちた起業家活動における意思決定の論理を見出すことを目指した。コーゼーション（因果推論）の対概念として，エフェクチュエーションの概念を構築することを試みたのである。

Sarasvathy の不確実性の定義は，Knight（1921）による不確実性の概念を用いている。Knight（1921）は，赤と緑のボールが入った壺の例えを使っている。1つ目の壺には，赤と緑が何個ずつ入っているのかがわかっているので，赤を引く確率は既知である。2つ目の壺には，赤と緑が何個ずつ入っているかわからないので，赤を引く確率は未知である。3つ目は，壺には何が入っているのかもわからない。3つ目の壺が Knight の定義する真なる不確実性であり，他の2つはリスクに相当する。Knight は，1つ目は現実の社会では見られない状況であるとし，2つ目は確率を計算してリスクを予測で

きる状況であるとしている。そして，3つ目の壺には対処する方法がなく途方にくれると表現している。Sarasvathy は，この3つ目の真なる不確実性に対処する論理を構築することを試みることにした。

Sarasvathy（2008）で紹介された実証研究は，シンク・アラウド（think-aloud）法（発話方式）という実験を行っている。架空の製品を作るゲームを設定して，スタートアップに典型的な意思決定問題に答えてもらい，そのプロトコロルをコーディングしていくという方法をとり，27 人の成功した起業家に協力を仰いで，有効回答を分析した。被験者の起業家がとる行動は expertise と表現されており，同書邦訳（2015）では，熟達と訳されている。この実験からは，次のような6つの熟達の要素が抽出された。

要素1：目的ではなく，手段からスタートする

　　27 人の被験者は，あらかじめ決定された「目的」ではなく所与の「手段」から，意思決定のプロセスを開始しており，自分が誰なのか，何を知っているのか，誰を知っているのかを自問自答している。

要素2：期待利益ではなく，許容可能な損失

　　可能な回収額（リターン）についての情報を集めたり，プロジェクトの投資額の理想的な水準について予測したりするようなことはしないで，失うことを許容できる範囲（affordable loss）においてのみ資金を使おうとした。また，市場調査等の販売前の活動をしようとせず，いきなり，製品を市場に投入しようとする者もいた。

要素3：最初の顧客がパートナーになり，パートナーが最初の顧客になる

　　アーリー段階のごく初期に，商品を直接顧客／パートナーに販売する方法の人気が高かった。極端にエフェクチュアルな行為者は，製品が開発・製造される前に販売することすら提案した。

要素4：競争を無視し，パートナーシップを強調する

　　競合分析よりも先に，最初の市場セグメントを創出することを好む傾向があり，ターゲットを設定するまでは，競合のことを気にかけない。競合分析するよりも，パートナーシップを構築することに注力する。

要素5：市場は，見つけるものではなくつむぎ出すものである

　　当初想定されたセグメントを対象に追加的商品を開発するか，パート

ナーシップを活用して新たなセグメントを追加することで，1人の顧客も
しくはパートナーが市場へと発展していく。Sarasvathyはこれをつむぎ出
す（fabricafe）と表現している。

要素6：事前に選んだ目的ではなく，予想もしなかった結果

　27人の被験者は，あらかじめ想定された同じ製品から出発して，18の異な
る市場の定義を生み出した。つまり，この結果は，起業家は，各自の手段を
使って多様な製品サービスを生み出そうとすることを，実証したのだ。

　これらの熟達した起業家による意思決定の実証研究から導き出されたエ
フェクチュエーションの概念は，因果推論のコーゼーションの概念と比較す
ることによってわかりやすくなる。たとえば，Sarasvathyが2001年の論文
で説明しているように，料理を例に考えてみよう。エフェクチュエーション
の料理は，普段の夕食である。台所を見回し，そのときにあるものでメ
ニューを考えて調理する。あり合わせで美味しいものをつくる，という言葉

表1-2　コーゼーションとエフェクチュエーションの比較

	コーゼーションのプロセス	エフェクチュエーションのプロセス
所与	成果（effect）	幾つかの手段（means）やツール
意思決定基準	所与の成果を達成するための手段から選ぶ	所与の手段によって生み出される成果から選ぶ
	期待利益に基づく選択基準	許容可能な損失か，受容できるリスクに基づく選択基準
	成果依存：意思決定者が生み出そうとする成果や有する知識の特性によって，手段は選択される	行為者依存：行為者の特性や，偶発を発見・利用する能力によって，所与の手段や成果の選択がなされる
優位性	知識を活用することに優れている点	偶発性を活用することに優れている点
適正な文脈	元々，偏在している	人間行動の中に偏在している
	静的，線形的，独立した環境の中でより有用	動態的，非線形，エコロジカルな環境を仮定する
未知	不確実な将来の中の予測できることに集中	予想できない将来の中のコントロールできることに集中
強調	予測できる程度までコントールできる	コントロールできる程度までなら，予測する必要はない
結果	競争戦略によって，現存する市場における市場シェアを取る	アライアンスや協調的戦略によって新しい市場を創造する

出所：Sarasvathy（2001）の表を筆者が和訳。

でも表されよう。一方コーゼーションの料理は，特別なディナーパーティーである。メニューを決め，そのメニューを作るために必要な調味料や食材を調達し，レシピに従って調理する。すなわち，エフェクチュエーションでは，今手元にあるものから成果を生み出し，逆に，コーゼーションでは，まず目指す成果を定めてからそれを達成するための最善・最速・最適また経済的な方策を選択するのである。

　エフェクチュエーションとコーゼーション，2つの特徴を比較した表を紹介しておきたい（表1-2）。コーゼーションのプロセスは成果依存で，エフェクチュエーションのプロセスは行為者依存である。コーゼーションは知識を活用することに長けており，エフェクチュエーションは偶発性を活用することに長けている（Sarasvathy, 2001）。

　第8章では，この2つの意思決定が，実際の起業プロセスで使い分けられていることを確認したい。

第2章
日米の起業環境

　本章では，次章以降で行うミクロな分析の前に，日米の起業環境を取り上げる。具体的には，未公開企業のファイナンスをマクロな視点で明らかにし，また，起業の聖地と謳われるシリコンバレーのエコシステムを概観する。

1. 日米の投資環境

1.1. 世界の VC 投資

　筆者は，日本のスタートアップが英米と比べると，資金調達が困難であることを事例比較から明らかにしており（田路・露木，2010），またそれまでの先行研究や調査報告の多くも，日本の未公開企業向けの金融システムの脆弱性を指摘してきた（Feigenbaum & Brunner, 2002；忽那，1997, 2011；経済産業省 1998；中小企業庁，1998 等）。本書の研究対象である 2010 年以降も，その点を指摘する調査報告が見られる[1]。そこで，スタートアップへ資金を提供するベンチャーキャピタル（VC）の投資について，統計データの国際比較を行いたい。

　まず各国の VC 投資額を比較する（図 2-1）。各国別に集計対象が異なるため注意が必要であるが，本書が対象とする日本と米国，および欧州，中国について，おおよその比較ができる。米国への投資は 2014 年以降飛躍的に

---

[1]　平成 30 年度産業経済研究委託事業「大企業とベンチャー企業の経営統合の在り方に関る調査研究」（2019 年三菱総研発表）等。

伸びているのに対し，日本への投資はそれほど大きな変化がなく，米国との差は拡大している。2010年以降は中国への投資がめざましい。

次に，同じデータベースを使って投資件数を比較してみたい（表2-1）。日本は，2011年以後，投資件数が増大しており，直近の2018年は米国の半分に迫る。それにもかかわらず，先の金額ベースの比較では米国と約50倍の開きがあり，日本のスタートアップへの投資は小口であることがわかる。

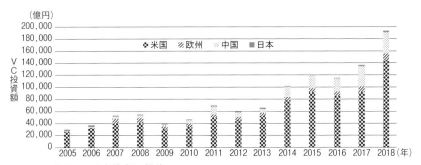

図2-1　世界のVC投資額の推移
注：1ドル=110.4円で換算。日本は年度，日本以外は年で集計。日本は，国内VCの国内および海外投資と政府機関投資を含むが，海外VCの日本投資は含まない。米国は，国内VCおよび海外VCの米国投資と政府機関投資を含むが，国内VCの海外投資は含まない。欧州は，欧州VCの域内投資と海外投資（PE含む）および海外VCの欧州投資を含むが，成熟したスタートアップに対するグロース投資は含まない。中国は，国内VCおよび海外VCの中国投資を含むが，国内VCの海外投資は含まず，政府機関投資は不明。エンジェル，インキュベーター，アクセラレーターからの投資は，欧日中では含まれない。
出所：〈日本〉ベンチャーエンタープライズセンター（VEC）（2019）『ベンチャー白書2019—ベンチャービジネスに関する年次報告』。〈米国〉National Venture Capital Association（2019）"The 2019 NVCA Yearbook"。〈欧州〉Invest Europe（2018）"2018 European Private Equity Activity: Statistics on Fundraising, Investments & Divestments"。〈中国〉Zero2IPO（2019）。

表2-1　世界のVC投資件数の推移

	2005年	2006年	2007年	2008年	2009年	2010年	2011年
米国	2,965	3,344	4,319	4,727	4,487	5,409	6,759
欧州	－	－	3,856	4,110	3,611	3,599	3,633
日本	228	324	440	607	477	817	1,505
中国	2,834	2,774	2,579	1,294	991	915	1,017

注：欧州は投資先社数。欧州外への投資含む。
出所：各国データベースより筆者作成。

1.2. 日米のVC投資

次に，日米のVC投資を詳しく見ていこう。

まず，業種別にVC投資を比較したい。表2-2は，日米の業種別VC投資の推移（全体投資額に占める各業種の比率の推移：2006～2018年）を示している。なお，日本と米国の業種分類の細目は一致していないので，細目を統合して新たな業種分類を作成した。したがって，厳密な比較はできないが，大まかな傾向は把握できよう。

本書が対象とするWebビジネスに該当する業種は，ITサービス（ソフトウエア，コンピュータ関連機器，サービス）である。両国ともに多少の増減はありつつも，年々ITサービスへの投資が増大して，日本では2013年以降米国では，2011年以降，投資を最も多く集めた業種となっている。日本の推移を見ると，ITハードウエアと消費者向け製品サービスが減少して，ITサービスが増える傾向にあることがわかる。米国では，ITハードウエアが減少して，ITサービスが増える傾向にあることがわかる。

続いて，スタートアップの成長段階別に日米の比較を行いたい。立ち上げ時のシード段階，その後のアーリー段階，成長して売却や株式公開に達するまでのレーター段階に分け，表2-3に，全体投資件数と全体投資額に占める各段階の比率を示している。

投資件数を見ると，両国ともに，年々シード段階の投資が増えて，レーター段階の投資が減る傾向にあることがわかる。日本では，2014年以降アーリー段階の投資件数が最も多く，米国では，2011年以降シード段階の投資件数が最も多くなっている。しかしながら，米国の投資額を見ると，レーター段階が最も多くなっている。それは，レーター段階の1件当たりの投資額が大きいことを意味する。一方，日本の投資額の割合は投資件数の割合

（単位：件数＝米・日・中，社数＝欧）

2012年	2013年	2014年	2015年	2016年	2017年	2018年
7,882	9,301	10,573	10,740	9,200	9,489	8,948
3,700	3,859	3,963	3,956	3,805	4,304	4,756
1,071	1,148	1,917	3,445	3,683	4,822	4,321
824	1,000	969	1,162	1,387	1,579	1,761

表 2-2　日米の業種別 VC 投資割合（投資額）の推移

〈日本〉

業　種／年　度	2006	2007	2008
IT サービス（ソフトウエア，コンピュータ関連機器，サービス）	17.5%	21.6%	21.7%
IT ハードウエア（半導体，電子製品，通信）	12.7%	12.0%	18.8%
医薬品／バイオ／ヘルスケア	12.8%	14.2%	17.7%
消費者向け製品サービス（メディア，娯楽，消費財）	17.3%	14.2%	16.0%
その他	39.7%	37.9%	25.8%

注 1：日本の 2012 年と 2014 年は，業種別投資の回答をした VC の数が少なすぎたために割愛した。
注 2：日本の 2007 年から 2009 年までは，新規投資のみで，追加投資を含んでいない。
出所：VEC『ベンチャー白書—ベンチャービジネスに関する年次報告』（各年版）（2006 年 56 社，年 70 社，2015 年 91 社，2016 年 100 社，2017 年 113 社，2018 年 118 社 の回答）より筆者作成。

〈米国〉

業　種／年	2006	2007	2008
IT サービス（ソフトウエア，コンピュータ関連機器，サービス）	23.7%	25.3%	26.2%
IT ハードウエア（半導体，電子製品，通信）	18.6%	13.7%	10.1%
医薬品／バイオ／ヘルスケア	29.6%	29.9%	27.9%
消費者向け製品サービス（メディア，娯楽，消費財）	5.0%	5.2%	6.4%
その他（米国は一部 IT サービス含む）	23.2%	26.0%	29.4%

出所：NVCA Yearbook（各年版）より筆者作成。

表 2-3　日米の成長段階別 VC 投資割合の推移

〈日本（投資件数）〉

ステージ／年度	2010	2011	2012	2013	2014	2015	2016	2017	2018
シード	9.0%	15.1%	17.4%	18.4%	14.8%	18.6%	19.2%	19.4%	23.2%
アーリー	35.6%	32.6%	42.0%	33.2%	48.1%	48.7%	46.4%	48.2%	48.0%
レーター	55.3%	52.2%	40.6%	48.4%	37.1%	32.7%	34.4%	32.3%	28.8%

〈日本（投資額）〉

ステージ／年度	2010	2011	2012	2013	2014	2015	2016	2017	2018
シード	4.4%	15.7%	22.5%	19.4%	13.9%	11.5%	21.0%	13.2%	19.3%
アーリー	28.1%	28.6%	35.3%	45.1%	43.3%	51.3%	47.3%	49.7%	46.2%
レーター	67.5%	55.7%	42.2%	35.5%	42.8%	37.2%	31.7%	37.1%	34.5%

注：ステージを明記しない回答もあり，不完全な年もある。2010 年以前は，VEC のデータがない。VEC の集計ではエクスパンションとレーターに分かれているが，統合してレーターとした。
出所：VEC『ベンチャー白書』（各年版）（2010 年 60 社，2011 年 52 社，2012 年 60 社，2013 年 69 社，2014 年 77 社，2015 年 91 社，2016 年 100 社，2017 年 113 社，2018 年 117 社の回答）より筆者作成。

2009	2010	2011	2012	2013	2014	2015	2016	2017	2018
18.3%	16.7%	12.6%	—	39.0%	—	53.5%	38.9%	50.8%	49.5%
17.0%	14.9%	10.2%	—	10.5%	—	4.4%	5.5%	4.2%	5.6%
18.6%	13.7%	22.4%	—	20.5%	—	10.0%	26.8%	15.1%	16.6%
21.5%	23.0%	25.3%	—	8.6%	—	8.9%	8.1%	8.7%	7.2%
24.6%	31.7%	29.5%	—	21.4%	—	23.2%	20.7%	21.6%	21.2%

2007 年 63 社, 2008 年 54 社, 2009 年 62 社, 2010 年 60 社, 2011 年 51 社, 2013

2009	2010	2011	2012	2013	2014	2015	2016	2017	2018
26.5%	25.3%	31.7%	32.9%	33.6%	42.7%	39.4%	47.7%	35.5%	35.8%
8.9%	9.8%	8.5%	6.8%	6.3%	5.0%	3.1%	3.6%	3.2%	1.7%
32.1%	29.0%	21.0%	25.3%	24.7%	20.9%	23.5%	21.7%	25.6%	23.0%
5.7%	5.5%	9.9%	7.6%	9.1%	6.9%	7.4%	5.1%	5.2%	3.1%
26.8%	30.4%	28.8%	27.4%	26.3%	24.4%	26.5%	21.8%	30.6%	36.5%

〈米国（投資件数）〉

ステージ／年	2006	2007	2008	2009	2010	2011	2012	2013	2014	2015	2016	2017	2018
シード	13.4%	17.6%	19.3%	26.4%	31.6%	38.4%	44.8%	50.0%	52.2%	54.5%	50.3%	47.0%	42.0%
アーリー	53.1%	50.2%	48.2%	42.0%	39.5%	36.3%	32.8%	30.0%	28.9%	28.1%	31.1%	33.0%	35.3%
レーター	33.5%	32.2%	32.6%	31.6%	28.9%	25.3%	22.4%	20.0%	18.9%	17.4%	18.7%	20.0%	22.7%

〈米国（投資額）〉

ステージ／年	2006	2007	2008	2009	2010	2011	2012	2013	2014	2015	2016	2017	2018
シード	2.4%	3.3%	3.2%	5.7%	8.2%	5.5%	9.3%	11.0%	9.4%	10.4%	9.2%	8.0%	5.7%
アーリー	43.8%	41.1%	39.3%	34.8%	34.0%	30.7%	30.9%	32.1%	28.8%	29.9%	32.6%	35.7%	31.3%
レーター	53.8%	55.6%	57.5%	59.4%	57.8%	63.7%	59.8%	56.9%	61.9%	59.7%	58.2%	56.3%	62.9%

出所：NVCA Yearbook（各年版）より筆者作成。

と大きな差はなく，1件当たりの投資額がステージが進んでも大きくならないことを示している。

1.3. 日米の出口

　VC 投資を受けたスタートアップの出口を比較してみよう。株式公開（IPO）と売却の件数の推移を表 2-4 に示す。最も新しい 2018 年（度）のデータを見ると，日本では売却の件数が株式公開の 2 倍程度であるのに対し，米国では 10 倍程度と大きな開きがある。このことから，米国のスタートアップの出口は売却となる可能性が高いため，既存企業の買収意欲が大きいことが理解できる。米国に比べると，日本のスタートアップが買収される可能性は極端に小さく，それは株式公開を目標に経営しなければならないことを意味している。

　本書が扱う Web ビジネスに該当する業種において，株式公開の数が全体のどれくらいを占めるのかを確認しておこう。2011 年から 2018 年までの VEC および NVCA のデータによると，日本では，情報・通信産業が全体に占める割合は 30% 前後で推移しており，米国ではソフトウエア産業が全体に占める割合は 40% 前後で推移している。それぞれ Web ビジネスに該当する業種であり，これが，両国ともに，株式公開が最も多い業種である。本書の研究対象である 2010 年代，それ以前も，日本の情報・通信産業の株式公開は

表 2-4　日米の出口件数の推移

〈日本〉

出口／年度	2006	2007	2008	2009	2010	2011	2012
株式公開	345	229	66	106	56	99	123
売却および M&A	229	270	103	162	175	127	154

出所：VEC『ベンチャー白書』（各年版）より筆者作成。

〈米国〉

出口／年	2006	2007	2008	2009	2010	2011	2012
株式公開（IPO）	60	91	13	11	40	46	59
売却（M&A）	476	536	480	468	667	694	812

注：NVCA の資料では，IPO と M&A の 2 つに分かれており，本表において IPO は株式公開，却はさらに売却と M&A に分けられているが，本書では合計して表示している。
出所：NVCA Yearbook（各年版）より筆者作成。

顕著に多く，その理由として証券取引所や証券会社が積極的に公開させよう
としている可能性がある（岩井・保田，2011）。しかし，そもそも Web ビジネ
スは起業家活動が活発な業種である。前節で確認したように VC 投資額も大
きく，その結果，成長して出口に達する可能性が高いということを，マクロ
のデータが示していることになる。

1.4. カリフォルニア州の資金調達状況

　本書が対象とするシリコンバレーが所在するカリフォルニア州における，
VC 投資の全米での位置づけを確認したい。NVCA のデータを使って，
2010 年から 2018 年までの VC 投資件数の上位 5 位の州を示すと，カリフォ
ルニア州が常に首位を維持していることがわかる（表 2-5）。さらに，表に
は示されていないが，カリフォルニア州への投資のうち，かなり多くの金額
がシリコンバレーに集中している。2014 年を例にとると，42.1% 中 32.2%
がシリコンバレーに投資されているというデータがある（The 2014 NVCA
Yearbook）。そこで次節から，シリコンバレーの起業環境について説明を行
いたい。

（件数）

2013	2014	2015	2016	2017	2018
117	116	92	102	86	75
278	166	181	201	173	141

（件数）

2013	2014	2015	2016	2017	2018
87	124	81	42	60	88
818	957	949	864	868	927

M&A は売却と訳している。VEC の資料では，2014 年から売

表2-5　米国内の州別VC投資（トップ5州）

	2010年		2011年		2012年		2013年	
	州	対全米の件数比率	州	対全米の件数比率	州	対全米の件数比率	州	対全米の件数比率
1位	カリフォルニア	33.4%	カリフォルニア	37.4%	カリフォルニア	37.0%	カリフォルニア	39.0%
2位	マサチューセッツ	8.6%	マサチューセッツ	8.9%	マサチューセッツ	9.7%	ニューヨーク	9.7%
3位	ニューヨーク	6.8%	ニューヨーク	8.2%	ニューヨーク	8.2%	マサチューセッツ	8.6%
4位	テキサス	3.8%	テキサス	3.8%	ペンシルベニア	4.3%	ペンシルベニア	5.3%
5位	ペンシルベニア	3.7%	ペンシルベニア	3.5%	テキサス	3.8%	テキサス	3.6%
	トップ5州合計	56.3%	トップ5州合計	61.8%	トップ5州合計	63.0%	トップ5州合計	66.2%

出所：VEC『ベンチャー白書』（各年版）およびNVCA Yearbook（各年版）より筆

2. シリコンバレーのエコシステム

2.1. シリコンバレーにおける産業の新陳代謝

　シリコンバレーとは，カリフォルニア州 のサンフランシスコ湾の西側に位置し，サンフランシスコ市とサンノゼ市の間に広がる東西40キロ，南北60キロに広がる，ハイテク・スタートアップが多く輩出される地域である（図2-2）。時代とともにシリコンバレーは，ハイテク・スタートアップを生み出し，メインとなる産業への転換を遂げてきた。その産業転換の歴史を振り返ると，1939年にHewlett-Packard（HP）が設立，1950〜60年代に半導体産業がうぶ声をあげ，FairchildやIntelが登場してシリコンバレーの異名を与えられた。1970〜80年代にIT産業が出現，AppleやOracleが誕生した。1990年代にはインターネットがIT産業の新しい時代を告げ，NetscapeやGoogleがビジネスにも個人の生活にも新しいプラットフォームを提供した。そして，2005年からのさらなるインターネット環境の整備とスマートフォンの登場により，モバイル関連サービスやソーシャルメディアのビジネスが興隆することとなった。FacebookやTwitterが我々の生活に入ってきて久しい。

　このようにシリコンバレーが見事なまでの産業転換を遂げたのはなぜだろ

2014 年		2015 年		2016 年		2017 年		2018 年	
州	対全米の件数比率	州	対全米の件数比率	州	対全米の件数比率	州	対全米の件数比率	州	対全米の件数比率
カリフォルニア	42.1%	カリフォルニア	39.2%	カリフォルニア	34.4%	カリフォルニア	34.3%	カリフォルニア	34.2%
マサチューセッツ	10.0%	ニューヨーク	10.6%	ニューヨーク	11.4%	ニューヨーク	11.5%	マサチューセッツ	11.7%
ニューヨーク	8.8%	マサチューセッツ	9.7%	マサチューセッツ	6.6%	マサチューセッツ	6.9%	ニューヨーク	7.4%
ペンシルベニア	4.3%	ペンシルベニア	4.6%	テキサス	5.6%	イリノイ	2.7%	テキサス	4.1%
テキサス	4.2%	テキサス	3.7%	フロリダ	2.6%	テキサス	4.8%	ワシントン	4.8%
トップ 5 州合計	69.4%	トップ 5 州合計	67.8%	トップ 5 州合計	60.6%	トップ 5 州合計	60.2%	トップ 5 州合計	62.2%

者作成。

図 2-2　シリコンバレーの地理
注：T：Twitter，F：Facebook，S：Stanford University，H：HP，G：Google，Y：Y Combinator，A：Apple，I：Intel，P：Plug and Play Tech Center
出所：wikiwand.com の地図を，筆者加工。

うか。それは，世界中から移民，とくに技術系人材を惹きつけて起業させ，競争のなかから勝ち残ったスタートアップの成長をサポートするエコシステムが整っているからである。このような地域は他には存在しない。ボストンもケンブリッジも，大きく水をあけられている。米国東海岸の代表的な起業都市であったボストン周辺からの起業は多くはなく，マサチューセッツ工科大学（MIT）の技術シーズがシリコンバレーで事業化されることは珍しくない。また英国のケンブリッジで育つ有望なスタートアップは米国企業に買収されることが多い。これらの都市は，世界から優秀な留学生を集める大学を擁している点がシリコンバレーと共通している。ただし，留学ではなく，ビジネスそのものを目的に流入してくる外国人の数は，シリコンバレーより極めて少ない。過去に成功したビジネスエンジェルからの支援，VC からの資金調達，弁護士や会計士等専門家のサポート，早期育成の機能を持つインキュベータというエコシステムのレベルの高さに関して，シリコンバレーに並ぶ地域はない[2]。

2.2. ビジネスエンジェル

個人投資家であるビジネスエンジェルは，スタートアップを立ち上げるシード段階で投資をすることが多い。過去に成功した起業家がビジネスエンジェルになって投資を担うというキャリアが一般的である。米国では，VC投資と合わせて，ビジネスエンジェルがスタートアップ投資の重要な担い手である。

米国におけるビジネスエンジェルの投資額は，2013 年に総額 248 億ドルで，7 万 730 人の起業家が支援を受けた[3]。この数字は，NVCA が発表したVC 投資額 448 億ドルの半分近くに上る。ビジネスエンジェルは，基本的に同じ州内のスタートアップに投資を行うことが多く，2014 年のデータでは，州内の投資が 75 % を占めた[4]。ビジネスエンジェルは投資だけではなく，

---

2 大学や研究機関もエコシステムの重要な担い手であるが，本書では触れない。既存文献を網羅して，エコシステムの説明をしている岸本（2018a,b）を参照されたい。

3 Center for Venture Research at the University of New Hampshire（2013）"THE ANGEL IN-VESTOR MARKET IN 2013."

4 Silicon Valley Bank／SVB Accelerator, Angel Resource Institute and CB Insights（2014）"Halo Report Q1 2014."

メンター機能も発揮することが多いので，頻繁に会える距離に所在する企業を支援するのは当然だろう。

　また，過去に成功した起業家がエンジェルになる場合は，プロフェッショナルなエンジェルグループに所属することが多い。グループは定期的に会合を持って，スタートアップに発表の機会を与える。さらに，エンジェル間で連携して共同で投資を行うことも多い。公認されているグループはカリフォルニア州内で20を越え[5]，うちシリコンバレーが半分を占める。サンフランシスコ市には4つのグループ，Arcview，Astia Angels，Golden Seeds，SF Angels があり，他の都市には，Band of Angels（メンローパーク市），The Angels' Forum（パロアルト市），Sand Hill Angels（サニーベール市），HealthTech Capital（ロスアルトスヒルズ），Life Science Angels（サニーベール市），TiE Angels（サンタクララ市）がある。

　なお，最後の TiE は，The Indus Entrepreneurs の略であり，インド移民の起業を支援する団体として，幅広い活動を世界レベルで行っている。TiE Angels はそのコミュニティ内につくられたエンジェルグループということになる。インド移民のシリコンバレーへの流入は大変多く，インド系移民起業家の数は群を抜いている。移民が起業し，成功すると投資家となり，その富は，自国からの移民の起業に還元される。スタートアップが成長すれば大きな雇用を生み，移民に仕事が提供される。この循環が繰り返されるがゆえに，シリコンバレーは，世界中から有能な人材を惹きつけるのである。

　ところで，スタートアップとエンジェルの出会いは，個人的ネットワークによる紹介またはエンジェルグループが非公開で実施する発表の場に限られていたはずであった。ところが，2010年に Angel List というマッチングサイトが登場し，起業家とエンジェルが自由に登録して情報交換できるようになった。このサイトでは，クラウドファンディングによる資金調達と採用もできるようになっており，登録された創業者と個人が出身大学別に集計されている。その順位を見ると，カリフォルニア，とくにシリコンバレーに所在する大学の卒業生の比率が際立っている。2014年のデータでは，創業者数も登録個人数も，上位10校のうちカリフォルニア所在が4校を占めてい

5　Angel Capital Association の Member Directory より確認。

る。創業者数では，第 1 位のスタンフォード大学と第 2 位のカリフォルニア大学バークレー校（UCB）が第 3 位の MIT を抑えている。登録個人数では，第 1 位の UCB，第 2 位のスタンフォード大学が，第 3 位のニューヨーク大学と第 4 位のハーバード大学を抑えている。

2.3. VC の Web ビジネスへの投資

　主にシード段階に投資するビジネスエンジェルに対し，アーリー段階やレーター段階に投資を行うのが VC である。本章の冒頭で，VC 投資額の推移を説明したが，本節では，シリコンバレーの VC の概要を紹介しておきたい。

　シリコンバレーの伝統的な VC の所在地は，スタンフォード大学の隣に位置するサンド・ヒル・ロード沿いのオフィスビルである。郊外の美しい緑のなかに点在する 3 階建程度の建物のなかに，4 人から 10 人未満が仕事をするオフィスを構えている。経営陣であるパートナーが 2 人から 7 人くらいの規模の venture capital "firm" だ。Company ではない。そこが，株式公開をすることも多い日本の venture capital "company" とは大きく異なる。起業家たちは，資金獲得の必要が生じると，VC を 1 日に 2，3 件回る。1 時間単位のアポイントメントを取って，サンド・ヒル・ロードを車で移動していく。空いた時間は，自分たちのオフィスに戻って仕事をし，また翌日も VC 回りをする。投資の形態は，期間，金額，タスクが明確にされる，マイルストン投資である。シリーズ A，B，C と 3 回ほどに分けて投資が実行される。このような旺盛な VC 投資が，Facebook の Mark Zuckerberg が創業後，資金調達のために東海岸からシリコンバレーに移動した所以である。

　ここで，VC の役割について，既存の文献を使って説明しておきたい。投資ファンドを組成するために資金を調達した後，VC が果たすべき基本的機能は，急成長する可能性のある投資案件を見つけて，審査・評価後に投資をし，投資先の企業価値を高めることである（Bygrave & Timmons, 1992）。さらに投資後は，株主の利益を損なわないように，経営をモニタリングする（Gompers & Lerner, 2000）。加えて，組織編成や CEO の交代に深く関与をすることも多い。Hellmann & Puri（2002）は，シリコンバレーのスタートアップ 173 社を詳細に調査し，VC が，人事施策の策定，人材採用活動，ス

トックオプションの導入，営業担当バイスプレジデント（VP）の採用時期
に影響を与えることを検証した。VC 投資を受けた企業は，ストックオプ
ションを採用することが多く，人材採用に VC が持つビジネスネットワーク
が使われる。また，営業担当 VP の雇用時期は VC の関与によって早まる傾
向がある。さらに，CEO の交代時期も早まり頻度も高くなる。CEO の交代
を迫る影響力の強さは，成長段階に応じて異なる。すなわち，最初の製品を
上市する前は，新たな CEO をつれてくる可能性が最も高く，上市後は影響
力がやや弱まるものの交代させる可能性はまだ高い。また Wasserman（2003）
は，経営陣の交代が製品を上市した後でも起こりうることを実証している。
ハイテク・スタートアップにとって，多額の資金調達のために VC との関係
構築は欠かせないものであるが，逆に経営陣交代もつきつけられうるという
両刃の剣である。

　さて，2008 年頃からモバイル関連サービスやソーシャルメディアにター
ゲットを絞ったファンドや VC，およびインキュベータが登場するように
なった。シリコンバレーの老舗 VC である Kleiner Perkins Caufield & Byers
（KPCB）もその 1 つであり，iPhone 向けのアプリを開発するスタートアッ
プを対象として，1 億ドルの投資ファンドの iFund を 2008 年 3 月に設立し
た[6]。その後の iPhone のヒットによってファンドの規模は倍増して約 25 社
に投資されることになり，最初の 14 社に投資された 1 億ドルは，設立から
3 年を待たずに回収できた。投資先であったソーシャルゲーム開発の ngmo-
co が日本の大手企業 DeNA におよそ 4 億ドルで売却されたように，早期に
出口を迎えるケースが相次いだからだ。iFund の好成績に満足した KPCB は
次のファンドを計画し，2010 年 10 月に，ソーシャルメディアのスタート
アップに投資する sFund を 2.5 億ドルで設立した。戦略的パートナーとして
Facebook，Amazon，Zynga の名前が挙がっており，これら企業のビジネス
モデルと連携するスタートアップへの投資が加速した。

　一方で，新しい形態の VC も登場した。通常の VC が組成するファンドが
数億ドル規模であるのに対し，一桁小さい数千万ドル規模のファンドを組む
マイクロ VC と呼ばれる VC である。1 社当たりの投資額も，最高で数百万

6　Written on March 31, 2010 at TechCrunch, KPCB Homepage.

ドル程度だ。具体例を挙げると，SV Angel，Felicis Ventures，Floodgate が
ある。SV Angel は，Google や Facebook に投資したエンジェルとして知ら
れる Ron Conway や Google の元社員だった David Lee がパートナーであ
る。投資対象は，Web やモバイル関連のアーリー段階にあるスタートアッ
プである。Floodgate の投資対象も同様である。Floodgate はスーパーエン
ジェルと称しており，エンジェルが投資するシード資金と，老舗 VC が投資
する次のラウンドのギャップを埋める投資を行う。同社パートナーの Mike
Maples は，Twitter や Digg にアーリー段階で投資した経験を持つ[7]。校條
（2018）は，マイクロ VC のパートナーには，そのような元起業家やエン
ジェル以外に，大手 VC からスピンオフしてきた者もいると指摘している。

　このように小口の投資を行う VC が登場するようになった背景には，Web
ビジネスの立ち上げに必要とされる資金が低減したことがある。ハードウエ
アのコストが下がり，サーバーは格安でレンタルできるようになり，ソフト
ウエアはフリーのものが出回っている。残るは人件費のみということになる
が，これも契約社員や海外へのオフショアを利用すると数分の1におさま
る。

　起業家活動の敷居が低くなったことは，Web ビジネスを育てるために，
短期間で小口の投資をしながら Web ビジネスの育成を行う新たなインキュ
ベータを登場させることともなった。

2.4. 投資育成インキュベータと海外インキュベータ

　Web ビジネスの興隆を理解するために，インキュベータとグローバル化
の関係を説明しておきたい。投資育成型インキュベータと海外インキュベー
タのシリコンバレー出張所は世界中から起業家を引きつけており，シリコン
バレーで創業することはボーン・グローバルに等しいと標榜しているかのご
とくである。

　Y Combinator というインキュベータが，2005 年マウンテンビューにオー
プンした。数十社のスタートアップを集めて3カ月間の合宿のなかで育成
し，1万ドルから2万ドルの小額投資と引き換えに株式 7% を持つ（Randoll,

7　Crunchbase の登録情報および各社ホームページを参照した。

2012）というプログラムを行っている。スタートアップは厳しい審査を経て全世界から招聘される。各チームは，生活費と家賃を支給され，ビジネスプランの完成と製品サービスの開発に専念する。その間，インキュベータのエグゼクティブ，専門家，エンジェルたちからのアドバイスや叱咤激励を受けながら濃密な時間を過ごす。最終日に，VC の前でビジネスプランおよびプロトタイプをお披露目し，有望なスタートアップにはその場で投資の約束がなされる。この仕組みは，初めて起業するノービスアントレプレナーに，投資家が成長または再出発の結論を下すことができる。

　このように，小口の投資と併せて早期育成を行う Y Combinator の主な対象は Web ビジネスである。2015 年までに 800 社以上を世に送り出しており，著名な卒業企業としては，オンラインストレージの Dropbox，個人の部屋をホテルとして提供するマッチングサイトの Airbnb がある。ホームページのレンタル・サイトの Weebly やプログラミングの学習サイト Codeacademy 等も成長した。同様のインキュベータが増えていき，2010 年に，同じくマウンテンビューに 500 Startups が設立された他，サンフランシスコ市にも新しいインキュベータが相次ぎオープンした。これらのインキュベータのターゲットは，大学を卒業したばかりの若い起業家の卵と海外の優秀なエンジニア集団だった。

　そして 2010 年には，シェアード・オフィスと呼ばれるインキュベータがサンフランシスコ市に点在するようになった。Y Combinator のような期間限定のプログラムは持たないが，ネットワーキングの場を提供し，起業経験豊富なメンターがアドバイスする。また，アライアンスを組んだ VC を同じ建物に配置して，有望なスタートアップを投資先として紹介しているインキュベータもある。支援メニューを豊富に持ち，大規模な施設を運営している例としては，KickLabs や AngelPad を挙げることができる（2014 年現在）。

　サンフランシスコ市のインキュベータまたはシェアード・オフィスの入居者を，より南に位置するマウンテンビュー市の入居者と比べると，20 代の若い世代が多く，欧州から進出してくるケースが多いことが特徴である。訪問して入居者を眺めた感想として，サンフランシスコ市の施設には白人が多く，サンフランシスコ以南に位置する市の施設にはアジア，なかでもインド人が多い。欧州からやってくる若い起業家は，職住近接で車を運転する必要

がないサンフランシスコ市を好む傾向がある。それを反映して，同市には欧州のインキュベータが進出しており，フランスやスペインの出張所もオープンした（田路，2011）。

　海外から進出してくるインキュベータ以外にも，外国人をサポートするコミュニティは多い。それが，起業に必要なネットワークにアクセスすることを簡単にしている。たとえばエンジニアの勉強会，週末にプログラミング能力を競い合うハッカソン，ビジネスプランや製品サービスを紹介するピッチやデモのイベントが毎日のように開催されており，それらは Meetup というサイトで紹介されている。これらは投資家を誘因するよりも，起業家やエンジニアをマッチングさせる場として機能している。Finding Co-Founder（共同創業者を探そう）というストレートな名称の会合まで存在する。

2.5. 調査対象のインキュベータ

　本書が調査対象としたスタートアップが入居しているインキュベータの 1 つである，Plug and Play Tech Center を紹介しておこう。その拠点はシリコンバレー最南端のサンノゼ市北側に位置するサニーベール市にあり，3 階建てフロアの総面積は 15 万 sqf（1 万 3950 m²）である。以下に述べる状況は 2010 年から 2012 年の調査にもとづいており，調査対象企業が入居していた当時の環境を説明している。その後，このインキュベータは国際化を加速させ，欧州やアジアにも施設を増やしており，日本にも進出している。

　地下にはデータセンターがあり，1 階から 3 階までがオフィススペースとなっている。入居企業のほとんどが IT 産業に属しており，ソフトウエア開発，Web やモバイル関連のビジネスを展開している。最も小さなオフィススペースは 2 名が座れる程度の広さであり，大きくても 8 名程度まで，それよりも大きくなると，ここを卒業していくことが多い。3 階には，VC のサテライトオフィスが入居している。

　入居企業にとっての魅力の 1 つは，インキュベータのスタッフに提出したビジネスプランが認められると，3 階の VC にプレゼンテーションする機会が得られることだ。サテライトを持っていない VC も月に一度訪れ，スタートアップのプレゼンテーションを聞く。日本からは，NTT グループやソニーのコーポレート・ベンチャー・キャピタル部門が訪問している。ま

た，インキュベータが投資機能を持っており，別法人にした Amidzad Ventures（現 Amidzad Partners）は，成長が期待できるスタートアップに投資している。

サニーベール市の施設は 2006 年にオープンした 2 番目の施設であり，最初の施設は 2000 年以前にパロアルト市でこじんまりと始められた。その頃に入居していたのが Google と PayPal である。Google の創業者が，スタンフォード大学のドミトリーから出て最初に入居した民間オフィスが Plug and Play であったというエピソードはよく知られており，験担ぎで入居を決める創業者は少なくないという。実際，筆者は，Plug and Play の CEO がイベントで挨拶する際にこのエピソードを語るのを何度も聞いた[8]。

Google のように株式公開を果たすか，もしくは売却することによって施設を卒業した企業は，その名前のパネルが受付の壁にずらりと飾られて，Successful Exit として紹介される。

大学と連携していることも特徴の 1 つである。たとえば，国内外の大学と提携して，ビジネスプランをプレゼンテーションするピッチコンテストを開催している。スタンフォード，エール，MIT，ハーバード，カリフォルニア工科大学，コーネル等の大学ごとにコンテストが催され，審査員には，卒業生のベンチャー・キャピタリストが並ぶ。

また，大学向け以外にも独自のピッチコンテストを主催しており，国内向けと海外向けに毎年各 2 回ずつ開催されている。参加者は，地元のスタートアップの他に，海外から進出を考えているスタートアップや国内と海外の MBA を中心とした大学院生チームである。審査員には地元の VC を呼び，聴衆には起業家の卵が多い。参加費は数百ドルと安くはないが，毎回盛況である。優秀者には，入居 3 カ月の権利が与えられる。ピッチ（プレゼンテーション）は 3 分しかないため，ビジネスモデルの要点しか話すことができない。短いなかで，経営チームの学歴と経歴が強調されることが多い。参加の 40 社から上位 3 社の優秀者を決めるまでの集計時間は，大ホールの外のオープンスペースに設けられたブースで，VC とピッチをした企業の質疑応答が行われる。実はこの時間こそが重要なのであって，ピッチそのものは単

8　Google と PayPal が入居していたことは，石井（2017）にも紹介されている。

なる自己紹介に過ぎない。日本のコンテストとの大きな違いは、審査員向けに詳しい資料がなく、エグゼクティブサマリーと言われる1頁の概要しか渡されないことである。要点はエレベーターピッチと言われる30秒で説明できるくらい明瞭でなければならないというシリコンバレー流儀がここにも反映されているのだろう。

またピッチコンテスト以外にも、多くのネットワーキングのイベントが開催されている。月に一度、夕方6時から開催されるコミュニティ・ミーティングは、新しい入居企業が自己紹介を行う場であり、会場ではピザ、コーラ、ビールが振るまわれる。他にも、CEO Talkと題して、出口を迎えた起業家を招いた講演会を不定期に開催している。

施設内を歩くと、各国の旗がはためく国ごとのパビリオン（コーナー）が目につく。カナダ、スペイン、チェコ、オーストリア、フィンランド等の政府系機関が、スタートアップの進出を促進しているのである。選抜されたスタートアップは3カ月の滞在のサポートを受けられ、その後は自力で継続するかどうかを決める。

大企業が運営するパビリオンもある。オンライン決済サービスのPayPalと家電量販店のBest Buyだ。自らのビジネスに関連するスタートアップを入居させており、賃料を補填する形でサブリースしている。また、iPhone関連のサービスを提供するスタートアップは特定の場所に集められている。2006年のiPhone登場は、スマートフォン向けのアプリケーションの市場を生み出し、多くのスタートアップを輩出した。これらのビジネスを後押しするため、インキュベータの経営者の肝入りで、1階部分の一等地にこのiPhoneパビリオンが開設された。

次からは、起業家自身に焦点を当てて、移民起業家とシリアルアントレプレナーを順に説明したい。

2.6. 移民起業家

シリコンバレーの産業の担い手が移民であることは、Saxenianの3冊の書籍（Saxenian, 1994, 1999, 2006）に詳細に述べられている。田路（2008, 2009）、田路・露木（2010）が取り上げた半導体、IT、ライフサイエンスのスタートアップの起業家の多くも移民であった。デューク大学とカ

リフォルニア大学バークレー校が定期的に調査している報告書[9]によると，1995 年から 2005 年までに米国で設立された売上高 100 万ドル以上の技術系企業約 2000 社のうち，約 25% は，CEO または CTO（最高技術責任者）のいずれかが移民だった（Duke University & U.C. Berkeley, 2007）。この割合は，カリフォルニア州になると 38.8%，さらにシリコンバレーでは 52.4% に達する。その人種構成は，シリコンバレーではインド系移民が 15.5%，中国系と台湾系の移民が 12.8 ％であった。移民起業家の割合は年々高まっており，成長して株式公開することも多い。

　創業チームに移民を含む著名な企業を，新しいものから並べてみよう，Tesla, Facebook, LinkedIn, Google, eBay, Intel の創業者を見ると，南半球や欧州からの移民であることを確認することができる。一般的には，アジアからの移民が多く，とくにインドは群を抜いている。VC が投資した企業のうち，移民の創業者を含む公開企業は，2006 年 1 月以前には，全体の 20%（1980 年以前は 7%）だったが，2012 年には 33% に増加した。この調査によると[10]，移民起業家を擁する公開企業の 57 ％はカリフォルニア州，16% はマサチューセッツ州，4% はニュージャージー州に拠点を置いている。それらを出身国の多い順に並べると，21% がインド，10% が台湾とイスラエル，8% が英国，7% がドイツ，6% がカナダとフランス，と続く。過去と比べると，インド人が中華系を抑えて逆転し伸びている。いわんや，それら企業で働くエンジニアにもインド人は多い。ところで，日本からの移民起業家は多くはないものの存在しており，売却や株式公開に至った例もある[11]。追って，日本人起業家のキャリアを紹介したい。

　また，時価総額 10 億ドルの未公開企業であるユニコーンに関する興味深い調査もある[12]。2016 年には，ユニコーンは全米で 87 社に上った。そのうち，移民の創業者を含む企業は 44 社（51%），CEO や CTO やエンジニアリ

9　Duke University & U. C. Berkeley（2007）.
10　National Venture Capital Association（2014）"American Made2.0: How Immigrant Entrepreneurs Continue to Contribute to the U.S. Economy."
11　2010 年以前の日本人が率いるハイテク・スタートアップの成功例は，田路（2009, 2013）を参照されたい。半導体チップ，ソフトウエア，消費者向け電子機器の事例である。2010 年以降，シリコンバレーに進出し，日本で株式公開した Web ビジネスの事例（Chatwork）は田路・新谷（2016）に紹介されている。
12　"Immingrants and Billion–dollar Companies."

ング VP のような重要な職位に移民を擁する企業は 62 社（71 ％）あった。2018 年には，移民の創業者を含む企業は 91 社中 50 社（55%）となり，重要な職位に移民を擁する企業は 75 社（82 ％）となった。

　そのように移民起業家の台頭がめざましくなると，グローバル経営に大きな変化がもたらされた。技術系人材は逼迫しており，とくにコンピュータサイエンスのエンジニアの給料はうなぎのぼりである。2014 年頃にはコンピュータサイエンスの新卒者の給与は 9 万ドルと伝え聞いた。そこで，企業の選択肢は 2 つある。給料にストックオプションを加えて有能な技術者を確保するか，海外で開発するかである。前者を実行するには，豊富な資金を外部から調達しなければならない。その上で，有能な技術者を雇用して早期に製品を上市してグローバルブランドの地位を確保することを目指す，集中加速化パターンである。後者は，移民起業家ならば，自国の出張所にエンジニアのチームを置けばよい。それは，経営とマーケティング機能を米国に置き，開発や生産機能を海外に置く国際分業のパターンである（田路・新谷，2016）。2010 年に先述した Plug and Play Tech Center の入居企業を調査した際には，インドにエンジニアのチームを置く事例が多く見られた（田路，2011）。

2.7. シリアルアントレプレナー

　起業を繰り返す起業家はシリアルアントレプレナーと呼ばれ，連続起業家と訳されることもある。シリアルアントレプレナーは，株式公開か売却の出口に達すると，また次の起業を行う。なかには，成長させた後も経営者や事業部長として残る者もいるが，それでも数年で引き渡しが済むと離職することが多い。

　Lee（2000）は，企業に残る場合を長期ビジョン型，離職して再度起業する場合をシリアル型と定義した。表 2-4 で示したように，米国における売却の数は株式公開の数の 10 倍に達することが，シリアルアントレプレナーを生む要因の 1 つであろう。

　また，出口に達しなくても，起業を繰り返す者が多い。Shane（2000）が，起業経験は，次の起業に際し，機会認識の能力を高めると指摘しているように，失敗経験を次の起業への糧とみる投資家は多い（米倉，2002）。櫛

田（2016）も，よいアイデアの前には多くの失敗のアイデアが必要であるというシリコンバレーの通説を紹介している。ホームランといわれるような株式公開や大型の売却は難しいので，体力が続く年齢であるかぎり起業を繰り返すか，小さな成功の後にまたすぐに起業するという行動に出るのだ。

　再度の起業がなされる場合，前回の成否にかかわらず，同じメンバーで起業することは珍しくない。Eisenhardt & Schoonhoven（1990）は，シリコンバレーで設立された半導体企業を対象にした研究で，経営チームが過去に協働した経験があるメンバーで構成されると成長が速いことを明らかにした。筆者が調査した半導体やITのスタートアップを率いるCEOやCTOはもちろん，エンジニアのチームも前回の起業から連続している例が多かった（田路，2009；田路・露木，2010）。なかでも最も成功したLinkedInの例を挙げると，創業チームの5名のうち，失敗に終わった前回からの同じメンバーでもあるスタンフォード大学卒業生が3人，勤務時代の元同僚が2人だった（磯田・田路，2016）。

　つまり，経営陣も，雇用される人材も，あたかも1つのチームのように，スタートアップからスタートアップへと渡り鳥のように移動していく。異動を繰り返しながら，渡り鳥は，最新の技術を読むスキルや組織をまとめるスキル，VCへの交渉力などを高めていくのだ。つまり，起業は，個人レベルではなく，チームレベルで起こる。しかも，起業に関わる人的資源が域内にプールされていて，ビジネスチャンスがあると一気に複数の人材が供給されるのではなく，適切なタイミングで必要な人材が順々に供給されていく。

　このメカニズムを，米倉（1999）は，「資金調達をVCに依存して，異質な中核能力をネットワーク（略）で結合して次々と事業展開する」と表現している。

2.8. 日本人のシリアルアントレプレナー：ホームラン事例のFitbit

　ここで，1人の日本人起業家のキャリアを紹介したい。

　Fitbitは健康記録機器（フィットネス・トラッカー）のリーディング・カンパニーである。24時間腕につけてスマートフォンと連動させ，歩数，階段昇降数，脈拍，睡眠状態等を記録する。ランニング，サイクリング，エクササイズも記録できる。フィリップス製，ソニー製，セイコーエプソン製等

の大手を寄せ付けずに不動の地位を築いた Fitbit は，シリコンバレー発のスタートアップだった。2007 年に創業，2011 年に製品上市，2015 年にニューヨーク証券取引所に公開した後にグローバル化を進め，2019 年 11 月現在，累計 1 億個の販売，2800 万人のユーザーを持ち，Google が 21 億ドルの買収を申請したことも話題となった。最初の製品開発を担った多くのエンジニアは，スタンフォード大学や MIT を卒業した若手だった。そのエンジニアをシリコンバレーに集めるために調達した金額は約 2300 万ドルだった。前述の集中加速化パターンに相当する。

　Fitbit は本書の調査対象であり，第 4 章の表 4-14 にその概要を載せている。創業者の 2 人は米国生まれであるが，ビジネスを拡大させるには移民の力が必要だった。その 1 人，熊谷芳太郎は，日本展開の立役者であり，携帯電話会社とのアライアンス，部品サプライヤーとの交渉，B2B ビジネスの展開に大きな役割を果たした。熊谷にとっては，Fitbit は 7 つ目に関わったスタートアップである。移民のシリアルアントレプレナーとしての熊谷のキャリアを紹介しておきたい[13]。

2.8.1. 米国での企業勤務

　熊谷は仙台で育ち，1965 年に法政大学工学部機械学科に入学後，香港行きの貨物船掃除のアルバイトで海外旅行を経験したことと輸送業を米国で立ち上げて成功させたという大学 OB の講演に刺激を受けて，いずれ米国に渡りたいと願っていた。卒業後，三菱鉱業セメントに入社したものの，同窓の OB が社内にいない日々に孤独を感じ，半年で退職して憧れの米国に旅行に行った。そのままジョージア州立大学の英語学習コースを履修して理数学部に編入，2 年後に卒業した。卒業後は米国の小さなミシン会社に就職，その後，大手ミシン会社の Singer に移り，シンガポールと香港での勤務を経て，28 歳の時に，日本の責任者として日本へ赴任することとなった。羽田空港に迎えにきた日本の従業員達は，白人ではなく，日本人の青年が登場したのを見て腰を抜かすこととなった。

　1984 年に転職をし，米国の製紙会社 Mead で商品パッケージングやデータベースのビジネスを扱った。日本に駐在員として 2 年間赴任した際には，

---

13 本書に収録できなかった詳細は，田路（2013）を参照されたい。

オロナミン C ドリンクの自動パッケージングを成功させている。最後に勤務した企業は，Vivitar というカメラメーカーだった。社長の地位に就いた熊谷は，業績回復に貢献をした。銀塩カメラから脱却して，35 万画素のデジタルカメラを開発して販売することに成功したのだ。そして，50 歳に達した時，企業勤務のキャリアに終止符を打った。「これでサラリーマン人生はお終い。明日からは好きなことをしよう」。米国人の企業勤務には，日本のような定年というものはない。熊谷は，50 歳を区切りにすることを心に決めていた。それは引退ではなく，起業家として新しいスタートを切ることだった。

2.8.2. 連続かつ並行する起業家活動

　熊谷が参画したスタートアップは，2019 年現在までで少なくとも 7 つにのぼり，5 つが出口（株式公開または売却）を迎えている。それら以外にも，参画したり応援したりしたスタートアップはあるが，ここでは紹介しない。出口を迎えた確率は半分に達し，千に 3 つしか成功しないはずの通説からかけ離れている。表 2-6 にあるように，最初の 2 つは自ら創業した。しかし，CEO にはなっていないのは，熊谷のポリシーである。複数の起業に関わるためにも代表にはならないのだ。

　最初の起業である Picture Vision は，写真のデータをインターネットで顧客に送らせてプリントするシステムである。共同創業者はイスラエルの知人で，資金はシリコンバレーの VC から集め，日米並行で法人を設立した。ビジネスは順調に成長し，米国では，2000 年に Kodak へ 1 億 5 千万ドルで売却，日本では，プラザクリエイトと合弁企業を設立する形でビジネスが進められた。この合弁企業，ジグノシステムジャパンは 2002 年にナスダックジャパンに株式上場して 80 億円を調達した。

　次の起業は，ジグノシステムジャパンを売却する前から始めていた。2001 年に日本で設立したベイズである。熊谷は，日本にいる知人と，当時まだ存在していなかったゲームの情報サイトを立ち上げた。当時は情報サイトから利益を上げるようなビジネスモデルは難しかったので，それと並行して，携帯電話向けのゲームを作り始めた。そこに，仕事を持ち込んだのが，ドラクエ開発で有名なエニックス（現スクウェア・エニックス）だった。エニックスは，ドコモ向けにドラクエのゲームを開発したかったのであ

表 2-6　熊谷の起業家活動

企業名	サービス名	事業内容	設立	資金調達	関係	役職と役割
Picture Vision	プラザクリエイト	ネット経由で写真画像をプリント依頼するシステム	1996 年に米国と日本で創業，4年後に米国では売却，日本では株式公開	米国 VC	創業者	Senior VP
ベイズ	i モード向けゲーム	携帯用のゲーム開発	2001 年に日本で創業，数年で売却	創業者	創業者	Adviser
Destiny Media Technologies	MPE	音楽用の電子透かし	1991 年にカナダと米国で創業，8年後上場	創業者	知人が創業	2002 年に Director
Gesture Tek		動きの認識技術	1984 年にカナダと米国で創業，26 年後ライセンス売却	投資銀行役員/歌手	知人が CEO	2004 年に事業開発担当 Senior VP
Pure Digital Technologies	Flip Video	シンプルなビデオカメラ	2003 年に米国で創業，6 年後売却	米国 VC/モルガンスタンレー	VC からの依頼	Senior Adviser（設計と調達）
Catch Media	Play Anywhere	音楽映像コンテンツ提供のプラットフォーム	2010 年に米国で創業，翌年に日本法人を設立	エンジェル	Picture Vision と Pure Digital（略）の同僚が起業	Senior Adviser（日本展開）
Fitbit	Fitbit	健康記録機器	2007 年に米国で創業，2012 年日本で販売	米国 VC	Pure Digital（略）の同僚の紹介	Senior Adviser（日本展開）

る。熊谷たちがドコモのiモードに対応するゲームを開発したところ，上々の出来となり，続けてロトシティ，講談社の沈黙の艦隊とヒットを生んだ。その時点で，任天堂にゲームを供給する大手企業のトーセから，携帯電話向けのゲーム市場に進出したいのでビジネスを譲ってくれないかという打診がきた。熊谷らは設立から 3 年後に会社を売却した。

　Fitbit 以前にホームランになったスタートアップは，Pure Digital Technologies である。2003 年に設立され，2007 年の発売から 2 年間で，小型の動画カメラを北米と欧州で 200 万台販売した。そして，2009 年に約 6 億ドルで，Cisco Systems に大型売却された。熊谷の参画は，知人のキャピタリストが，カメラに詳しい熊谷に助言を求めたことによって始まった。収益性の

低い使い捨てカメラのビジネスをやめて，使いやすくてシンプルなビデオカメラ Flip Video へと大きく方向転換した。当時は，米国の消費財は日本企業に勝つことが難しいというジンクスがあったという。熊谷たちは，ソニーをベンチマークにし，ジンクスを励みに努力した。最大の特徴は，USB でカメラと PC をつないだ瞬間に，ソーシャルメディアへアップロードするためのインストーラーが起動するようになっていることだった。誰でも簡単に映像を知人とシェアできるという手軽さが，製品のヒットにつながった。さらに，オプションのサービスとして，顧客の好きな画像を印刷してカメラ本体にパッケージングすることを開始した。このサービスによって，誕生日のギフトとして人気を博すことになる。この実現に，熊谷は一役かっている。Mead で印刷関係の仕事をしていた経験を活かしたのだ。

　Flip Video の成功の秘訣は，ブランドの周知にテレビ局を徹底的に活用したことと，ハードウエアビジネスの成功に欠かせない部品の調達だった。半導体チップは，イスラエルの Zoran 製で，カメラは米国の Premier から調達している。Premier は熊谷が CEO を務めた Vivitar のサプライヤーだった。液晶は日本のシャープに依頼しており，これも，役員に熊谷の知己がいたからだ。2009 年に電子機器の国際見本市（CES）で製品発表したところ，Cisco Systems の目に留まり，買収となった。しかしこのビジネスは，翌年に事業を停止されてしまったため，新たな消費財ビジネスをやりたかったエンジニアが Fitbit に参画することとなった。そこに熊谷も参画して日本展開を担うこととなった。熊谷のキャリアを確認すると，シリコンバレーの人的ネットワークが，起業家活動の連鎖と並行を可能にしていることがよくわかるだろう。

3. まとめ

　直近の日本の VC 投資を米国と比較すると，件数は米国の半分，金額は米国の 50 分の 1 であり，1 件当たりの投資額が小口である。本書が対象とする Web ビジネスを含む業種への投資は，全業種のなかで最も多い。その資金を使って成長するため，株式公開についても，全業種のなかで最も多くなっている。シリコンバレーの起業のエコシステムは充実しており，スター

トアップには成長にしたがって，潤沢な資金が，ビジネスエンジェルと VC から提供されるとともに，経営のサポートも行われる。スマートフォンの登場後，Web ビジネスをターゲットにした投資育成型のインキュベータが増え，小口の投資を行うマイクロ VC も登場した。これらが，移民の起業家をサポートし，成功するまで繰り返される起業家活動を支えている。

第**3**章
日本の Web ビジネスにおける成長要因
首都圏における定量調査

　本章は，研究課題 1 と 2 に関して首都圏のデータ分析に対応したもので
ある。2010 年代の首都圏で展開する Web とモバイル関連のビジネスを対象
に，起業家とスタートアップのプロフィールを明らかにした上で，スタート
アップの成長要因，とくに経営資源と戦略に関して明らかにする。第 1 回
目の調査の 2 年後に，成長したグループと成長しなかったグループに分け
て平均値の差を比べ，成長要因を抽出した上で，成長した 13 社について個
別データを確認した。

1. 起業家像と経営の状況

1.1. 調査方法

　調査対象は，首都圏に本社を置く Web やモバイル関連のサービスを提供
するスタートアップである。2012 年 3 月〜 12 月にオンラインの質問票調査
を行った。個人投資家やインキュベータを経由して調査を依頼するとともに
ジャパンベンチャーリサーチ（JVR，現 INITIAL）のデータベースも活用
して，およそ 1000 社にメールを送信し，有効回答数 143 を得た。個人投資
家の名前を挙げることは控えるが，協力してくれたインキュベータは，サム
ライインキュベート（調査当時の所在地：品川区天王洲），サイバーエー
ジェント・ベンチャーズ（現サイバーエージェント・キャピタル，所在地：
港区六本木）である。どちらも，Web やモバイル関連のスタートアップを
入居対象者にしている。ジャパンベンチャーリサーチは，未公開企業の情報

を集めてデータベース化するサービスを展開する組織である。未公開の情報は、インターネットや各種メディアに公開されたもの以外に人海戦術によっても集められており、立ち上げ段階の小規模なスタートアップも登録されている。

表 3-1　調査対象者の概要

(n=86)

	属性	割合
起業家	性別：男性	96.5 %
	日本国籍	98.9 %
	創業者の平均年齢	34.5 歳 (SD：7.9)
	非大卒	11.6 %
	修士以上	20.9 %
	技術系	27.9 %
	過去の勤務経験あり	90.7 %
	スタートアップ勤務経験あり	40.7 %
	シリアルアントレプレナー	24.4 %
	共同創業	64.0 %
企業	企業年齢（〜2年）	60.5 %
	企業年齢（3〜5年）	24.4 %
	企業年齢（6〜8年）	15.2 %
	投資家からシード獲得	26.7 %
	投資家からシリーズ A 獲得	40.7 %

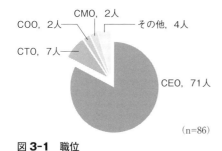

(n=86)

図 3-1　職位

第 1 回目の調査の 2 年後に、成長と生存の確認を Web 等の公開情報から行ったところ、114 社を追跡することができ、確認のメールを配信した。最終的には、そのうちの 2004 年以降創業となる企業年齢 8 年以内の 86 社に、調査対象を絞った。また、ひとりで経営を行う独立自営は除いている[1]。なお、創業者が複数存在する場合は、立ち上げに中心的に関わったメンバーに回答してもらえるように依頼している。

1.2. 調査対象者の属性

　概　要　表 3-1 が調査対象の起業家と企業の概要である。平均年齢 34.5 歳、7 割が文科系、9 割が勤務経験を持ち、4 割がスタートアップにも勤務した経験を持つという起業家像が浮かび上がる。年代別では、20 代が 29.1 %、30 代が 47.6 %、40 代 19.8 %、50 代以上 3.5 % であり、40 歳未満が 8

1　創業から 8 年以上経過した企業、および独立自営も含めたデータの属性分析を行った結果は、田路・新谷（2013, 2014）を参照されたい。本書は、Taji & Niiya（2018）および田路・新谷（2018）をベースに定量と定性分析を詳細に行った。

割弱を占める。過去にも起業経験を持つシリアルアントレプレナーは 86 人中，21 人（24.4 %）である。

64.0 % が共同創業者を持ち，投資家からの資金調達は，立ち上げ時のシード資金が 26.7 %，追加投資のシリーズ A で 40.7 % と，積極的に起業家活動を展開している（表 3-1）。

職　位　調査対象者の 2012 年時点における職位を図 3-1 に示す。CEO（最高経営責任者）が 71 人，CTO（最高技術責任者）が 7 人，COO（最高執行責任者）が 2 人，CMO（最高マーケティング責任者）が 2 人，その他 4 人であった。

学　歴　学歴の詳細は図 3-2 を参照されたい。大学院卒者は修士／博士を合わせて 20.9 % と少なく，学卒者は 64.0 % と最も多い。なかでも文系学卒者は 47.7 % と半数近くを占める。Web やモバイルのビジネスはプログラミングの技術を必要とするはずだが，今回の調査対象者には，技術系人材が多くないことがわかる。

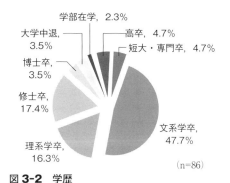

図 3-2　学歴

表 3-2　勤務経験　(n=86)

勤務経験社数	該当者数	割合
勤務経験無	8 人	9.3 %
1 社	24 人	27.9 %
2 社	23 人	26.7 %
3 社以上	31 人	36.0 %
合計	86 人	100.0 %

表 3-3　勤務した企業の業界　(n=86：重複回答)

業界	該当者数	割合
IT（インターネット）	36 人	41.9 %
IT（モバイル）	11 人	12.8 %
IT（ソフトウエア）	10 人	11.6 %
IT（コンサルティング）	10 人	11.6 %
IT（その他）	8 人	9.3 %
製造業	6 人	7.0 %
サービス業	11 人	12.8 %
その他	15 人	17.4 %
合計	107 人	124.4 %

勤務経験　過去の勤務経験については表 3-2 を見てほしい。勤務経験を持たない調査対象者は 9.3 % 存在し，転職経験者は 62.7 % である。目をひくのは，3 社以上に勤務した経験を持つ対象者が 36.0 % を占めることである。

調査対象者の平均年齢が 34.5 歳であることと合わせると，キャリアの変更はかなり頻繁に行われたことがわかる。

勤務先規模とその業界　過去に勤務した企業の規模と業界を確認しておこう。業界についての詳しいデータを表 3-3 に挙げる。やはり，IT 業界に勤務した者が多く，その勤務企業の規模は 1000 人以上の大企業が 44 人（51.2 %），99 人以下が 55 人（64.0 %）であった（重複回答含む）。

勤務未経験者の属性と企業概要　企業での勤務経験のない起業家 8 人の属性と企業概要も紹介しておきたい。8 人中 5 人が大学在学中に起業している。シリアルアントレプレナーは 1 人であった。その従業員規模は，正社員，パートタイム・契約，外部委託を含む人数であるが，5 人から 10 人程度を雇用しており，活発に活動していることがわかる。製品サービスの内容は，ソーシャルメディアを使ったサービスや物販，情報発信を個人向けに行う B2C が 6 社，残りの 2 社は，SNS を使った事業向けの B2B サービスであった（表 3-4）。

シリアルアントレプレナー　次に，起業を繰り返すシリアルアントレプレ

表 3-4　勤務経験のない起業家とその企業の概要

回答時年齢	創業時学歴	起業回数	創業年	職位	創業者数	従業員規模（全）	B2B/C	製品サービス
21 歳	大学在学（理系）	1 回	2011年	CEO	1 人	10 人	B2C	ソーシャル EC サイト運営
21 歳	大学在学（文系）	1 回	2012年	CEO	2 人	6 人	B2C	グループ間で共有するデジタルノートサービス
22 歳	大学在学（文系）	1 回	2011年	CEO	2 人	18 人	B2B	Facebook を使った採用コンサルティング
22 歳	理系学卒	1 回	2012年	CTO	1 人	8 人	B2C	京都文化発信サービス
25 歳	文系学卒	2 回	2010年	CEO	1 人	6 人	B2C	個人向けサービス業のオンラインマッチングサービス
25 歳	大学在学（文系）	1 回	2007年	CEO	2 人	5 人	B2C	電子出版物のプラットフォーム運営
26 歳	大学在学（文系）	1 回	2008年	CEO	2 人	6 人	B2B	Facebook を使ったマーケティング支援
30 歳	高校卒	1 回	2011年	CEO	4 人	2 人	B2C	アーティスト支援・音楽配信サービス

表 3-5　起業回数　　(n=86)

回数	該当者数	割合
初回	65人	75.6 %
2回目	10人	11.6 %
3回目	7人	8.1 %
4回目以上	4人	4.7 %
計	86人	100.0 %

表 3-6　最初の起業の出口　　(n=21)

起業出口	該当者数	割合
満足売却	3人	14.3 %
不満足売却	2人	9.5 %
解散	5人	23.8 %
倒産	1人	4.8 %
休眠等	10人	47.6 %
合計	21人	100.0 %

ナーの経験を説明する。表 3-5 の起業回数では，シリアルアントレプレナー 21 人中，2 回目は 10 人，3 回目は 7 人，4 回目以上は 4 人である。続いて表 3-6 は，今回ではなく，最初の起業の出口や状況を示している。株式公開はなかったものの，21 人中，3 人（14.3 %）が満足できる売却をしたと回答している。さらに，その後の起業により，この人数は 3 人から 4 人に増えた。一般に，成功の確率は 1000 に 3 つとも言われる[2]なかで，この確率を見るかぎり，成功はそれほど困難なものではなかったといえよう。他の業界と数字の比較はできないが，おそらく，この Web ビジネスでは，小さい成功，つまり売却を迎える可能性は比較的高いのではないかと推測できる。ところで，質問紙では，満足と不満足の定義をしていないため，回答者の主観で判断されていることになるが，売却額が満足な金額だったかどうかと解釈して差し支えないと考える。

1.3. 経営状況

　続いて，調査対象企業の概要を示したい。

　創業者数　図 3-3 は，創業者数を示している。2 人以上の複数による共同創業が 64.0 % を占めている。海外の先行研究（Eisenhardt & Schoonhoven, 1990 ; Beckman, Burton, & O'Reilly,

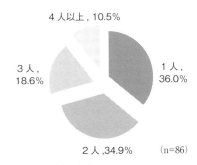

4 人以上，10.5%
3 人，18.6%
1 人，36.0%
2 人，34.9%　　(n=86)

図 3-3　創業者数

2　スタートアップの成功確率の統計データを示すことは極めて難しい。株式公開ではなく，売却の場合は公表されないことが多いからである。

表 **3-7** 従業員規模

雇用形態	採用率	最小〜最大人数	平均人数	標準偏差	分散
正社員	65.1 %	1 〜 65 人	5.2 人	10.9	117.9
パートタイム・契約	48.8 %	1 〜 23 人	2.1 人	3.7	13.9
外部委託	44.2 %	1 〜 150 人	3.6 人	16.6	276.1

表 **3-8** 事業内容　(n=86：重複回答)

事 業	該当社数	割合
IT（インターネット）	73 社	84.9 %
IT（モバイル）	33 社	38.4 %
IT（ソフトウエア）	18 社	20.9 %
IT（コンサルティング）	18 社	20.9 %
IT（その他）	11 社	12.8 %

2007 等）では，創業チームの規模や多様性が成長にプラスに働くという結果が多く，今回の調査対象は，成長する可能性を秘めたサンプルが多く含まれているのではないかと期待できる。

　従業員規模　表 3-7 は，従業員規模を，正社員，パートタイム・契約，外部委託の雇用形態別に分類している。規模にはかなりのばらつきが見られる。正社員を雇用している企業は 65.1 % 存在し，パートタイム・契約社員の雇用は 48.8 %，外部委託は 44.2 % の企業が行っている。

　事業内容　表 3-8 は，IT ビジネスの事業内容を説明しており，重複回答を含む。コンピュータ上のインターネット関連のビジネスを手がける企業は 84.9 %，次に，スマートフォンを利用したモバイル関連のビジネスを手がける企業は 38.4 % を示す。以下，ソフトウエア，コンサルティングと続き，多くのサンプルは，複数領域でビジネスを展開している。

　資金調達　表 3-9 は第三者投資による資金調達を，立ち上げ時のシードと追加のシリーズ A 別に示している。エンジェルはビジネスエンジェルと呼ばれる個人投資家である。事業会社は，取引先やパートナー企業等を指す。たとえば，シード資金としてエンジェルから投資を受けたサンプルは 9 社あることを示している。

　「いずれかより調達」欄にあるように，シードで資金調達できた企業は 23 社（26.7 %），シリーズ A では 35 社（40.7 %）である。日本のスタートアップへの投資環境は厳しいという理解が一般的であるなかで，この数字は高いと筆者は判断する。細かく見ていくと，VC（ベンチャーキャピタル）

からの資金調達は，シードの14社よりもシリーズAの20社の方が多い。ある程度時間が経過した段階で意思決定するVCの方が多かったことになるが，ハイリスクハイリターンのシードに投資するVCも相当数存在することを示している。

また，事業会社からの調達は，シードでは1社であったのに対して，シリーズAでは9社に増えており，時間の経過とともに，パートナー企業との関係を構築できたと見ることができる。

表 3-9 資金調達　(n=86)

	資金調達先	該当社数	割合
シード （立上げ時の投資ラウンド）	エンジェル	9社	10.5%
	VC	14社	16.3%
	事業会社	1社	1.2%
	いずれかより調達	23社	26.7%
シリーズA （追加の投資ラウンド）	エンジェル	8社	9.3%
	VC	20社	23.3%
	事業会社	9社	10.5%
	いずれかより調達	35社	40.7%

VCに関して，国内以外に海外からの投資があったのかどうかに関心を持つ読者も存在するだろうから，解説しておきたい。質問票では国内／海外の別を問うていないが，JVRのデータベースから，投資先に関する情報を確認している。それはほぼ国内VCであったと断定できる。海外進出した際に，現地の投資家から資金調達した例はあったが，極めて稀である。

もう一点，ビジネスエンジェルから資金を調達できた企業が，シードとシリーズAの両方で，VCからの調達と比べるとその件数が少ないことは，エンジェルの存在そのものが少ないことを反映していると考える。それに比べると，米国ではビジネスエンジェルはかなりの数が存在しており，とくにシードにおける資金調達に重要な役割を果たしている（第4章参照）。

1.4. 事業タイプ別の特徴

調査対象の86社はどのようなビジネスを行っているのだろうか。顧客ターゲットと製品サービスについて説明するために，事業タイプを大きく4つに分類した後に，それぞれの創業年，経営規模，戦略，資金調達を比較したい。

1.4.1. 事業タイプの分類

大きく事業を分類すると，消費者向けのB2Cと事業者向けのB2Bになる

が，それをさらに細分したい。本分析では，2011年に発表された米国ベイエリア地域のWeb関連ビジネスの起業家調査（*Startup Genome Report*[3]）に準じることとした上で，英語の名称を日本語としてわかりやすい呼称に変えた。

①利便性提供型（Automizer）：消費者をターゲットにしたビジネス。製品サービスの先進性や時間短縮の利便性を個々人に提供するサービス。例として，検索サービスとポータルサイト運営のGoogle，オンラインストレージのDropbox，イベントチケット決済サービスのEventbrite，ソーシャルゲームのZynga，ネットクーポン発行のGrouponがある。

②ソーシャル系型（Social Transformer）：消費者をターゲットにしたビジネス。クリティカルマスを越えることで，市場を刈り取ることにつながるネットワーク効果を持つビジネスモデル。ユーザー間の相互作用を作り出す仕組みが重要である。例として，オークションサイトのEbay，インターネット電話のSkype，ソーシャルネットワーキングサービスのFacebook，Twitter，LinkedInが挙げられる。

③ビジネス支援型（Integrator）：事業者をターゲットにしたビジネス。小企業，小市場を対象に，販売支援や収益性向上につながるサービスを提供する。例として，企業やNPO，教育機関等にネット上での協働環境を提供するPBworks，ユーザーの反応や意見をくみ上げるUservoice，Webサイトへのユーザーのアクセス分析をするKissmetricsやMixpanelがある。

④高度専門型（Challenger）：事業者をターゲットにしたビジネス。複雑で取引が固定された市場をターゲットとし，顧客のサービスへの依存度は高く，反復利用を原則とする。典型例は，生産管理，顧客管理等のデータベースサービスのOracleやWebを使った顧客管理システムのSalesforce，マシンデータ分析サービスのSplunkが挙げられる。

この基準に従い，86社を分類すると，利便性提供型が22社，ソーシャル

3　*Startup Genome Report* は，2011年に発表されたシリコンバレーにおけるWebビジネスのレポートである。663社のビジネス概要，起業家，資金調達等を分析している。カリフォルニア大学バークレー校およびスタンフォード大学の研究者を著者に含む。その後，Startup Genome Project として，他地域のレポートも発表されている。

表 3-10　事業タイプ別の創業年と調査対象者の年齢

	利便性提供型	ソーシャル系型	ビジネス支援型	高度専門型
調査対象者数	22 人	12 人	50 人	2 人
平均創業年	2010 年	2009 年	2009 年	2007 年
調査対象者平均年齢	30.2 歳	31.5 歳	36.9 歳	40.0 歳
標準偏差	7.0	6.4	7.5	11.3
最小～最高年齢	22 ～ 53 歳	21 ～ 40 歳	21 ～ 62 歳	28 ～ 48 歳

系型が 12 社，ビジネス支援型が 50 社，高度専門型が 2 社となった[4]。利便性提供型には，携帯電話，PC，スマートテレビ等向けのアプリ開発等を，ソーシャル系型には，画像投稿サービス，デザイナーを集めて発表するプラットフォーム，SNS を活用したマッチングサービス，EC サイト運営等を分類した。ビジネス支援型には，Web サイト制作，Web マーケティング支援，Web サイトアクセス分析サービス等を，高度専門型には，データ可視化と自然言語解析，情報埋め込みコードサービスを分類した。

1.4.2. 創業年と年齢

モバイル向けのアプリケーションやソーシャルメディアのビジネスがスマートフォンの普及とともに興隆したことを勘案すると，消費者向けの利便性提供型とソーシャル系型のビジネスは，企業年齢も経営者の年齢も比較的若く，逆に，事業者向けのビジネス支援型と高度専門型のビジネスは，両方の年齢が高いのではないかと想定できる。平均創業年を比較すると，利便性提供型，ソーシャル系型，ビジネス支援型，高度専門型の順に，古くなっていく傾向が見られた。創業チーム全員の年齢を把握はしていないが，回答者の年齢の比較を見ると，予想どおりの傾向が見られた（表 3-10）。なお，統計的に有意な平均値の差が見られたのは，高度専門型と他の 3 つのカテゴリー間のみであった（5 ％水準）。

1.4.3. 経営規模

次に，経営規模を比較してみたい（表 3-11）。高度専門型は 2 社しかサンプルがないため，統計的特徴を論じにくいが，正社員とパートタイム・契約

4　4分類の判断は，客観性を担保するために，3 人の有識者（経営コンサルタント，IT 関連のジャーナリスト，Web スタートアップの創業者）を招いて行った。パネルデータを示して，1社ずつ判断をした（2014 年 8 月 1 日実施）。

表 **3-11**　事業タイプ別の経営規模

		利便性提供型	ソーシャル系型	ビジネス支援型	高度専門型
正社員	採用率	50.0 %	66.7 %	70.0 %	100 %
	平均人数	1.5 人	4.6 人	7.2 人	4.5 人
パートタイム・契約	採用率	45.5 %	50.0 %	48.0 %	100 %
	平均人数	1.7 人	1.2 人	2.6 人	1.0 人
外部委託	採用率	45.5 %	41.7 %	46.0 %	0 %
	平均人数	1.1 人	12.9 人	2.7 人	－

表 **3-12**　事業タイプ別の顧客アクセス

	利便性提供型	ソーシャル系型	ビジネス支援型	高度専門型
顧客リスト保有	63.6 %	41.7 %	66.0 %	50.0 %
ソーシャルメディア活用	90.9 %	100.0 %	64.0 %	50.0 %

社員を雇用し，外部に委託をしていない。開発を内製する姿勢がうかがえる。残り 3 つの比較をしたい。正社員採用率が 50.0% で平均 1.5 人と低いのが，利便性提供型である。携帯や PC 向けのアプリケーションを開発するビジネスが小規模であることを反映しているのだろう。ソーシャル系型とビジネス支援型は，70% 近い企業が正社員を雇用しており，ビジネス支援型は平均人数が 7.2 人と突出している。顧客の Web サイト制作，Web マーケティング支援という受託開発が多いことによるものであろう。

　パートタイム・契約社員の採用率は，3 つのカテゴリーともに 40% から 50% 台を示し，平均人数は，ビジネス支援型がやや多い傾向がある。外部への委託は，3 つのカテゴリーはすべて 40% 台を示し，平均人数はソーシャル系型が 12.9 人と突出している。おそらく，SNS やプラットフォームを活用するサービスを展開するため，オフィスに常駐しないで必要に応じて業務を行う在宅の労働力が必要なのであろう。

1.4.4.　経営戦略

　続いて，経営戦略の要素として，顧客アクセス方法と他社との差別化を比較したい。

　まず，顧客アクセスを見てみよう（表 3-12）。ビジネス支援型と高度専門型のターゲットは事業者向けであるため，顧客リストをあらかじめ持ってい

表 3-13　事業タイプ別の他社との差別化

	利便性提供型	ソーシャル系型	ビジネス支援型	高度専門型
高品質	22.7 %	25.0 %	44.0 %	50.0 %
低コスト	13.6 %	41.7 %	30.0 %	0.0 %
ニッチ市場	50.0 %	58.3 %	62.0 %	50.0 %
革新性	63.6 %	75.0 %	48.0 %	100.0 %

表 3-14　事業タイプ別の資金調達

	利便性提供型	ソーシャル系型	ビジネス支援型	高度専門型
シード	7 社	6 社	10 社	0
	31.8 %	50.0 %	20.0 %	0
シリーズ A	8 社	8 社	18 社	1 社
	36.4 %	66.7 %	36.0 %	50.0 %

るのではないかと想定したが，さほど高くはなく，消費者をターゲットにする利便性提供型およびソーシャル系型と大きな差はない。ソーシャルメディア活用については，利便性提供型は 90.9 %，ソーシャル系型は 100.0 % という回答が得られている。ソーシャル系型は，ソーシャルメディアを前提としたビジネスなので当然といえよう。興味深いのは，ビジネス支援型も，高度専門型もソーシャルメディアを活用していることである，ビジネス支援型 64.0 %，高度専門型 50.0 % という回答であった。2012 年当時において，ソーシャルメディアの活用は，個人だけではなく，法人や組織でも進んでいたことを示している。

　次は他社との差別化のポイントである（表 3-13）。質問は，他社との差別化を意識している点をたずねている（重複回答あり）。消費者向けの 2 つを比較すると，利便性提供型は，高品質，低コスト，ニッチ市場，革新性のいずれについても，ソーシャル系型よりも低い。利便性提供型は，経営規模も開発に要する時間も相対的に小さいことを反映しているのだろう。ビジネス支援型は，消費者向けの 2 つと比較すると，相対的に革新性は低いが，高品質は高くなっている。受託開発のプロジェクトは顧客を満足させなければならないことを反映しているのであろう。

1.4.5. 資金調達

　最後に，資金調達を確認しておこう（表 3-14）。ソーシャル系型の企業

が，他から抜きん出て資金調達を果たしていることがわかる。シードは50.0 %，シリーズ A はさらに増えて 66.7 %が第三者投資を得ている。2012年当時，投資家からの期待が大きかったと判断してよいだろう。

2. 成長要因の分析方法

ここからは，スタートアップの成長要因を，経営資源，戦略，ネットワークの観点から探っていくこととしたい。本調査は首都圏で展開する Web とモバイル関連ビジネスに焦点を当てたことにより，地域性，業種の特性をコントロールしつつ，創業から 8 年以内の企業の成長要因を探る分析を行っていることが特徴である。江島（2014）は，スタートアップに限定するのではなく，日本の創造法認定[5]の中小企業の生存要因について研究した。江島のように大規模な定量調査ではないものの，スタートアップの立ち上げ期の成長要因を特定業種で明らかにしたい。江島（2014）の分析方法は，中小企業を生存と非生存のグループに分けて各変数の平均値の差を確認している。本研究では，スタートアップを成長と非成長のグループに分けて平均値の差を比較する。

2.1. 成長と出口

2012 年の調査から 2 年後の 2014 年に追跡調査を行った。成長の定義は，従業員数が倍増かつ 30 人以上の規模に達したこと，もしくは出口を迎えたこととした。メールで連絡をするとともにホームページや記事等を検索して，生存や存続を判断した。連絡もつかずホームページもなくなっている場合には閉鎖とした。成長企業は，86 社中 13 社（15.1 %）であった（表3-15）。閉鎖または倒産は 18 社（20.9 %），残りの 55 社（64.0 %）が生存しているものの成長していない状況であった。さらに 4 年後の 2016 年までに，成長したサンプル中 2 社が売却，5 社が株式公開を果たしていた。この

5 　中小企業庁が管轄する「中小企業の創造的事業活動の促進に関する臨時措置法」（平成 7 年法律第 47 号）は，創造的事業活動を行う中小企業を支援するための法律である。「創造的事業活動」とは，創業や研究開発・事業化を通じて，新製品・新サービス等を生み出そうとする取り組みと定義されている。

2社の売却は, 出口と見なすこと
ができる満足できるものであっ
た。86社中, 5社が株式公開を
果たしたということは, 割合でい
うと5.8％と, かなりパフォーマ
ンスは良いと見なしてよいだろ
う。比較対象として, MU-TECH
(旧三和銀行系のスタートアップ
支援財団) のパフォーマンスを示しておきたい。財団の支援を得るために
1984年から2003年までに応募した2147社中, 助成金を得られた企業は
186社であり, そのうち株式公開を果たしたのは4社であった。2147社を
分母とすると0.2％, 186社を分母とすると2.2％である[6]。

表3-15 2年後の成長 (n=86)

	該当社数	割合
成長：倍増＆30人以上	13社	15.1％
(4年後までに売却)	(2社)	(2.3％)
(4年後までに公開)	(5社)	(5.8％)
生存	55社	64.0％
閉鎖・倒産	18社	20.9％
計	86社	100.0％

　なお, 2年後に成長の判断をするのは早すぎるという意見もあろう。もし
も, 4年後の2016年に評価すると, 成長サンプル数は, さらに, 4社増え
て17社となる。売却数も2社増える。しかし, Webビジネスは成長が他の
ビジネスよりも速いこと, また米国の調査と揃えるためにも, 2年後を評価
のタイミングとした。

2.2. 先行研究からの検討

　先行研究のより詳しい検討は第1章第1節で行ったが, 本項では, 変数
設定のために拠り所とした先行研究を説明しておきたい。

2.2.1. 成長性 (パフォーマンス)

　スタートアップの成長性の指標については議論がある。売上高や収益性の
数字は未公開企業ゆえ公開されることはほとんどなく, 直接に資料を入手す
ることも難しい。しかしながら, 中小企業は財務基盤が整うにしたがって従
業員を増やしていくので, 従業員の増加は成長性を反映しているとする先行
研究が多い (Brüderl & Preisendörfer, 1998；Storey, 1994；Zhao, Frese, &
Giardini, 2010)。本研究でも, 成長性の指標として従業員数の増加を採用し
たい。

6　元MU-TECH担当者提供資料 (2019年11月)。

2.2.2. 経営資源

　経営資源は，経営チームや人的資源，財務資源としての資金調達に大きく分類できる。経営チームについての先行研究では，創業チームの規模（Ei-senhardt & Schoonhoven,1990；Roberts, 1991）や多様性（Beckman, et al., 2007；Chandler, Honig, & Wiklund, 2005；Eesley, Hsu, & Roberts, 2013；Miloud, Aspelund, & Cabrol, 2012；Roure & Keeley 1990）が投資を誘引し，成長性や収益性のパフォーマンスを高めることが明らかにされている。メンバーの変更の有無が成長にプラスに働くかどうかは議論が分かれるが，投資家にアピールできる重要なポイントであると主張する研究は多く，メンバーの追加や離脱が株式公開と正の相関があることが実証されている（Beckman et al., 2007）。そこで，本調査では，「創業者数」と「チーム変更」を変数に用意した。

　資金調達は，若い企業ほど重要であることが指摘されている（Schoonhoven, Eisenhardt, & Lydman, 1990；Shrader & Simon, 1997）。ここでは，外部資金調達を，立ち上げ時における「シード」と追加投資の「シリーズ A」に分けて質問している。

2.2.3. 戦　略

　認識した起業機会やアイデアを実行に移す際に評価すべき実現性（Mc-Mullen & Shepherd, 2006）について，特に市場面での実現性をたずねることとし，想定する標的市場をどの程度検討したかを質問している。3 つの特性，「市場規模」「市場成長性」「新規性」に分類して質問をする。

　続いて，そのアイデアを事業化に導くためには，戦略は一貫しているべきか，柔軟であるべきかを検証すべく，本研究では，機会とビジネスアイデアが終始一貫していたかどうかという「ビジネスアイデア一貫性」と，設立前と設立後にビジネスモデルを変更したかどうかの「ビジネスモデル変更」の回数をたずねている

　さらに，ミクロな戦略要素として，製品サービスの特性，顧客へのアクセス，グローバル志向に注目する。

　競合他社と製品サービスを差別化するための要素では，革新性に注目する研究が多い。起業家的志向性（entrepreneurial orientation）の重要な要素とされた「革新性」以外に，「高品質」「低価格」「ニッチ市場」も質問項目に

用意した。

　顧客へのアクセスを確保することは当然，戦略には重要なことである。日本でも，販路を開拓することが生存に重要であることを山田（2015）が実証している。今回は，具体的な「顧客リスト」を持っているかどうかと，ソーシャルメディアを活用して顧客にアクセスしようとしたかどうかを質問している。「ソーシャルメディア活用」は，Web 関連の B2C のビジネスにとって，低コストで利用しやすいと想定する。

　また，スタートアップの「グローバル志向」も戦略調査の対象としている。McDougall & Oviatt（2000）に始まったインターナショナル・アントレプレナーシップ，または，ボーン・グローバル（Bell, McNaughton, & Young, 2001；Knight & Cavusgil, 1996；Taji, 2014 等）の概念は，立ち上げ段階から，国際市場において，特定の領域でハイテク製品を提供する企業を指す。この調査対象は，Web やモバイル関連の製品サービスであるため，ハイテクであるほど，ボーン・グローバルになる可能性がある。とくに，米国のシリコンバレーではボーン・グローバルが多いと予想されるため，成長性との関係について日本と米国を比較したい。

2.2.4.　ネットワーク

　ソーシャルネットワークは，強い紐帯と弱い紐帯に分類できる。紐帯によってもたらされる情報やアドバイスが貴重な情報源となり（Smeltzer, Van Hook, & Hutt, 1991），特に強い紐帯は売上高や収益性にも関係があることが実証されている（Davidsson & Honig, 2003）。強い紐帯とは，家族や親戚，親しい友人やビジネス上で関わりが深い知人等である。

　本研究では，強い紐帯の変数としてメンターを用意した。キャリアや個人の生活をサポートしてくれる支持者「キャリア・メンター」と起業をサポートしてくれる「スタートアップ・メンター」の 2 つを用意する。「スタートアップ・メンター」は，起業家に対して，適切なアドバイスやパートナーの紹介等，成長に直接的な手助けを行って，ビジネスの成長に独立的に影響を与えうると先行研究は指摘している（Birley, 1985；Greve & Salaff, 2003；Ozgen & Baron, 2007）。

　一方，弱い紐帯の変数として，親しくない知己も含めたネットワークを用意した。Web やモバイル関連のサービスは，日常生活の利便性を高めるも

のや，個人間のコミュニケーションの活性化を促すものが多い。また，スタートアップのビジネスが B2B であったとしても，その顧客企業が B2C を業とし，個人を顧客ターゲットにすることもある。したがって，消費者，生活者の最新情報を広く集められるように，いろいろな職業に従事している知人を持っていることは，スタートアップには有益であるはずだ。起業家は，そのネットワークを活用して，起業機会を認識し，ビジネスを成長軌道に乗せることができる。そこで，弱い紐帯の変数として「知己ネットワーク」を用意し，Lin & Dumin（1986）の職業分類別に知人数を測る。

　次項で，変数の設定を説明する。

2.3. 変数の設定

　本研究で設定した経営資源と戦略およびネットワークにおける変数は，図3-4 のような構成となる。経営チームと資金という経営資源を活用して，標的市場（市場規模，市場成長性，新規性）に対して，どのような戦略をとり，どのようなネットワークを活用しながら，成長していくのかというフレームワークになる。

　では，1つ1つの変数について説明したい。

成長性（パフォーマンス）
・従業員数の増加：「成長」「非成長」

　2 年間の従業員数の増加を，従業員数が倍増かつ 30 人以上に達していれば成長，達していなければ非成長，と見なす。ただし，その条件を満たさずとも，出口を迎えた場合は成長と見なす。

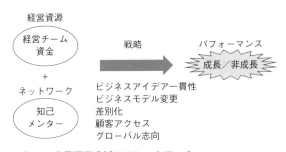

図 3-4　成長要因分析のフレームワーク

経営資源

・経営チーム：「創業者数」「チーム変更」

創業者数は，立ち上げ時における人数である。1人，2人，3人，4人，5人以上の5段階で質問項目を用意した。チーム変更は，立ち上げから1年未満と，1年以降2年未満に分けて，増減，入れ替えの人数の合計を集計した。

・資金調達：「シード」「シリーズA」

資金調達は，立ち上げ時のシードと，2年以内の追加投資のシリーズAに分けて集計した。身内や友人は含まず，外部投資家として，ビジネスエンジェル，VC，取引先やパートナーの事業会社に分類して回答を求めた。計算は投資ソースを合計しており，たとえば，3人のビジネスエンジェルと2社のVCから投資を受けると，投資ソースは5つとなる。金額の高低で評価するのではなく，多様な投資家から調達したかどうかを測った。

戦　略

・標的市場の特性：「市場規模」「市場成長性」「新規性」

アイデアや機会を実行に移す際に，標的市場の検討すべき特性3つをどの程度考慮したかを問うている。「市場規模」「市場成長性」「新規性」それぞれについて考慮したかを，「まったく考慮しない」から「非常に考慮した」までの5段階でたずねた。

・ビジネスアイデア：「ビジネスアイデア一貫性」

ビジネスアイデアや機会が当初から変わったかどうかについて，「すっかり変わってしまった」「少し変わった」「ほとんど同じである」から，選択させる。ほとんど同じであるという回答を一貫性があるとし，他の2つは一貫性なしとした。

・ビジネスモデル変更：「設立前変更」「設立後変更」

法人を設立する前と後で，ビジネスモデルを変更した回数を問うている。

・競合他社との差別化：「高品質」「低価格」「ニッチ市場」「革新性」

競合他社との製品サービスの違いを，「高品質な製品サービスを提供する」「低価格の製品サービスを提供する」「ターゲットを絞ったニッチな製品サービスを提供する」「まったく新しい製品サービスを提供する」から選択させる。重複回答できる。

・顧客アクセス：「ソーシャルメディア活用」「顧客リスト」

顧客にアクセスするために，ソーシャルメディアを使っているかどうかと，役に立つ経験や顧客リストを持っているかどうかの有無を問うている。

・グローバル展開志向：「グローバル志向」

グローバル展開を明確に意識しているかどうかを，「不明確」から「非常に明確」までの5段階で問うている。

ネットワーク

・メンター：「スタートアップ・メンター」「キャリア・メンター」

スタートアップ・メンターは，起業に関する相談にのって支援をしてくれる人を指す。キャリア・メンターは，自分のキャリアに関する相談にのって支援してくれる人を指す。

5段階尺度は0人，1人，2－5人，6－10人，11人以上の5段階に設定した。

・知己：「知己ネットワーク」

知己ネットワークは，11分類した業種における知人の多さと広さを測っている。11業種はLin & Dumin（1986）の15分類からフリーター等を除いた，製造業，建設業，運輸，宿泊飲食サービス業，卸売業・小売業，Webモバイル，VC，コンサルティング（法律・税金・経営），公務・国防，保健衛生・社会事業，芸術・娯楽・レクリエーションである。それぞれの業種別に，5段階尺度で，いない，1人，2－5人，6－10人，11人以上を問い，11業種分の1－5点を合計した。

3. 分析結果：成長要因の抽出

スタートアップの成長に影響を与える要因を抽出するために，86社を成長したグループと成長しなかったグループに分けた。前節に従い，成長は13社，残り73社を非成長とした。その上で，成長に影響を与える可能性があると想定した諸要因について，グループ間の差を調べた。5段階の連続変数は平均値の差の検定を，非連続変数はカイ2乗検定を行った。

まず経営資源として，経営チーム，資金調達を見てみよう。

3.1. 経営チームと資金調達

　表 3-16 のように，経営チームのカテゴリーでは，創業者数が成長と非成長の差をかろうじて有意に説明している[7]が，チーム変更数（創業 2 年以内）は説明できていない。つまり，立ち上げ時に複数の創業者が揃っていることは成長を説明できるが，後に経営チームを追加して充実させる，または，減らす，入れ替えたということによって，成長を説明することは難しいようだ[8]。シリコンバレーにおける調査を行った Beckman et al.（2007）の結果では，メンバーの追加や離脱が株式公開と正の相関があることを実証しているが，東京では，シリコンバレーほど，スタートアップの経営に携わる人材の供給は十分ではなく，労働市場の流動性も米国ほど高くない[9]ことに鑑みれば，この結果は当然と考える（ただし，本研究の米国におけるサンプルでも，チーム変更は成長に対して有意な結果が得られていない）。

　創業時点において，チームを固めておくべきという結論になるが，どのようなメンバーを揃えればよいのかについては，統計的に有意な結果は得られなかった。とくに期待した CTO をはじめ，CFO，CMO も有意とはならなかった。CTO を擁するサンプルは 35 社存在したが，カイ 2 乗検定を行った結果は，成長との関係は見られなかった。次章で説明するが，米国での結果は CTO の存在は，有意な結果を示した。

　資金調達は，ビジネスエンジェル，VC，事業会社等投資家から調達したソース数で比較している（表 3-9，表 3-16）。シードは成長と非成長の差を説明できず，シリーズ A は差を強く説明していることは，ビジネスが進展した時点での資金調達が成長には欠かせないということになる。投資家の立場に立てば，ビジネスモデルが具体化してくると，株価はシードの段階よりも高くなっているとはいえ，意思決定はしやすい。とくに，シードでは 1 社しか存在しなかった事業会社が，シリーズ A では 9 社存在するのは，パー

7　創業者数ではなく，ひとり創業者か複数かによって，カイ 2 乗検定をしたところ，10 ％の水準で有意となった。
8　本書では触れないが，チーム変更は資金調達に影響するという結果が得られた（Taji & Niiya, 2016）。
9　労働市場の流動性の国際比較のデータを見つけることは難しい。そこで，米国と比較できるデータとして，「国際労働比較 2018 年版」（労働政策研究・研修機構）の資料を用いたい。日米の厚生労働省が発表した「2016 年賃金構造基本統計調査」および "Employee Tenure in 2016" のデータを比較すると，従業員の勤続年数は，20 年以上が日本 22.1 ％，米国 10.3 ％，1 年未満が日本 8 ％，米国 22.6 ％であるが，1 年以上 20 年未満では顕著な違いは見られない。

表 3-16 経営チームと資金調達

(n=86)

		成長	非成長	t 値	p
経営チーム	創業者数	2.69 (1.32)	1.95 (0.96)	1.96†	0.07
	チーム変更数	0.46 (0.66)	0.73 (1.54)	-0.61	0.55
資金調達	シード	0.38 (0.65)	0.26 (0.44)	0.66	0.52
	シリーズ A	0.85 (0.38)	0.36 (0.54)	4.01**	0.001

注：上段は平均，（　）は標準偏差。
† p <.10，** p <.01

トナーや取引先としてふさわしいという判断をするには，時間がかかるということであろう（表 3-9 参照）。

次は，戦略に関する変数である。

3.2. 標的市場の特性

アイデアや機会を実行に移す際に，標的市場の検討すべき特性として用意した 3 つの要素（市場規模，市場成長性，新規性）のうち，市場規模と市場成長性は成長と非成長の差を強く説明し，新規性は説明しなかった（表 3-17）。このように，市場規模が大きく，市場成長性が高い標的市場を狙うことが成長につながるという説明は妥当に聞こえるが，逆にいえば，市場規模と市場成長性を事業化前に十分に検討せずに起業をした結果，成長しなかったのが非成長のグループということになる。回答は考慮したかどうかを 5 段階で答える主観的なものとはいえ，2 つのグループで明らかに差異が見

表 3-17 標的市場の特性 (n=86)

	成長	非成長	t 値	p
市場規模	4.54 (0.78)	3.42 (1.11)	3.48**	0.001
市場成長性	4.67 (0.78)	3.71 (1.09)	2.92**	0.005
新規性	4.31 (1.32)	3.66 (1.35)	1.61	0.111

注：上段は平均，（　）は標準偏差。
† p < .10，** p < .01

られたことは興味深い。

　一方，新規性は統計的に有意にはならなかった。新規性が高い標的市場は不確実性に満ちており，市場が拡大する可能性はあるかもしれないが，そうはならないことも多い。それを反映して，成長と非成長のグループ間で差は見られなかったのだろう。

3.3. ビジネスアイデア一貫性とビジネスモデル変更

　表3-18のように，カイ2乗検定の結果は，成長グループは，一貫したビジネスアイデアの下で経営を続ける傾向があり，非成長グループは，一貫していない傾向があるという結果となった。この違いは統計的に大きいものである（1％の有意水準）。1つの起業機会を活用すると決めたら，そのまま継続することが成長につながることを示唆している。

　ビジネスモデルの変更は，設立前には差がないが，設立後の変更については，成長グループの方が非成長グループよりも少ない結果となった（1％の有意水準）。環境変化や不確実性に対応してビジネスモデルは変更すべきという先行研究はあるものの，本研究の結果は，ビジネスモデルを変えずに経営したことによって経営が順調に推移したことを示す。創業から調査時点の2012年までの間は，Webビジネスを取り巻く環境は，インターネットやスマートフォンの利用者の増加により，基本的に順調であったことを反映しているのではないだろうか。もし2000年頃に起きたITバブル崩壊のような厳しい環境にあれば，Covin & Slevin（1989）をはじめとする先行研究が示

表3-18　ビジネスアイデアとビジネスモデル　　　　　　　　　（n=86）

		成長	非成長	カイ2乗	p
ビジネスアイデア一貫性	アイデア一貫	10	18	13.73**	0.000
	アイデア変化	3	55		

		成長	非成長	t値	p
ビジネスモデル変更	設立前変更	3.62 (7.56)	2.93 (4.01)	0.32	0.755
	設立後変更	0.54 (.78)	1.50 (1.57)	-3.38**	0.002

注：上段は平均，（　）は標準偏差。
** $p < .01$

表 **3-19** 競合との差別化と顧客アクセス

(n=86)

			成長	非成長	カイ2乗	p
競合との差別化	革新性	あり	12	37	7.80**	0.005
	革新性	なし	1	36		
顧客アクセス	顧客リスト	あり	12	41	6.10*	0.014
	顧客リスト	なし	1	32		

* $p < .05$, ** $p < .01$

すように，組織の変更も含めて，柔軟に変更できる戦略姿勢が求められるのかもしれない。

3.4. 競合との差別化と顧客アクセス

　差がみられなかったために表の掲載を割愛した変数も含めて，差別化と顧客アクセスについて説明したい（表3-19）。競合他社との差別化のポイントは，革新性の他に，高品質，低価格，ニッチ市場選択を想定したが，いずれも成長グループと非成長グループ間でカイ2乗検定による差は見られなかった。革新性のみが成長を強く説明しており，高品質，低価格，ニッチ市場選択は成長を説明できないという結果は，スタートアップの成長には秀でた製品サービスが必要であるという重要な結果が導出できたといえよう。

　また，顧客アクセスとして，顧客リストの保有，ソーシャルメディアの活用を想定したところ，顧客リストの保有のみ，カイ2乗検定による差が見られた。Webビジネスでは，ソーシャルメディアを利用した顧客へのアクセスを試みる可能性が高いものの（活用したサンプルは74.4％の64社），それでは不十分ということであろう。具体的な顧客リストを持っていることが成長と関係があることは興味深い。さらなる示唆として，回答した調査対象企業中には，ソーシャルメディアを使ったプロモーションをクライアントに提供する企業も相当数存在するものの，それらのプロモーションの有効性には疑問を投げかける結果と解釈することもできる。

3.5. グローバル志向

　グローバル志向に関しては，成長グループと非成長グループでは，差はまったくなく，同レベルであった（表3-20）。1－5点評価で3点台という

表 **3-20**　グローバル志向　(n=86)

成長	非成長	*t*値	*p*
3.08 (1.24)	3.10 (1.24)	0.036	0.967

注：上段は平均，（　）は標準偏差。

平均値が示されているので，グローバル展開を否定しているわけではないものの，立ち上げから成長にかけては，国内市場に注力しているのであろう。その実態は，定性調査で明らかにしたい。

3.6. ネットワーク

　ネットワークは，知己ネットワークとスタートアップ・メンターが成長と関係している（表3-21）。

　知己ネットワークは，11業種にわたるネットワークの広さと大きさを測っており，自分を取り巻く社会にどれだけ情報収集のアンテナを伸ばしているかを代理する変数である。情報収集のアンテナが広く，大きいほど，ビジネスを成長させる傾向があるという結果が得られた（5％の有意水準）。これは，先行研究が主張するように，弱い紐帯が，起業をサポートする貴重な情報源となることを追認し，時には，ビジネスに役立つネットワークの重要な接点となることも示唆すると考える。本研究の調査対象は，消費者および生活者をターゲットにしやすいWebビジネスであるため，リアルタイムな消費者動向を把握するとともに，スタートアップが提供するサービスに対する消費者の直接的な意見の収集をできることが，成長を後押しすると推定する。

表 **3-21**　ネットワーク　(n=86)

	成長	非成長	*t*値	*p*
知己ネットワーク	46.69 (9.03)	40.52 (8.86)	2.31*	0.023
スタートアップ・メンター	3.83 (1.27)	3.11 (1.07)	2.11*	0.038
キャリア・メンター	3.23 (1.48)	2.84 (1.13)	1.11	0.272

注：上段は平均，（　）は標準偏差。
*$p < .05$

キャリア・メンターは成長とは無関係だが，スタートアップ・メンターとは関係があることは興味深い（5％の有意水準）。質問項目の表現は，起業に関するメンターとキャリアに関するメンターを，はっきり区別している。つまり，成長するスタートアップの創業者は，起業に直接的に有益なサポートをしてくれるメンターを多く持つ傾向にある。

4. 成長事例の個別分析

　成長した調査対象企業のうち，2016年までに出口に達した，株式公開5社と売却2社の概要を表3-22，3-23に挙げている。さらに，出口には達していない6社の概要も社名をマスキングした上で表3-24として挙げている。前述した定量調査の結果を踏まえて，次は個社に焦点を当て，成長要因の確認をしてみたい。

4.1. 株式公開事例

　株式公開した5社を表3-22にまとめている。事業タイプは，エニグモのソーシャル系型を除く4社はビジネス支援型となる。

　2016年までに株式公開した5社中4社は，創業から8−9年を経て株式公開している。創業からわずか3年で株式公開したクラウドワークスは，シード資金を外部から集めたことが，他の4社と異なっている。成長を促進するためには，潤沢な資金調達が鍵になることを，2回目の起業となる創業者は理解していたのだろう。立ち上げの段階から，ビジネスエンジェルとVCからの投資を得ている。シリーズAについては，5社すべてが，事業会社

表 3-22　株式公開事例のプロフィール

企業概要	企業名	エニグモ	アライド アーキ テクツ	マイネット	アイ モバイル	クラウド ワークス
	創業年	2004年	2005年	2006年	2007年	2011年
	B2B／B2C	B2C	B2B	B2Bから B2Cへ	B2B	B2B
	事業タイプ	ソーシャル 系型	ビジネス 支援型	ビジネス 支援型	ビジネス 支援型	ビジネス 支援型

企業概要	製品サービス（創業時）	ソーシャルショッピングサイト	ソーシャルマーケティング支援サービス	ソーシャルニュースサイト	モバイル向け広告配信サービス	クラウドソーシング
	製品サービス（2012年時点）	同上	同上	店舗向けマーケティング支援サービス	同上	同上
	詳細	海外の買い付け者と注文者のマッチングサービス	ブログやSNSを使った販促支援サービス	店舗用モバイルサイト支援サービス	広告主，メディア運営者，アプリ開発者間の取引支援サービス	在宅ワーク従事者と発注者のマッチングサービス
	製品サービス変化（2014年時点）	継続	継続	ゲーム関連サービスへ転換	継続／Eコマース追加	継続
	詳細			過去のゲームのリバイバル事業	ふるさと納税サイト	
	株式公開年	2012年	2013年	2015年	2016年	2014年
	株式公開までの年数	8年	8年	9年	9年	3年
経営チーム	創業チーム	4人	4人	5人	2人	4人
	チーム構成	CEO,CTO,CMO,CFO	CEO,CTO,CMO,CFO	CEO,他取締役	CEO,CTO	CEO,CTO,CFO,会長
	チーム変更（創業2年以内）	1人追加と1人削減	無	無	無	1人削減
資金調達	シード	無	無	無	無	エンジェルとVC
	シリーズA	VC	VC	事業会社	事業会社	VC
競合との差別化	差別化	ニッチ・革新性	高品質・低価格・革新性	低価格・ニッチ・革新性	高品質・革新性	高品質・ニッチ・革新性
顧客アクセス	顧客リスト	有	有	有	有	有
	SNS利用	有	有	有	無	有
創業者の属性	職位	CEO	CEO	CEO	CTO	CEO
	創業時年齢	29歳	30歳	31歳	32歳	36歳
	勤務経験	1社（大手広告会社）	2社（大手商社，Webスタートアップ）	1社（大手通信）	2社（大手IT，コンサル）	2社（大手メーカー，Webスタートアップ）
	起業経験	無	無	無	過去2回	過去1回
	大学専門	理系修士	理系学士	文系学士	理系修士	文系学士

または VC から獲得している。

　回答者の属性を見ると，全員が大手企業で働いた経験を持つ。創業年齢は29－36歳の範囲に収まっており，それぞれ，IT，通信，広告，Web サービスの業界に勤務した経験を持つ。公開情報によって，起業の経緯を調べてみると，過去の勤務経験で培った知識や能力を活かしつつ，構築したネットワークを使って，起業機会の選択から事業化に至ったことが確認できる。これは，Shane（2000）および Shane & Venkataraman（2000）が指摘したように，起業家が以前から持っている市場や顧客の悩みに関する知識が，起業機会の認識や事業化に影響することを支持するものである。この点は後章で掘り下げることとする。

　アライドアーキテクツとクラウドワークスの創業者は Web 関連のスタートアップでも働いた経験を持つ。しかも，そのスタートアップが成長して株式公開するプロセスを経験しており，自らが起業をする際には役立ったに違いない。シリアルアントレプレナーに率いられた企業は，クラウドワークスとアイモバイルである。

　次に，創業チームの構成を見てみよう。5 社すべてチームを形成しており，うち 4 社は 4 人または 5 人で構成されている。立ち上げの段階から，かなり充実した編成になっている。CEO と CTO を核とし，CMO，CFO を担う人材も擁していた。創業 2 年以内にチーム変更を行ったのは 2 社であった。全体サンプルの分析で得られた，創業チームの規模が成長に関係するという結果を支持するものである。

　戦略面を見てみよう。ビジネスアイデアを転換させたのはマイネットの 1 社のみであり，他は，立ち上げ時点からのビジネスアイデアを継続し，主たる製品サービスを変えずに経営を続けた。これも，全調査対象企業の分析の結果と一致する。ただ，マイネットは，創業期には特色あるニュースサイト運営を行い，2012 年時点では店舗向けマーケティング支援サービスを展開していたが，競合状態の激しさに見切りをつけて，2014 年，過去に人気を博したゲームをリバイバルさせる事業へと大きく方向転換したところ，この戦略転換により，翌年には株式公開を果たした。マイネットの事例が示唆するのは，Covin & Slevin（1989）をはじめとする先行研究が主張するように，厳しい経営環境にある場合は，状況に合わせて柔軟に変更できる戦略姿

勢が重要であるということであろう。

　競合他社との差別化のポイントは，高品質，低価格，ニッチ市場，革新性の選択肢から，該当するものすべてを挙げる方法で回答を得ている。5社すべてが革新性を選択している。他には，高品質とニッチ市場をそれぞれ3社が選択している。顧客アクセスの質問には，5社すべてが顧客リストを持っていたと回答している。これらも，全調査対象企業の分析結果と一致するものである。

　以上をまとめると，資金調達については，シード資金を集めることはかなり困難であり，自己資金と早期の収益確保により，シリーズAまで運営しなければならなかった状況がうかがえる。これは，クラウドワークスを除くと，創業期は2004年から2007年の間であったため，未公開企業向けの資金供給システムが脆弱だったことを反映しているのであろう。田路・露木（2010）が紹介したことと重なる[10]。それにもかかわらず成長できたのは，Webビジネスは大きな設備投資を要しないため，シリーズAを待つことができること，および収益化が比較的早期に実現できることによるものと考える。創業チームについては，充実した編成が成長につながることを示唆している。チームメンバー全員の属性を分析していないが，主たる創業者のキャリアは，大手企業で勤務経験を積んだ後に，30代前半で起業している。勤務時代の経験とネットワークを活かして，機会認識と事業化のプロセスを歩んだ。スタートアップで働いた経験を持つ創業者やシリアルアントレプレナーも存在し，成長を推進している。戦略面では，基本的には，魅力ある起業機会を捉えて，ビジネスアイデアの一貫性を原則とし，革新性の高い製品サービスを標的市場に投入することが大きな成長につながることを示唆している。

4.2. 売却事例

　2012年から2016年の間に売却した調査対象企業は2社存在した（表3-23）。事業タイプは，グラモは，IoT製品をB2BでもB2Cとしても販売

---

10 田路・露木（2010）では，日本のスタートアップの事例が英米の事例と比べると，資金調達が困難であることを示しているが，それまでの先行研究や調査の多くも，日本の未公開企業向けの金融システムの脆弱性を指摘してきた。

しているが，利便性提供型とした。このグラモは，創業から2年で売却，一方のグランドデザイン＆カンパニーは10年で売却となった。資金調達は，どちらもシード資金を調達しておらず，グランドデザイン＆カンパニー

表 **3-23** 売却事例のプロフィール

		グラモ	グランドデザイン＆カンパニー
企業概要	企業名	グラモ	グランドデザイン＆カンパニー
	創業年	2011 年	2004 年
	B2B または B2C	B2B&B2C	B2B
	事業タイプ	利便性提供型	ビジネス支援型
	製品サービス（創業時）	IoT 製品	デジタルマーケティング
	製品サービス（2012 年時点）	同上	ソーシャルメディア関連サービス
	詳細	スマホ連動型家電操作リモコン	モバイルを使った広告・メディア運営支援
	売却	2013 年	2014 年
	売却までの年数	2 年で売却	10 年で売却
	製品サービス変化（2014 年時点）	継続	売却先で継続／スピンアウトしてショッピング・プラットフォーム
	詳細		小売・メーカー向けマーケティング支援
経営チーム	創業チーム	1 人	2 人
	チーム構成	CEO	CEO, 取締役
	チーム変更（創業 2 年以内）	無	2 人入れ替え
資金調達	シード	無	無
	シリーズ A	無	VC
競合との差別化	差別化	ニッチ・革新性	高品質・革新性
顧客アクセス	顧客リスト	無	有
	SNS 利用	有	有
創業者の属性	職位	CEO	CEO
	創業時年齢	34 歳	30 歳
	勤務経験	2 社（メーカー，Web スタートアップ）	1 社（大手金融）
	起業経験	無	無
	大学専門	文系学士	文系学士

はシリーズAを獲得している。グラモの売却は，シリーズAの代替であったという解釈もあるが，創業の年にハードウエア製品を上市し，リーディングカンパニーの地位を築いたので，この売却を早期の出口と見なしたい（詳細は第6章）。2社の創業者が大学卒業後，企業に勤務し，30代前半で起業していることは，株式公開した5社と同様のキャリアである。創業チームの構成は，グラモは1人，グランドデザイン＆カンパニーは2人だった。

戦略面のビジネスアイデアの一貫性については，グランドデザイン＆カンパニーは，2004年創業時のデジタルマーケティングから2012年のソーシャルメディア関連サービスへ移行しているものの，ほぼ延長線上にあると見なすことができるだろう。2014年に売却後，小売・メーカー向けマーケティング支援のサービスを新たに立ち上げて，新会社を設立した。その際に，資金をVCから集めた。競合他社との差別化については，両者が革新性を挙げている。また，顧客リストをグラモは持っていなかった。

4.3. 成長事例

出口に達してはいない調査対象企業の成長事例6社を説明したい（表3-24）。いずれも調査時点の2012年またはその1年前に創業した若い企業だった。事業タイプは，C社とE社は利便性提供型，それ以外の4社はビジネス支援型と見なす。

資金調達に関しては，シード資金を集めたサンプルは4社あり，それぞれ，VCおよび元取引先，ビジネスエンジェルから調達している。先述した株式公開事例が創業した年代に比べると，2012年前後は未公開向けの投資が活発化していることを反映しているのだろう。シリーズAは全社が集めている（ただし，2014年の追加調査以降2016年までに獲得した場合も含めている）。また，創業チームは1社を除いて複数で構成されている。

創業者の属性は，在学中の起業をしたA社以外は勤務経験を持っている。成長事例については社名を明らかにできないので，前職の経験と起業の関連を説明しておきたい。C社，D社，E社がそれぞれ，Webサービス，モバイルサービス，ITメディア関連の企業に勤務した後，Webビジネスを起業したことからは，勤務経験やネットワークを活用したことが理解できる。F社の創業者が大手金融サービスに勤務した経験も，モバイル決済サービスの

表 **3-24** 成長事例のプロフィール

	企業名	A 社	B 社	C 社	D 社	E 社	F 社
企業概要	創業年	2011 年	2011 年	2011 年	2012 年	2012 年	2012 年
	B2B／B2C	B2B & B2C	B2B	B2C & B2B	B2B	B2C	B2B
	事業タイプ	ビジネス支援型	ビジネス支援型	利便性提供型	ビジネス支援型	利便性提供型	ビジネス支援型
	製品サービス（創業／2012 年時点）	SNS 活用の就職支援サービス	文書及び画像のデジタル処理サービス	クラウドファンディング	IT エンジニア向けの仕事と情報サイト	日本の文化の海外向け紹介サイト	モバイル決済サービス
	詳細	採用側の SNS ページ作成支援及び学生向けプロモーション	文書電子化と画像処理サービス	小口資金をオープンに集めるサービス	IT エンジニアの転職支援及びアウトソースの紹介	サブカルチャー紹介と商品販売	小規模店舗向け決済サービス
	製品サービス変化（2014 年時点）	継続	継続	継続	継続	継続	継続／インターネット決済サービス追加
	製品サービス変化（2016 年時点）	医療 IT サービスへ転換	医療 IT サービスへ転換	継続	継続	継続	継続
経営チーム	創業チーム	2 人	2 人	2 人	4 人	2 人	1 人
	チーム構成	CEO, CMO	CEO, CTO	CEO, COO	CEO, CTO, COO, CFO	CEO, CTO	CEO
	チーム変更（創業 2 年以内）	1 人追加	0	1 人追加	無	無	無
資金調達	シード	VC	エンジェル	エンジェル	無	無	VC と元取引先
	シリーズ A	VC	事業会社	事業会社	VC	VC と事業会社	エンジェル
競合との差別化	差別化	革新性	低価格・ニッチ	革新性	ニッチ・革新性	ニッチ・革新性	低価格・革新性
顧客アクセス	顧客リスト	有	有	有	有	有	有
	SNS 利用	有	無	有	無	有	無

	職位	CEO	CEO	CEO	COO	CEO	CEO
創業者の属性	創業時年齢	21 歳	32 歳	26 歳	35 歳	32 歳	28 歳
	勤務経験	無	3 社（大手コンサル，投資等）	1 社（Webサービス企業）	2 社（モバイルサービス企業）	3 社（ITメディア企業）	2 社（大手金融サービス，スタートアップ）
	起業経験	無	無	無	過去 2 回	無	無
	大学専門	文系学士在学中	文系学士	文系学士	文系学士	文系学士	文系学士

起業につながる。B 社の創業者は，大手コンサルと投資会社に勤務した時代に，クライアントのビジネスを支援する機会を得て，文書のデジタル処理サービスの起業機会を認識したと推測する。

戦略面に移ろう。全社，創業から 3 年以内となる 2014 年までアイデアは一貫している。起業機会を利用して事業化を推進し，従業員を倍増かつ 30 人の規模に育てたことになる。ただ，その後，2016 年には 2 社が大きく方向転換している。競合他社との差別化は，1 社だけ革新性を選択しなかった。顧客リストは全社が保有していると回答している。

5. まとめ

本研究の調査対象企業数は少なく，86 社の質問票調査の分析と 13 社のプロフィールの確認を行ったに過ぎないため，本章の主張には限界があることを認めざるをえない。しかしながら，Web2.0 と呼ばれた 2000 年代中盤から 2010 年代中盤までの 10 年間の首都圏における起業家活動の実態を切り取って成長要因を検討したものとして，実証研究の意味はあると考える。日本のスタートアップの成長性を定量的に分析した研究は少ない。先行研究の章で述べたとおり，スタートアップを扱った忽那（2004）や Okamuro（2004）の定量研究は，本書のようなミクロなレベルの成長要因を扱っていない。

それでは，以下，本章のまとめをしておく。

スタートアップが成長するためには，創業チームは複数のメンバーで構成

されることが望ましい。一方で，創業2年以内のチーム変更については，成長との関係はとくに見られなかった。米国では，学術研究の主張はもちろん，VCが投資判断する際には，創業チームの充実は必須であり，技術系のスタートアップにはCEOとCTOの2人が必要である。それは筆者のフィールドワークでもしばしば確認してきたことである。本調査の結果は，日本でも，創業チームは1人ではなく，複数必要であるという追試ができたことになる。資金調達は，シード資金の獲得ではなく，シリーズAの獲得が，その後のWebビジネスの成長と関係していることがわかった。

　また成長には，アイデアを実行に移す前に，標的市場の特性のうち，市場規模，市場成長性を十分に検討すべきであるという結果が得られた。成長しなかったグループは，成長したグループよりも，検討が甘かったという結果が得られたことは興味深い。当然なすべきことに手を抜いてしまうことで失敗が起きる可能性を示唆している。

　ビジネスアイデアは一貫していることが望ましいという結果は，実現性が高く，魅力ある起業機会を捉えることの重要性を示唆しているが，その起業機会は，起業家の持つ知識や経験に依存するものである。起業家のキャリアやネットワークから遠い事業ドメインを選ぶことはリスクが大きい。そして，狙いすました機会を活用して事業化を進める際には，基本的にビジネスモデルを変更しないことが望ましい。しかし，環境変化や競合状態によっては，変更を行う必要が生じることはありうる。競合と差別化できるような革新性の高い製品サービスを提供することが成長につながる。顧客へのアクセスについては，ソーシャルメディアの活用では不十分であり，具体的な顧客リストを持っていることが成長を牽引する。起業家のネットワークについては，弱い紐帯と表現できる知己の多さと広さ，強い紐帯と表現できるスタートアップ・メンターが成長に影響する。多様な業界で働く知己が多いことは，リアルタイムな消費者動向を把握するとともに，スタートアップが提供するサービスに対する消費者の直接的な意見の収集を可能にするであろう。しかも，それらが顧客リストになりうる。そして，起業に有益なサポートをしてくれるスタートアップ・メンターを事前に探しておくことが成長を助けるということになる。

　4つの事業タイプのうち，どれが成長に結びつきやすかったかを論じるこ

とは難しいが，興味深い発見事項を挙げたい。資金調達に関しては，明らか
に，ソーシャル系型が他に比べて調達できていた。しかしながら，成長事例
13 社中 1 社しか，ソーシャル系型に該当するものは見られなかった。13 社
の内訳は，ビジネス支援型が 9 社，利便性提供型 3 社，ソーシャル系型 1
社である。資金調達を得ながらも育たなかったソーシャル系型の企業が多
かったことが示されている。これは，クリティカルマスに達して収益を生む
ことが難しかったのだろうという推測ができる。さらに，スタートアップに
おける不確実性の大きさを示唆するものであると筆者は考える。

第4章
米国の Web ビジネスにおける成長要因
シリコンバレーにおける定量調査

　第3章の日本の首都圏を対象としたデータ分析に続き，本章では，2010年代のシリコンバレーで展開する Web ビジネスを対象に，起業家とスタートアップ企業のプロフィールを明らかにした上で，スタートアップの成長要因，とくに経営資源と戦略に関して明らかにする。第3章と同様に，成長したグループと成長しなかったグループに分けて平均値の差を比べて成長要因を抽出した上で，成長した7社については個別データを確認する。

1. 起業家像と経営の状況

1.1. 調査方法

　本調査は，2012年3月〜12月にかけて，シリコンバレーでインターネットやモバイル関連の Web ビジネスを業とするスタートアップを経営している起業家を対象に実施した。調査方法は，インキュベータの主宰者や投資家（ビジネスエンジェルや VC），起業家を通じてメールで周知し，調査システムのサイトへ誘導した。250社に対してメールで通知し，52社の調査対象を得て，有効回答は50社であった。日本の調査対象と揃えるために，創業から8年以内の企業に限定して45社に絞り，第1回調査から2年後に成長と生存の確認を Web 等の公開情報から行うとともに，メールにて連絡を試みた[1]。協力を得たインキュベータは，米系の Plug and Play Tech Center（マ

---

[1]　調査対象の50社の属性分析は，田路・新谷（2014）で行っている。

表 4-1 調査対象者と企業の概要 (n=45)

	属性	割合
起業家	性別：男性	93.3 %
	米国国籍	48.9 %
	創業者の平均年齢	37.3 歳 (SD：9.7)
	非大卒	6.8 %
	修士以上	55.6 %
	技術系	64.4 %
	過去の勤務経験あり	91.1 %
	スタートアップ勤務経験あり	68.9 %
	シリアルアントレプレナー	57.8 %
	共同創業	84.4 %
企業	企業年齢（〜2 年）	73.3 %
	企業年齢（3〜5 年）	26.7 %
	企業年齢（6〜8 年）	0.0 %
	投資家からシード獲得	55.1 %
	投資家からシリーズ A 獲得	22.2 %

ウンテンビュー市内）と日系の Digital Garage（サンフランシスコ市内）である[2]。なお，創業者が複数存在する場合は，立ち上げに中心的に関わったメンバーに回答してもらえるように依頼した。

1.2. 調査対象者の属性

　概　要　表4-1 が調査対象者と企業の概要である。45 人中 23 人が米国籍を取得しておらず，移民の多さを物語る。彼らは留学後米国に留まって起業をする，または，在留資格又は許可を取って起業をしたことになる[3]。この 23 人の出身国は，欧州 10 カ国，アジア 4 カ国，中東 2 カ国と広範囲にわたっている。米国の Web ビジネスの担い手は，Google や Facebook に代表されるように，在学中または在学直後の若年者が多いのではないかというイメージを持たれやすいかもしれないが，本調査対象者の平均年齢は 30 代後半であった。

　平均年齢 37.3 歳，6 割が技術系，9 割が他社での勤務経験を持ち，7 割がスタートアップにも勤務した経験を持つという起業家像が浮かび上がる。年代別では，20 代が 25.0 %，30 代が 40.9 %，40 代 20.5 %，50 代以上 13.6 %であり，40 歳未満が 65.9 %を占める。過去にも起業経験を持つシリアルアントレプレナーは 45 人中，26 人（57.8 %）を占める。84.4 %が共同創業者を持ち，投資家からの資金調達はシードが 55.1 %，シリーズ A が 22.2 %である。立ち上げ段階から経営人材を揃えて第三者投資を獲得する

2　Plug and Play Tech Center のなかで，日本人起業家支援を行っていたサンブリッジ・ベンチャーズの入居企業も対象とした。個人の名前を挙げることは控えたいが，ビジネスエンジェルやコンサルタント経由でも，質問票を配布した。
3　日本人移民による起業は，中国やインドに比べるとかなり少ないが，数少ない日本人企業の成功例としては，田路（2013, 2014）を参照されたい。

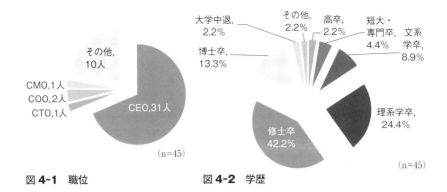

図 4-1　職位　　　　　　図 4-2　学歴

ものの，追加投資の獲得は難しいことがわかる。

　職　位　2012 年における職位を図 4-1 に示す。CEO（最高経営責任者）
が 31 人，CTO（最高技術責任者）が 1 人，COO（最高執行責任者）が 2
人，CMO（最高マーケティング責任者）が 1 人，その他が 10 人であった。

　学　歴　学歴の詳細は図 4-2 を参照されたい。大学院卒者は修士博士を合
わせて 55.5 ％と半数を超える。最も多い修士卒の 42.2 ％には，MBA と工
学を併せ持つダブル修士も存在する。技術系人材は，学卒，修士，博士を合
わせると，64.4 ％に達する。Web やモバイルのサービスはプログラミング
の技術を必要とするため，起業家の学歴もそれに対応したものとなってい
る。

　勤務経験　過去の勤務経験は，表 4-2 を見てほしい。勤務経験を持たない

表 4-3　勤務企業の業界　(n=45：重複回答)

業界	該当者数	割合
IT（インターネット）	13 人	28.9 ％
IT（モバイル）	7 人	15.6 ％
IT（ソフトウエア）	4 人	8.9 ％
IT（コンサルティング）	4 人	8.9 ％
IT（その他）	5 人	11.1 ％
製造業	2 人	4.4 ％
サービス業	5 人	11.1 ％
その他	13	28.9 ％
合計	53	117.8 ％

表 4-2　勤務経験　　　(n=45)

勤務経験社数	該当者数	割合
勤務経験無	4 人	8.9 ％
1 社	2 人	4.4 ％
2 社	9 人	20.0 ％
3 社以上	30 人	66.7 ％
合計	45 人	100.0 ％

表 4-4　勤務経験のない起業家とその企業の概要

(n=4)

回答時年齢	出身国	創業時学歴	起業回数	創業年	職位	創業者数	従業員規模(全)	B2B/C	製品サービス	タイプ
27 歳	日本	文系学卒	1 回	2010年	CEO	2 人	4 人	B2B	ホスティングサービス(サーバ機能提供)	ビジネス支援型
28 歳	アイルランド	文系学卒	3 回	2011年	CEO	4 人	7 人	B2B	顧客管理システム	ビジネス支援型
34 歳	米国	理系博士	3 回	2011年	CEO	3 人	10 人	B2B	Web を使った投薬管理サービス	ビジネス支援型
38 歳	スペイン	理系修士	4 回	2010年	CEO	2 人	6 人	B2B	学校向けストリーミングサービス	ビジネス支援型

調査対象者は 4 人（8.9 ％）と極めて少ない。転職経験者は 86.7 ％である。3 社以上勤務した者が 66.7 ％存在し，平均年齢が 37.3 歳であることと合わせると，キャリアの変更は 4，5 年に一度は行われたことがわかる。経験した業界は，IT 業界がやはり多い（表 4-3）。勤務企業の規模は，1000 人以上の大企業が 31 人（68.9 ％），99 人以下が 24 人（53.3 ％）であった。

　勤務経験のない起業家の属性と企業概要　勤務経験のない起業家 4 人の属性と企業概要を紹介しておきたい（表 4-4）。4 人中 3 人は，3−4 回目の起業となるシリアルアントレプレナーである。3 人の出身国は，米国の他は日本，アイルランド，スペインである。全員が創業チームを形成し，従業員規模としては，正社員，パートタイム・契約，外部委託を含めて，4 人から10 人程度を雇用している。製品サービスの内容は，すべて，事業者向けのB2B ビジネスである。

　シリアルアントレプレナー　次に，起業を繰り返すシリアルアントレプレナーの経験を説明したい。表 4-5 の起業回数から，シリアルアントレプレナー 26 人中，2 回目は 9 人，3 回目は 7 人，4 回目以上は 10 人であることがわかる。何度も起業を繰り返していることになる。続いて表 4-6 は，最初の起業の出口がどうなったかを示している。株式公開はなかったものの，26 人中，6 人（23.1 ％）が満足できる売却をしたと回答した。さらに，その後の起業によって満足できる売却を経験した者は 8 人に達し，二度目の

表 **4-5** 起業回数　　　　(n=45)

回数	該当者数	割合
初回	19人	42.2 %
2回目	9人	20.0 %
3回目	7人	15.6 %
4回目以上	10人	22.2 %
計	45人	100.0 %

表 **4-6**　最初の起業の出口　(n=26)

起業出口	当該者数	割合
満足売却	6人	23.1 %
不満足売却	3人	11.5 %
解散	7人	26.9 %
休眠等	10人	38.5 %
合計	26人	100.0 %

売却に達した者も2人いた。おそらく，出口に達するまで何度も起業を繰り返す者や達しても起業を繰り返す者など，シリアルアントレプレナーを続ける様子がわかる。

1.3. 経営状況

　続いて，調査対象企業の概要を示したい。

　創業者数　図4-3は，創業者数を示している。2人以上の複数による創業が84.4 % を占めている。やはり，創業チームは複数でなければ，第三者投資が受けられないことが反映されているのだろう。この点は後述するシード資金の獲得につながるものと考える。

　従業員規模　表4-7は，従業員規模を，正社員，パートタイム・契約，外部委託別に説明している。正社員を中心に雇用し，パートタイムや委託は少ないことがわかる。しかし，正社員と回答していても，遠隔地で仕事をする専業者が多いことがインタビューの結果わかっている。シリコンバレーは住居不足および家賃高騰の問題があり，従業員が海外を含めて遠隔地に散らばる傾向がある。

　事業内容　表4-8は，ITビジネスの事業内容を説明しており，重複回答を含む。インターネット関連のビジネスは66.7 %をカバーしており，次に，スマートフォンを利用したモバイル関連のビジネスが46.7 %をカバーしている。日

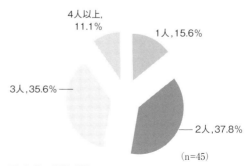

4人以上，11.1%
1人，15.6%
3人，35.6%
2人，37.8%
(n=45)

図 4-3　創業者数

表 4-7　従業員規模 (n=45)

雇用形態	採用率	最小～最大人数	平均人数	標準偏差	分散
正社員	86.7%	1～70人	9.9人	13.7	188.3
パートタイム・契約	60.0%	1～20人	3.1人	4.2	17.9
外部委託	33.3%	1～20人	1.4人	3.5	11.9

表 4-8　事業内容 (n=45)

事業	該当社数	割合
IT（インターネット）	30社	66.7%
IT（モバイル）	21社	46.7%
IT（ソフトウエア）	7社	15.6%
IT（コンサルティング）	2社	4.4%
IT（その他）	3社	6.7%

表 4-9　資金調達 (n=45)

	資金調達先	該当社数	割合
シード（立上げ時の投資ラウンド）	エンジェル	18社	40.0%
	VC	6社	13.3%
	事業会社	4社	8.9%
	いずれかより調達	23社	51.1%
シリーズA（追加の投資ラウンド）	エンジェル	3社	6.7%
	VC	8社	17.8%
	事業会社	0	0.0%
	いずれかより調達	10社	22.2%

本と比べると，インターネットが少なく，モバイルが多い。

　資金調達　表4-9の第三者投資による資金調達を見てみよう。「いずれかより調達」欄にあるように，シードで資金調達できた企業は23社（51.1%），シリーズAでは10社（22.2%）である。日本とは逆に，シリーズAの方が集めにくい。ビジネスエンジェルは，シードでは18社，シリーズAでは3社と激減している。ビジネスエンジェルは，シード資金の提供が役割であるので，これは当然とも言える。しかし，VCからの資金調達も，シードの6社に対して，シリーズAの8社と，あまり増えていない。さらに，事業会社からの資金調達は，シリーズAでは皆無という結果になっている。望ましいストーリーは，シード資金によって創業期を乗り越え，成長の可能性を投資家にアピールして，VCやパートナーとなる事業会社から資金調達することだが，本調査を見る限り，厳しかったようだ。第2章で確認したように，マクロレベルのVC投資を日米で比較すると，米国の方がはるかに潤沢であった。つまり，投資家の選択眼は厳しく，他のスタートアップと差別化できる製品サービスや秀でた経営能力を示すことができなければ，資金調達は得られないことがわかる。

2. 成長要因の分析方法：成長と出口

　米国のデータを使って，スタートアップの成長要因を探っていく。日本のデータを使った前章と同じ方法を踏襲する。シリコンバレーの調査対象45社は，2012年時点で創業5年以内に収まっている。2年後の2014年に追跡調査を行い，従業員数が倍増かつ30人以上の規模に達したか，もしくは出口を迎えたかによって，成長と非成長に分類した。日本と同様に，メールで連絡をするとともにホームページや記事等を検索して，成長か生存，もしくは閉鎖・倒産かを判断した。連絡もつかずホームページもなくなっている場合には閉鎖とした。成長企業は，45社中7社（15.6％）であった（表4-10）。閉鎖または倒産は13社（28.9％），残りの25社（55.6％）が生存しているものの成長していない状況であった。さらにその後，成長した企業のなかから，3社が売却（2年後），1社が株式公開（3年後）を果たしていた。15.6％の調査対象企業が成長したという数字は，日本の15.1％と大きな差はない。

表 4-10　2 年後の成長　(n=45)

	該当社数	割合
成長：倍増 & 30 人以上	7 社	15.6 %
（2 年後までに売却）	（3 社）	（6.7 %）
（3 年後までに公開）	（1 社）	（2.2 %）
生存	25 社	55.6 %
閉鎖・倒産	13 社	28.9 %
計	45 社	100.0 %

3. 分析結果：成長要因の抽出

　調査対象の45社を，成長したグループの7社と成長しなかったグループ38社に分け，成長に影響を与える可能性があると想定した諸変数について，グループ間の差を調べた。5段階の連続変数は平均値の差の検定を，非連続変数はカイ2乗検定を行った。調査対象社数が少ない影響もあったのか，グループ間で差が見られたのは3つの変数に限られた。

3.1. 経営チーム

　経営チームに関しては，日本と同じように，創業者数，チーム変更数，CTOの存在について差を検証した。日本のデータで統計的に有意となった

表 **4-11**　経営チーム：CTO の存在　(n=45)

CTO	成長	非成長	カイ2乗	p
存在	7 社	22 社	4.57*	0.032
存在せず	0	16 社		

*p < .05

創業者数は，成長と非成長のグループ間で差は見られなかった。ただ，ひとり創業者の調査対象 7 社は，いずれも成長しておらず，逆に，成長した 7 社にひとり創業は見られなかった。次に，チーム変更は，日本と同じく差は見られなかった[4]。創業チームにおける CTO の存在だけが，カイ 2 乗検定の結果，成長と非成長のグループ間で差が見られた（表 4-11）。これは，日本の調査対象では統計的に有意とならなかった変数である。表 4-11 を見ると，成長した 7 社すべてが，CTO を創業チームに持っていた（5 ％の有意確率）。米国では，CTO の存在がなければ，Web ビジネスは成長できないという強い結果が得られた。なお，CTO 以外の CMO，COO の存在については，有意な結果は得られなかった。

3.2. 競合との差別化

競合他社との差別化のポイントは，高品質，低価格，ニッチ市場選択，革新性のうち，ニッチ市場のみが成長と非成長グループの差を説明している。他の 3 つの特性は，成長グループと非成長グループ間でカイ 2 乗検定による差は見られなかった。表 4-12 からわかるように，ニッチ市場を狙うと回答した調査対象 16 社はすべて成長していない。米国では，ターゲットを絞

表 **4-12**　競合との差別化：ニッチ市場　(n=45)

ニッチ市場	成長	非成長	カイ2乗	p
狙う	0	16 社	4.57*	0.032
狙わず	7 社	22 社		

*p < .05

4　チーム変更は，シリーズ A を調達できたかどうかと関係があった（10 ％の有意水準）。CTO も同じくシリーズ A の調達と関係があった（10 ％の有意水準）（田路・新谷，2016）。

表 **4-13**　グローバル志向

(n=45)

成長	非成長	t 値	p
4.86 (0.38)	4.16 (1.31)	2.74**	0.01

注：上段は平均，（　）は標準偏差。
**$p < .01$

り込んで狭い市場を狙うと，成長できない傾向が強いという結果となった。

　日本のデータでは差が見られた革新性が，米国のスタートアップでは有意にならなかった（革新性を選択した調査対象は 22 社，しなかった調査対象は 23 社存在した）。まったく新しい製品を投入したとしても，簡単には成長につながらないことになる。もちろん，起業家が革新性を主張しても，市場の評価が認めないことはありうる。

3.3.　グローバル志向

　グローバル志向に関しては，成長グループと非成長グループで差が見られた（表 4-13）。非成長のグループでも，1 − 5 点尺度による回答の平均値は 4 点台を示しており，日本の平均値 3 点台よりも高い傾向にある。やはり，シリコンバレーのスタートアップは，若い段階からグローバル志向が高く，それが，成長につながることがうかがえる。

4. 成長要因の確認

4.1.　成長事例

　成長した調査対象企業 7 社のうち，2014 年までに 3 社が売却に成功し，2015 年には 1 社が株式公開した[5]（表 4-14）。フィットネス・トラッカーの Fitbit は 2014 年 8 月時点で従業員数 300 人となり，翌年の 6 月にニューヨーク証券取引所（NYSE）に上場した。日本でも Amazon やソフトバンクが取り扱って以来，順調に売上を伸ばし，追随する他社を引き離して市場シェアはトップとなった。売却に至った 3 社は，創業から 3 年以内に出口を迎え

5　事例の情報源は，新聞記事，企業のホームページ，各種インタビュー録である。資金調達の情報源は，crunchbase.com に公開されている，シリーズごとの VC 投資を参考にしている。経営チームの構成や調査対象者の経歴は，質問票の回答以外に，LinkedIn 掲載内容を参考にした。

表 4-14　株式公開および売却事例のプロフィール

	企業名	Fitbit	Bitzer Mobile	BugSense	Plursona
企業概要	創業年	2007 年	2010 年	2011 年	2011 年
	B2B ／ B2C	B2C	B2B	B2B	B2B
	事業タイプ	利便性提供型	高度専門型	高度専門型	高度専門型
	製品サービス（創業／2012 年時点）	IoT 製品：健康記録機器（フィットネス・トラッカー）	モバイル端末から業務ネットワーク接続用のセキュリティシステム	モバイルアプリのバグ報告・管理ツール	私物端末の業務利用化のためのセキュリティシステム
	従業員規模（2014 年時点）	米国 300 人（2014 年株式公開前）	米国内 20 人，海外 20 人（2013 年売却時）	米国従業員 4 名，アドバイザー5 名（2013 年売却時）	米国 10 人（2012 年売却時）
	グローバル展開	世界展開するリーディングカンパニー	開発部隊はインド	開発部隊はギリシャ	不明
	出口	2015 年 NYSE 株式公開（2019 年 Google 買収予定発表）	2013年Oracleへ売却	2013 年マシンデータ分析サービスの Splunk に売却	2012 年　業務用プロバイダの Aruba Networks に売却
経営チーム	創業チーム	2 人	3 人	2 人	2 人
	チーム構成	CEO,CTO	CEO,CTO,VP	CEO,CTO	CEO,CTO
	創業 2 年チーム変更	4 人追加	無	無	無
資金調達	シード	有	有	有	無
	追加投資（2014 年時点）	シリーズ A,B,C,D	シリーズ A, B	シリーズ A	無
競合との差別化	差別化	革新性	革新性	高品質	革新性
顧客アクセス	顧客リスト	有	有	有	有
	SNS 利用	有	有	有	有
創業者の属性	職位	CEO	CEO	CEO	CTO
	創業時年齢	30 歳	52 歳	29 歳	41 歳
	出身国	米国	パキスタン	ギリシャ	インド
	勤務経験	有	半導体業界勤務	有	有
	起業経験	過去 1 回	過去 3 回（半導体業界）	過去 2 回	無
	大学専門	コンピュータサイエンス学部中退	米国で電子修士	ギリシャでコンピュータサイエンス学士	インドでコンピュータサイエンス修士及び MBA

たこととなり，展開が速い。Bitzer Mobile はモバイル向けセキュリティシステムのビジネスを 2010 年創業，2013 年にネットワークサービス大手のOracle へ売却した。BugSense はアプリのバグ報告・管理ツールのビジネスを 2011 年創業，2013 年マシンデータ分析サービスの Splunk へ売却している。Plursona は私物端末の業務利用化のためのセキュリティシステムのビジネスを 2011 年創業，2012 年業務用プロバイダーの Aruba Networks へ売却した。いずれのサービスも，併合後に親会社の基幹システムに組み込まれている。買収した大手企業は，自らのサービスを充実させるために，スタートアップのサービスが有効であると判断したことになる。内製するよりも外部から獲得するオープンイノベーション（Chesbrough, 2003）の姿勢が見える。

　出口に至らなかった 3 社のうち，2 社は，2014 年以降も成長中である（表4-15）。オンライン学習の U 社は，第 2 章で紹介した投資育成型のインキュベータ 500 Startups の出身である。創業した 2007 年以来，世界中に個人ユーザーを広げ，2014 年時点で 190 カ国に達した。企業向けチャットツールを提供する I 社も事業を拡大している。両社ともに，出口に達しない代わりに，2014 年以降も，追加投資を受け続けている。

　日本の事例と同じように，4 つの事業タイプに成長事例を分類してみると，高度専門型 4 社，利便性提供型 2 社，ビジネス支援型 1 社となる[6]。日本の成長事例に，高度専門型は 1 社も存在していないことと比べると，シリコンバレーのハイテクぶりがうかがえる。

　グローバル展開に関しては，全社ボーン・グローバルと呼べる。B2C もB2B のビジネスも，市場は当初よりグローバルであり，組織も国境を越えているものが見られる。開発部隊を創業者の出身国に置く特徴が見られ，Bitzer Mobile はインド，BugSense はギリシャ，I 社はアイルランドにある。それぞれ創業者の出身国やその隣国であり，移民の起業家ネットワークを十分に活かした経営である。

　シリコンバレーで企画とマーケティングを行うことによってグローバルブ

6　4 社を高度専門型に分類することは妥当である。Bitzer Mobile の売却先はネットワーク大手のOracle であり，BugSense の売却先はマシンデータ分析サービスの Splunk であった。売却後，2 社のシステムは，親会社のシステムに統合されている。親会社の名前は，4 つの分類を説明したStartup Genome Report に，高度専門型の例として紹介されている。残る，Plursona と N社のサービスも，仮想化とネットワークの安全性に関わるハイテク領域にある。

表4-15　成長事例のプロフィール

		企業名	U 社	I 社	N 社
企業概要		創業年	2007 年	2011 年	2012 年
		B2B／B2C	B2C	B2B	B2B
		事業タイプ	利便性提供型	ビジネス支援型	高度専門型
		製品サービス（創業／2012 年時点）	オンライン学習コンテンツのプラットフォーム	企業が顧客と連絡するためのチャットツール	デスクトップ仮想化と DaaS
		従業員規模（2014 年時点）	米国 59 人	米国 63 人	米国 30 人
		グローバル展開	190 カ国にユーザー	開発部隊はアイルランド	世界に 8 万人のクライアント
		出口	拡大中（2016 年シリーズ D 調達）	拡大中（2018 年シリーズ D 調達）	2015 年以後不明
経営チーム		創業チーム	3 人	4 人	3 人
		チーム構成	CEO,CTO,President	CEO,CTO,COO	CEO,CTO,CMO
		創業 2 年チーム変更	増	無	増減
資金調達		シード	有	有	無
		追加投資（2014 年時点）	シリーズA，B，C	シリーズA，B	シリーズA
競合との差別化		差別化	高品質・革新性	革新性	高品質・低価格
顧客アクセス		顧客リスト	無	有	有
		SNS 利用	無	有	無
創業者の属性		職位	CEO	CEO	CTO
		創業時年齢	23 歳	27 歳	36 歳
		出身国	トルコ	アイルランド	米国
		勤務経験	有	有	有
		起業経験	過去 1 回	過去 2 回	過去 1 回
		大学専門	トルコでコンピュータサイエンス学士	アイルランドでコンピュータ学士	コンピュータサイエンス学士

ランドを築き，ワールドワイドに顧客開拓を展開していることも特徴である。たとえば，I 社は出口に達していないが，創業 4 年目に，グローバル企業を顧客に持っていると公表している[7]。それはマーケティング管理ソフトウエア，物流管理ソフトウエア，事務用品小売業の大手 3 社であった。後に詳述する Bitzer Mobile の最初の顧客は，石油販売の大手 2 社であった。シリコンバレーに所在することは，潤沢なファイナンス市場を利用することができるため，グローバル経営を牽引するのであろう。

　創業チームは複数人で構成され，最低限 CEO と CTO を擁する。チーム変更は，出口までに時間がかかった調査対象に見られた。シードは 2 社が調達できていない。追加投資は，出口まで年数がかかると，シリーズ C や D までつながっていく。C や D になると投資額は数百億円単位になっており，潤沢なファイナンス市場の実態がうかがえる。

　競合他社との差別化については，7 社中 5 社が革新性を挙げている。革新性の高い製品サービスを持っていることは大前提であろう。ニッチ市場を選択した調査対象企業はなく，定量調査の結果を支持している。顧客リストは，B2B のビジネスはすべて持っていると回答した。ソーシャルメディアの活用は，B2B でも行ったことがわかる。

　創業者の属性を見ておきたい。7 人中 2 人が米国で生まれて米国籍を持つ。他の 5 人は，大学を卒業後に米国に渡った者が多い。Bitzer Mobile の創業者だけは，奨学金を得て，学部から米国に留学した。全員，大学の専門はコンピュータサイエンスを中心に理工系であった。彼らが，CEO になるか，CTO になるかは，創業チームの他のメンバーとのバランスである。全員，過去に勤務経験を持ち，1 人を除いて，シリアルアントレプレナーである。

　次項でシリアルアントレプレナーの事例として，Bitzer Mobile の創業者のキャリアを紹介しておきたい。

4.2. 売却事例：Bitzer Mobile

　2013 年 12 月，Oracle が，モバイル端末セキュリティのスタートアップを買収した。その交渉は 6 カ月にわたるもので，15 社の買収候補から選ばれ

7　2015 年 3 月，venturebeat.com のサイトより確認した。

たのが，Naeem Zafar が率いる Bitzer Mobile だった。2010 年に設立され，売却直前には，20 人がカリフォルニア州の本社（Plug and Play Tech Center 内）とカナダ，英国，パキスタンに散らばり，20 人がインドにいた[8]。

Bitzer Mobile は，モバイル端末から業務ネットワークに接続する際のセキュリティシステムを提供していた。従業員が外出先からスマートフォンで勤務先企業のサーバーにアクセスしようとする際，サイバー攻撃の危険がある。それらから守るためのシステムである。パスワードを使って認証するのではなく，スマートフォンにセットするスマートカードに入った長い数字の SSL で認証させることとした。最初の顧客は米国に本社を持つ石油会社大手だった。やがて営業はグローバル化して，英国政府やフランスのコンサルティング会社からも受注するようになった。アジア展開を考え始めた頃に，Oracle に売却となった。

Bitzer Mobile 創業は 2010 年，IT 業界で 18 年間，業務向けのシステム開発に従事していた Ali Ahmed が，セキュリティシステムに関してアイデアを思いつき，ニュージャージー州からシリコンバレーに移ってきたことに始まる[9]。Ahmed は，創業チームの Zafar および Amer Haider の 3 人で議論をして，セキュリティシステムを手探りで開発した。それを顧客に見せてアドバイスを求めた。スタートアップの経営経験豊富な Zafar が CEO に，Ahmed は CTO に，Haider は勤務先を退職しないで，出資を多くすることにして，Zafar と Ahmed の体制でスタートアップの経営が始まった。このことを，Zafar は，「Haider はお金を出し，自分と Ahmed は代わりに多くの汗を出すことにした」と表現している。

Zafar は，当時，ビジネススクールで教鞭をとっていたが，そろそろ現場に戻りたいと考えていたため，CEO になることを承知した。そこから，多くの知人を迎え入れた。たとえば，以前に，指紋認証の会社で一緒だった同僚に製品マネジメントを託し，その人物がセキュリティに詳しい人材を連れてきて，設計を統括した。設計の仕事では，顧客のニーズを理解した上でシ

8　Naeem Zafar へのインタビューは，2010 年 9 月 10 日，2012 年 3 月 8 日，2014 年 3 月 10 日に実施した。事例の詳細は，田路（2015）を参照されたい。

9　"Featured Startup Pitch: Bitzer Mobile is tackling the sticky problem of secure workforce mobility for large enterprises" 2013 年 8 月に公開された https://startupbeat.com のサイトより確認した。

ステムの構成を決め，その開発に適したエンジニアを配置する。エンジニア
は，増える顧客に合わせて投入され，インド，パキスタン，カナダ在住も含
めて最終的には32人に達した。インドでの雇用は直接に出向いて採用活動
を行った。3000通の書類応募があり，150人に面接し，15人を採用した。
しかし，顧客のニーズに的確に応えて最速でシステムを完成させるためには
適材適所でなければならないため，解雇を辞さず，新しい雇用を行った。

　1年後には最初の顧客に納品し，3つの特許を武器に2年後には5社の顧
客を持つに至った。VCからの資金調達はシリーズAとBを達成して総額
は700万ドルとなった。しかし，さらなる資金調達は難しく，増えた顧客
のサポートも煩雑さを増し，売却が正しいという決定を下した。売却先を探
したところ，有力候補は，このサービスを顧客のID管理のツールとしてす
でに採用してくれていたOracleだった。かなりハードな交渉になったが，
最終的には，多くのスタートアップのなかからBitzer Mobileが選ばれた。
売却後は，エンジニアのほとんどがOracleに移り，CEOのZafarは6カ月
後に引き継ぎを終えて去った。CTOのAhmedは，2年間，Oracleに留ま
り，システム統合に尽力した。この2年間が，いわゆる黄金の手錠である。

　Zafarは，売却に至った時のインタビューで，次の起業のテーマは，Inter-
net of Thingsであると語っており，実際に，翌年の2014年には，リモート
センサーのTeleSenseを立ち上げた。AhmedはOracleへの引き継ぎが終わ
ると，創業に関わった出資者のHaiderが2014年に起業した企業に，2016
年にCTOとして参画し，その後同社は2018年に売却を果たした。さらに，
AhmedはZafarのTeleSenseに，2018年にCTOとして合流している。

　ここでZafarのキャリアを説明しよう。彼はモバイルやセキュリティの専
門家ではない。スタートアップとの関わりは，半導体の設計ツールを開発す
るエンジニアとして働き，やがて，マーケティングを担当するようになった
ことにある。その後は，3つの会社のCEOを託されて経営を行うプロフェッ
ショナルとなった。Bitzer Mobileにおける組織の運営，そして，投資家や
顧客との交渉を成功させたのは，それらの経験だったといえる。

　さらにさかのぼること1980年代，1人のパキスタンの中学生が米国の
MITに留学する策を練っていた。国内で上位の成績を取ればトルコに行く
奨学金を得ることができる。そのトルコの大学から全額給付でMITに学生

2名を送り出していた。その青年は，MITこそ逃したが米国に留学し，ミネソタ大学で修士号を得た。人に教えるスキルに長けていたその青年，Zafarは，在学中，家庭教師を行い，同級生にも教えた。卒業後はHoneywellで半導体チップの設計者になった。4年後，同僚とともに起業をしたが，顧客ニーズを確認しないで製品開発を行ったために痛手を被った。これを大きな教訓に，起業のメッカであるシリコンバレーをめざした。半導体設計ツールのQuickturn Design Systemsでチップ設計をした後にマーケティングを担当し，1993年の株式公開には大きな貢献をした。マーケティング担当の取締役となったZafarは，当時，半導体ビジネスで沸く日本を30回近く訪れている。スタートアップが顧客を獲得するコツは，「頭に火がついた顧客を見つけろ」である。つまり，困っている顧客は，できたてほやほやのスタートアップがつくる製品を喜んで買うだろう，ということだ。実際，Intelのペンティアムチップの問題を解決したことが，そのスタートアップが飛躍するきっかけだった。

その後，Quickturnの創業者が次に設立した指紋認証の会社VeridicomのCEOに，Zafarは着任した。ところが，2001年にITバブルが崩壊し，資金調達のために多くのVCを回ることになった。忍耐を重ね，資金不足を凌いで，人を説得する経験を積んだ時期だった。やがて，この会社を売却すると，プロの経営者としてイスラエルとテキサスの会社のCEOを務めた。

48歳になったZafarは，自分が本当に楽しめることは何だろうと自問した。自分が得意なことは人に教えること，それも世界を回って教える教授職だと気づいた。シリコンバレーのネットワークを使って，カリフォルニア大学バークレー校の特任教授となり，数百人の起業家の卵を育てることとなった。教室の質疑応答の内容は，起業の指南書として4年間に6冊出版されることとなった。2010年，そろそろゲーム（現場）に戻ろうと考え始めたところへ，Bitzer MobileのCEOの話が持ち上がったのである。

5. まとめ

5.1. 成長要因の考察

米国における定量調査の結果得られた成長要因は，

⑴　創業者にCTOが存在すること

⑵　ニッチ市場を避けること

⑶　グローバル志向であること

であった。個別の事例はいずれもこれらに該当する。

　CTOが存在するということは，ひとり創業ではなく，複数で創業チームが構成されることを前提としている。投資家の立場からは当然といえよう。調査対象者の60％超が技術系人材であるが，最も多かった職位はCTOではなく，CEOだった。また，成長事例の回答者は全員が技術系人材であり，7人中5人がCEO，2人がCTOである。シリコンバレーのWebビジネスでは，創業者は技術系，とくに，コンピュータサイエンスの学歴を持ち，専門性高い人材が起業していることになる。前章の日本の調査対象者の大多数が非技術系人材で占められることとは大きな違いが見られる。

　ニッチ市場を避けかつグローバル志向であることが成長につながるという結果が得られたことは，シリコンバレーにおける起業は，大きな風呂敷を広げよという解釈ができる。シリコンバレーはITビジネスのメッカであり，この地から発信される製品サービスはグローバルブランドと認識される。B2Cの事例として，Fitbitの成功は，健康な個人をターゲットに健康記録機器を展開したことによるものだろう。もしも，疾病を持つ個人を対象に記録機器を開発するというニッチ市場を選択していたら，市場は限られ，FDA申請の複雑さという困難も予想され，大きな成長は望めなかっただろう。U社のオンライン学習コンテンツのプラットフォームも市場は大きい。このサービスの特徴は，コンテンツの提供者が自らアップして，価格も自由に設定できることだった。

　成長したB2Bの事例も，当時のWebやモバイルのビジネスにおいて取り組むべきとされた課題ばかりである。B2Bの5社は4社が高度専門型であり，最先端の領域で大きな風呂敷を広げている。しかも，そのうち3社の創業者が移民であったことは，ビジネスをグローバルにするためにシリコンバレーの地が重要であったことを示唆する。その結果，3社すべて，高度専門型を代表する米国大手企業に売却を果たした。もちろん，株式公開の可能性も考えたであろう。しかしながら，単独でビジネスを続けることの限界を理解したか，または，大手の製品ラインに組み込まれてバンドリングされた

サービスを提供する方が顧客のニーズにかなうと判断したのであろう。

　次項で補足として，シリコンバレーの起業家活動の原動力である，移民の起業とシリアルアントレプレナーについてまとめておきたい。

5.2. 移民の起業とシリアルアントレプレナー

　移民が率いるスタートアップは，全体のほぼ半数を占め，成長した7社中5社は移民によって設立された。さらに，それらは，開発部隊を出身国に置く傾向があることは先述した。その理由の1つには，シリコンバレーのエンジニアは需要過剰で獲得が難しく，給与の高騰が激しいことがある[10]。もしも創業者に移民が含まれていれば，出身国に開発部隊を置くという選択肢が増えることとなり，移民の起業には好都合ということになろう。つまり，シリコンバレーのエコシステムは，地域を越えて拡大していることになる。

　シリアルアントレプレナーの多さは，調査対象45社中の半数を超えること，成長事例では7社中6社という数字が，それを示している。詳細な事例を前項の Bitzer Mobile で確認した。株式公開または売却という出口を迎えて，次の起業を行うことはもちろん，成長しなかった場合でも，起業は繰り返される。しかも，Bitzer Mobile とその次の起業に見られるように，同じ経営チームで繰り返されることが多い。筆者が過去に発表した事例研究[11]でも述べており，第2章の繰り返しになるが，経営陣も，雇用される人材も，あたかも1つのチームのように，スタートアップからスタートアップへ渡り鳥のように移動していく。異動を繰り返しながら，渡り鳥は，最新の技術をよむスキルや組織をまとめるスキル，VCへの交渉力などを高めていくのだ。シリアルアントレプレナーのそれらの知識が他の起業家に移転されていく「輪投げモデル」（福嶋，2013）の現象も当然に起きていることになろう。また，成長の見込みがないとわかると中断させて，次の起業に向かわせる役割を果たすのは投資家である。とくにVCが淘汰と再度の起業を促進する（田路・露木，2010）。

10　山縣（2010）で説明されているように，米国内では，シリコンバレーよりも給与が低いシアトルが創業地として選択されるという現象が見られたこともある。
11　田路（2008）および田路・露木（2010）を参照されたい。

ところで，Web ビジネスは他のビジネスに比べると，大型の投資を要しないために，起業は比較的容易である。「数打ちゃ当たる」の勢いで，新規性の高くないビジネスモデルで事業化しても，高額ではないかもしれないが買収を提案されることは少なくない。買収金額が公表されることは稀であるため，具体的数字を提示することは難しいが，その売却益を元手に次の起業を始めたケースをかなりの数ヒアリングしている。VC から投資を受けずに，ビジネスエンジェルからの投資と創業者の自己資金で経営している場合は，創業者の意思決定によって売却しやすく，次の起業に備えるという行動をとりやすい。次の起業で大型の出口を迎えると，キャピタルゲインを得てビジネスエンジェルになる，または，VC を立ち上げるという，好ましい循環が起きることになる。Bitzer Mobile の創業者たちは，ビジネスエンジェルとしても活動している。ということは，彼らは，自らの経験をもとに，有能なスタートアップ・メンターとして機能していることにもなる。

　また，Zafar のキャリアは，半導体から Web ビジネスに時代の流れに合わせてシフトしていた。そのように，シリコンバレーでは，中心となる産業の変遷とエコシステムの進化を伴いながら，世界から人材と資金を集め続けている。

第5章

日米の Web ビジネスの成長要因の比較

起業家の属性と経営状況

　本章は，研究課題1と2に関して，日米の比較を行う。第3章の日本の首都圏のデータ分析と第4章のシリコンバレーのデータ分析結果を利用して，日米の起業家と企業の比較を試み，起業家の属性と企業の経営状況の相違を確認したい。また，成長した事例の製品サービスに注目し，どのようなビジネスが成長しているのかも確認したい。

1. 起業家像

1.1. サンプル概要の比較

　日米ともに，調査の時期は2012年3月〜12月，対象はWebやモバイル関連のスタートアップであり，オンライン調査によって行われた。成長と生存の判断を2014年に行い，その後の経過も2016年まで追っている。本節では，第3章と第4章から抜粋する形で日米を比較する。まず，サンプルの概要を並べて比較する（表5-1）。

　回答者のほとんどが男性であり，平均年齢も大きく離れていない。日本の方が平均値で3歳若いという結果になっているのは，東京が都内のインキュベータに入居するサンプルが多かったことと比べると，米国は，サンフランシスコ市内よりも，南に位置するマウンテンビュー市やパロアルト市のインキュベータや一般のオフィスに入居するサンプルが多かったことが影響していると考える。第2章で解説したとおり，シリコンバレーでは，若い世代がサンフランシスコ市内を好み，子育て世代は南の郊外地域を好む傾向がある。

表 5-1　日米調査対象者概要の比較

	属性	日本（n=86）	米国（n=45）
起業家	性別：男性	96.5 %	93.3 %
	国籍保有率（日本／米国）	98.9 %	48.9 %
	創業者の平均年齢	34.5 歳（SD:7.9）	37.3 歳（SD:9.7）
	非大卒	11.6 %	6.8 %
	修士以上	20.9 %	55.6 %
	技術系	27.9 %	64.4 %
	勤務経験あり	90.7 %	91.1 %
	スタートアップ勤務経験あり	40.7 %	68.9 %
	シリアルアントレプレナー	24.4 %	57.8 %
	共同創業	64.0 %	84.4 %
企業	企業年齢（～2 年）	60.5 %	73.3 %
	企業年齢（3～5 年）	24.4 %	26.7 %
	企業年齢（6～8 年）	15.2 %	0.0 %
	投資家からシード獲得	26.7 %	51.1 %
	投資家からシリーズ A 獲得	40.7 %	22.2 %

　米国籍を保有していない回答者は半数存在し，日本国籍を保有していない回答者は 1 人だけであったことから，出身国の多様性には大きな差がある。修士以上と技術系が半数を超える米国と比べると，日本は，学部卒と非技術系の多さが際立っている。勤務経験を持つ割合は，どちらも 9 割近いが，スタートアップで働いた経験は，日本の 4 割に対して，米国は 7 割弱であった。シリアルアントレプレナーと共同創業の比率は，米国の方が高かった。

　企業年齢は，米国は 5 年以上のサンプルは存在せず，新陳代謝が活発なシリコンバレーの状況を反映している。興味深いのは，資金調達が，日米で，シードとシリーズ A を獲得した割合が逆転していることである。

　次項より，それぞれの項目について，詳しく見ていきたい。

1.2. 起業家の属性の比較

　本項からは，図 5-1～図 5-6，また表 5-2 ～ 5-3 に示すように，左側に日本のデータ，右側に米国のデータを並べて比較してみたい。

　まず図 5-1 を見ると，学歴における日米の相違がよくわかる。日本の回答

者の半分近く，47.7 ％を占めるのが文系学卒である。続いて修士卒の17.4 ％，理系学卒の16.3 ％と続く。それに対して，米国は，修士卒 42.2 ％が最も多く，理系学卒 24.4 ％，博士卒 13.3 ％と続き，日本で半分近くを占めた文系学卒は 8.9 ％しか存在しない。つまり，日本は，文系学卒者が最も多く，米国は，院卒者が最も多い。なお米国の院卒者のうち，72.0 ％が理系の課程を修了している。米国の院卒者割合は修士と博士を合計すると55.5 ％となり，高学歴であることがよくわかる。しかし，これは，起業家のサンプルの特徴というよりは，日米の大学院進学率にそもそも差があることに起因しているだろう[1]。一番の特徴は，米国は技術系人材が多く，日本は少ないことである。

　大学卒業後は，両国ともに，9 割を超える回答者が勤務経験を持ってい

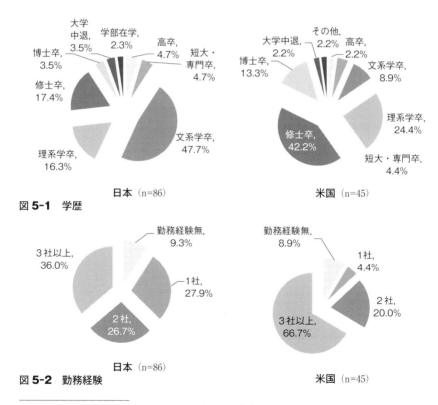

図 5-1　学歴

図 5-2　勤務経験

1　古いデータになるが，2008 年の 1000 人当たりの大学院生数は，日本 2 人に対して，米国，英国，フランスは 9 人である。2013 年発表の文部科学省の「教育指標の国際比較」より。

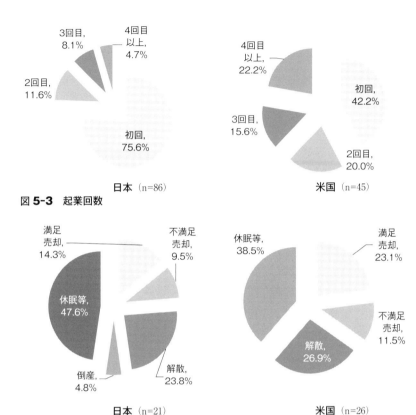

図 5-3　起業回数

日本（n=86）　米国（n=45）

図 5-4　過去の起業の結果

日本（n=21）　米国（n=26）

る。表 5-1 で確認したように，スタートアップで働いた経験を持つ割合は，日本で 4 割，米国で 7 割と差はある。米国の方が，起業の前に，スタートアップで働いて経験を積もうとする傾向は強い。勤務した企業の数を比べると（図 5-2），米国は 3 社以上で勤務した割合が 66.7 ％と最も多く，日本が 1 社，2 社，3 社以上がほぼ等分になっていることと大きな違いが見られる。平均年齢はどちらも 30 代半ばであるので，米国は多くの転職を重ねて，起業に至っていることを示している。

　続いて，起業回数を確認したい。図 5-3 は，今回の起業が何回目に該当するかを示している。日本は初回と回答した者が 75.6 ％，米国は 42.2 ％と大きな開きがある。シリアルアントレプレナーの起業回数は，日本は，2 回目，3 回目，4 回目と減っていくが，米国は 4 回目以上が最も多い。米国は

起業を何度も繰り返す傾向が強く見える。

　シリアルアントレプレナーである日本の 21 人，米国の 26 人を対象に，最初に起業したスタートアップの最終的な状況を問うた結果が図 5-4 である。両国ともに，最も多いのが休眠等，そして解散である。売却に関しては，満足か，不満足かの判断を，回答者に任せているので，判断の基準は回答者それぞれであろう。しかしながら，売却金額が判断の基準であったと理解して差し支えなかろう。日本では満足できる売却が 14.3 ％，米国は 23.1 ％と，米国の方が満足している比率が高かった。

2. 経営状況

　続いて調査対象企業の経営状況を比較していきたい。創業チーム，資金調達，戦略志向性，2 年後の状況，事業タイプを順に見ていく。

　創業チームの規模を比較しよう（図 5-5）。ひとり創業が日本は 36.0 ％，米国は 15.6 ％と，米国の方が創業時からチームを組む傾向が強い。そして，チームを組んだ場合の人数は，日本は 2 人が最も多く見られ，米国では，2 人または 3 人が等分に存在する。

　チームの構成に関して，とくに CTO（最高技術責任者）の有無を記しておきたい。米国の CTO を擁するサンプルは 29 社（64.4 ％），日本は 33 社（38.4 ％）となっており，大きな差がある。

　ひとり創業の場合は技術系人材の創業者が CEO と CTO を兼ねている場合があるので，そのような回答企業と CTO を擁する回答企業を合わせた合

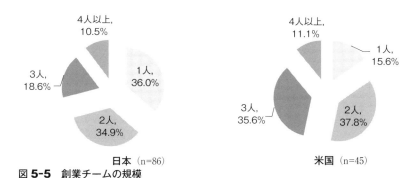

図 **5-5**　創業チームの規模

計を，創業チームに技術系人材が存在している調査対象企業と定義したい。すると，米国38社（84.4％）に対して，日本46社（53.3％）となり，やはり大きな差がある。このように，創業チームにおける技術系人材の有無に差があることが，日米のスタートアップの製品サービスの技術レベルの高さ，つまり，ハイテクのレベルに影響しているのではないかと推測する。その点については，後節で，成長企業の事業タイプを比較することによって考察したい。

資金調達は，シードとシリーズAを調達できた比率が，日米で逆転している（表5-2）。シードは米国の方が多く獲得し，シリーズAは日本の方が多く獲得している。外部投資家の別に比較してみると，米国では，ビジネスエンジェルからシードを調達できた比率が40.0％に達しており，この高さが調達率を51.1％に押し上げている。シリコンバレーにおけるビジネスエンジェルの投資活動の活発さと，回答者の6割近くを占めるシリアルアントレプレナーのネットワークの大きさを反映していると考える。日本は米国と比べると，シードをエンジェルから調達できた比率は10.5％と少なく，シードの調達率が26.7％に留まる。

シリーズAについては，ビジネスエンジェル，VC，事業会社いずれも，日本の方が米国よりも高くなっている。事業会社については，米国が皆無であったのに対して，日本は10.5％を示しており，シリーズAの調達率を40.7％まで引き上げた。

表 5-2　資金調達

		日本（n=86）		米国（n=45）	
		社数	割合	社数	割合
シード （立上げ時の投資ラウンド）	エンジェル	9社	10.5％	18社	40.0％
	VC	14社	16.3％	6社	13.3％
	事業会社	1社	1.2％	4社	8.9％
	いずれかより調達	23社	26.7％	23社	51.1％
シリーズA （追加の投資ラウンド）	エンジェル	8社	9.3％	3社	6.7％
	VC	20社	23.3％	8社	17.8％
	事業会社	9社	10.5％	0社	0.0％
	いずれかより調達	35社	40.7％	10社	22.2％

表 5-3　戦略志向性

	日本	米国	t値	p
グローバル志向	3.10 (1.23)	4.27 (1.23)	-5.16**	0.00
３年後の経営目標の明確化	3.01 (1.27)	3.04 (1.04)	-0.15	0.88

注：上段は平均，（ ）は標準偏差。
**$p < .01$

　少ないサンプル数ではあるが，本データの示す資金調達の比較は，日本では，立ち上げ段階よりも，ある程度，時間が経過した段階の追加投資の方が資金調達は容易であり，米国では，立ち上げ段階ではビジネスエンジェルから調達しやすいものの，追加投資を得ることは難しいという結論になる。

　創業者の戦略志向性についても比較しておきたい。この質問項目は，属性や行動の結果ではなく，あくまでも回答者の主観的なマインドを問うている。

　グローバル志向と３年後の経営目標の明確化について５段階で問い[2]，平均値の差の検定を行った（表 5-3）。グローバル志向は，１％の有意水準で米国の方が高かった。３年後の経営目標の明確性は差がなかった。表 5-1 にあるように，米国のサンプルは日本よりも若い企業が多いことを勘案すると，米国では，立ち上げ後まもなく，グローバル展開を意識する傾向が日本よりも強いといえよう。

　質問票データの比較の最後は２年後の状況である（図 5-6）。成長したサンプルの比率は，日米どちらも，ほぼ近しい数字，15.1 ％と 15.6 ％となった。生存は日本の方が９％弱多く，閉鎖・倒産は米国の方が８％多い。日本と米国では，スタートアップの成長の確率については，かなり近似しているという結果が得られた。

　最後に，日米成長事例から読み取れることを B2C と B2B に分けて述べておく。

　B2C ビジネスは，第３章と第４章で，利便性提供型（製品サービスの先進性や時間短縮の利便性を個々人に提供するサービス）とソーシャル系型

---

2 「グローバル展開を明確に意識していますか」「３年後の経営目標は明確ですか」を５段階で問うている。

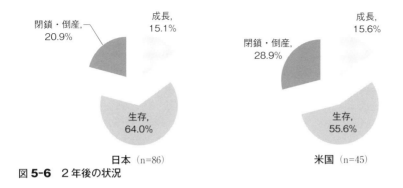

閉鎖・倒産,
20.9%

成長,
15.1%

生存,
64.0%

日本（n=86）

閉鎖・倒産,
28.9%

成長,
15.6%

生存,
55.6%

米国（n=45）

図 5-6　2年後の状況

（クリティカルマスを超えることで，市場を刈り取ることにつながるネット
ワーク効果を持つビジネスモデル）の2つに分類をした。

　日本で成長した4社中3社は利便性提供型，1社がソーシャル系型，米国
で成長した2社は利便性提供型であった。ソーシャル系型は日本のエニグ
モのみであり，他にもソーシャル系型に該当する対象企業はあったものの，
成長していない。つまり，ソーシャル系型のサービスがクリティカルマスを
超えることは日米ともに難しいのであろう。利便性提供型の方がソーシャル
系型よりも成長の可能性が高いことを示唆していると考える。

　利便性提供型のうち，日本のグラモと米国の Fitbit はハードウエアを伴う
IoT 製品であることが，Web 上のサービスを提供する他社とは異なってい
る。Web 上のサービスは参入しやすいので競合が多い上に，消費者が複数
のサービスを並行して利用することも少なくない。それに比べると，2社
は，オリジナルなコンセプトを持つ製品をいち早く上市し，先駆者としてブ
ランドを築き，後に進出してきた競合の追随を許していない。グラモが，部
品ではなく最終製品のハードウエアの開発をスタートアップの立場で成し遂
げ，大手企業に凌駕されなかったことは，日本においてもハードウエア系の
スタートアップが成長できる可能性があることを示している。ただし，第3
章と第4章で説明したとおり，Fitbit は VC からの投資を潤沢に集めて製品
開発を行ったのに対して，グラモは自己資金で製品開発を行った。それは，
第2章で説明したように，未公開企業に対する日米の投資環境の違いを反
映していると理解できるが，それ以上に，グラモが少ない経営資源を最大限
に活かすマネジメントを成し遂げたことが大きい。詳細は，第6章の事例

分析で明らかにしたい。

　次に，B2B のビジネスは，ビジネス支援型（小企業，小市場を対象に，販売支援や収益性向上につながるサービスを提供する）と高度専門型（複雑で取引が固定された市場をターゲットとし，顧客のサービスへの依存度は高く，反復利用を原則とする）の2つに分類してきた。

　B2B の成長事例のうち，日本は9社すべてがビジネス支援型，米国は1社がビジネス支援型，4社が高度専門型である。日本のビジネス支援型のサービスは，Web を使った販促支援やマッチングサービスが多く，高度な科学技術を駆使するプログラミングを必要としない。それに比べると，米国の高度専門型はセキュリティや仮想化に絡むものであり，経営チームに，その分野のエキスパートが存在している。また，先述のように，全体サンプルを比較しても，CTO を擁する企業の割合は，米国の方が日本よりはるかに高かった。その差が，サービスのハイテクレベルに関係していると考える。また，高度専門型には，CTO だけではなく，開発担当のエンジニアのスキルも高いものが求められる。米国の第4章で説明したとおり，移民の創業者は祖国に開発チームを置く場合も多かったことから，米国で集めた潤沢な資金によって，祖国の有能なエンジニアを雇用していることが推測できる。

3. まとめ

　日米の起業家の属性を比較すると，共通点は，30 代半ばであり，ほとんどが勤務経験を持つ男性であったことだ。米国の Web ビジネスのスタートアップの創業者は，Google や Facebook のように，勤務経験のない若者のイメージがあるかもしれないが，実態はそうではなかった。

　日米で異なる点は，米国の回答者の過半を移民が占めるのに対して，日本の回答者に移民はほとんど含まれていなかったこと，米国の回答者の学歴は，修士卒以上と理系専攻が過半数を超えたのに対して，日本の回答者のそれらが3割を超えなかったこと，シリアルアントレプレナーの比率が米国では半数を超えたのに対して，日本では4人に1人程度であったことである。また，創業チームを形成する傾向は米国に強く，さらにチームに技術系人材が存在する比率も米国の方が高い。資金調達については，米国では，立

ち上げの投資ラウンドの方が追加の投資ラウンドよりも得やすく，日本では，その逆になっている。グローバル志向については，米国の方が日本よりも高く，その一因は，移民の起業家が多いことにあると推測する。

2年後の成長については，日米ともに，成長したサンプルの比率が15％台だった。第2章で確認したように，首都圏とシリコンバレーの起業環境や移民起業家とシリアルアントレプレナーの多さには差があると一般に指摘されてきたにもかかわらず，Webビジネスに限ると，日本でも成長する余地は十分にあることが実証できたことになる。2つの地域の差は，成長の可能性よりも，むしろ，製品サービスのハイテクレベルにあるという示唆が得られた。

第6章

起業プロセスと成長要因
日本の成長事例

　出口に達した日本の7社および米国の4社のうち，米国にも日本にも先例または競合となる製品が存在しなかった事例は，エニグモとグラモである。グラモは，製品上市から2年ほどすると，多くの競合が日本市場に参入してきた。エニグモの競合は，日本にも米国にも現れなかった。つまり，他社は起業機会を認識できなかったか，または，認識はしても参入することは不確実性が高く躊躇したということになる。エニグモとグラモの創業者は，Kirzner（1979）の主張する機敏性（alertness）が高かった，または，Schumpeter（1934）の主張するようにモチベーションが圧倒的に高かったがゆえに，起業機会を活用する決定をしたことになる。本章では，この2社について，起業のプロセスを明らかにするとともに，第3章の定量調査で抽出した成長要因が2つの事例に当てはまるかどうかを確認していく。

1. 起業プロセス

　本書における起業プロセスのモデルは，Shane（2003）を踏襲していることは序章で述べたが，ここで再掲しておきたい（図6-1）。このプロセスがどのように2社において進んでいったのかを確認していく。

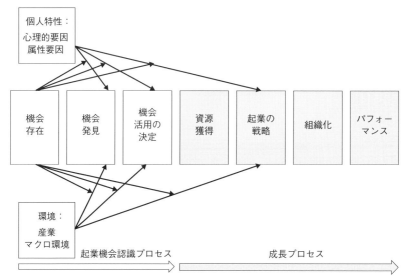

図 6-1　起業プロセスのモデル（図序 – 1 再掲）
出所：Shane（2003）に筆者加筆・改変。

2. エニグモの事例分析：起業機会認識と成長プロセス

エニグモ（Enigmo）は，2004 年に須田将啓と田中禎人という 2 人の創業者とその仲間によって設立された Web ビジネスの企業である。資金調達額は総額 9 億円，8 年かけて 2012 年 7 月に株式公開した。公開した 2012 年の売上高は 8 億 5100 万円，翌期には 14 億 3900 万円，従業員は 43 人（2012 年 1 月末時点）であった。

公開時のビジネスモデルはシンプルで，1 つの消費者向けサービスを提供していた。当時の同社 Web サイトのサービス概要には，次のような説明がある。

「BUYMA のパーソナルショッパー（出品者）から世界中のブランド品をお得に購入できるこれまでにない新しいソーシャルショッピングサイトです。（中略）日本未入荷や海外限定アイテム，国内完売の人気アイテムといったレアな商品が満載で，（中略）6000 以上のブランドが揃っております。パーソナルショッパーが海外で直接買い付けを行うから，日本で買うより安い商品が豊富です。（中略）世界 115 カ国にいるパーソナルショッパー

約 6.5 万人から購入できるため，在庫を多数取り揃えております。パーソナルショッパーはすべて日本人だから，安心して日本語でスムーズなお取引ができます。（中略）商品代金のお支払いは BUYMA が商品代金を仲介する，安心の『後払い決済』を採用しております。（中略）万一の紛失や非正規品（偽物）にも，『あんしん補償制度』がしっかりサポートしております。」

　なお，同社はこのサービスだけに 8 年間集中して地道に成長させてきたのではない。紆余曲折があった。他に 3 つのサービスが存在し，海外進出もかなり早い時期から模索し，パートナーを見つけてもいた。しかし，株式公開時には，この 1 つのサービスが，国内における売上高のほとんどを占めていた。本ケースでは，このサービスの変遷を成長プロセスのなかで確認していきたい。なお，経営チームにはシリアルアントレプレナーは存在せず，初めて起業するノービスアントレプレナーだった。米国のスタートアップに登場するようなビジネスエンジェルも登場しない[1]。

2.1. シード期

2.1.1. 起業機会認識

　「田中のアイディアを聞いた瞬間に，ぴんとくるものがあった」[2]。エニグモの創業者でもあり，現・代表取締役最高経営責任者である須田将啓は，そう当時を振り返る。須田は慶應義塾大学と同大学大学院でコンピュータサイエンスについて学んだ。起業するに当たりマーケティングを学びたかったことや，もともと興味があったという理由から，広告代理店の博報堂に 2000

1　エニグモに関する参考資料は次のとおりである。なお，本ケースは，田路・福田（2015）を加筆修正している。
　エニグモウェブサイト http://www.enigmo.co.jp/（2013 年 9 月〜 2019 年 11 月確認）。
　『経済界』（2013）「世界中の人々に世界中の商品を，世界初のサービスで世の中を変える」984 号，pp. 26-27。
　『日本経済新聞』（2013）「円安でも海外ブランドを」3 月 5 日付朝刊，35 面。
　『プレジデント』（2012）「細部に異常にこだわる部下をどう使うか」12 月 17 日号，p.50。
　『週刊東洋経済』（2013）「須田将啓 世界のブランドを出品『バイマ』の強み生かす」3 月 2 日号 p.138。
　『週刊東洋経済』（2013）「成長テーマ 6 高くても売れる趣味系」9 月 14 日号，pp.68-69。
　『戦略経営者』（2012）「CASE2 — エグニモ 個人輸入の通販サイトで利用者が急増中」304 号，pp. 13-14。
　須田将啓・田中禎人（2008）『謎の会社，世界を変える。エグニモの挑戦』ミシマ社。
　『通販新聞』（2013）「"新生エグニモ"の今後は？〈上〉」4 月 18 日付朝刊，3 面。
2　エニグモ代表取締役最高経営責任者 須田将啓氏インタビュー，2013 年 10 月 16 日。

年に入社した。

　田中禎人は青山学院大学法学部を卒業後，アパレル会社に入社し，外資系PR会社を経て，カリフォルニア大学経営大学院でMBAを取得した。2001年に博報堂に入社し，同い年ということで須田とは仲が良かった。2002年の12月25日クリスマスの夜，須田は田中とビジネスのアイデアを出し合っていた。その会議で田中から発表されたのが，「海外在住の日本人ネットワークを作り，買い付けをしてもらって，世界中の商品を売るサイト」だった。須田は「ヤフーオークションで，個人的にやっている人はいるので，ニーズはあるだろう」と思った。米国に住む日本人が，日本在住者にブランド品の衣料を売っている。それは，持っている衣料を売るだけではなく，注文を受けてから，店に買いに行って仕入れることもあるようだとわかっていたからである。田中は，米国内で売られている300ドルのサーフボードが，日本では10万円の値付けになっていることに目をつけていたので，そのアイデアを出したのだ。

　そこから，2人は実現性を探っていった。ニーズがあるのならば，それだけを束ねて特化したサイトを作ればいいのではないか，日本人はファッションを中心に海外ブランド品への嗜好性が高い，日本人は検品等を気にするので，日本人が買い付けをすることに価値がある，日本人の買い付け人を囲いこもう……。そして最終的に，「専門のサイトを作って，プラットフォームを構築し，新しいコンセプトとして打ち出せばイケる」と思った2人は，このビジネスの実現に向かって動きだした。ビジネス名は「Buying Market（買い付け市場）」を意味する「バイマ（BUYMA）」とした。

2.1.2. 提携企業の模索

　「どんな形であってもいいからとにかくこのサービスを実現したい」という思いから，2人で事業計画書を作り込み，協力してくれそうな会社を探して，プレゼンをして回った。2003年の夏，ある企業の経営者が大いに乗り気となり，その経営者の紹介で，当時のエッジ（後のライブドア）と三者でプロジェクトの立ち上げを話し合ったものの，結局，一緒に組むことを断念した。打ち合わせを重ねていくうちにそれぞれの方向性がずれていることに気づいたのだ。「別の会社と一緒にやると，結局，われわれがめざしているサービスとは違うものが世の中に出てしまう。自分たちでやるしかない」と

の結論に，2人は至った。

2.2. 創業期

2.2.1. 創　業

2003年12月に，博報堂で田中と同じチームで働いていた藤井真人，2004年1月に須田の大学の同級生で電通国際情報サービスに在籍していた安藤英男の2人を仲間に迎えた。藤井は，大学時代にファイナンスを専攻し，上場前の博報堂に就職して，王道とも言える同社の上場を目の当たりにした。藤井の配属は，須田や田中と同じマーケティング部門だった。

安藤は，大学では機械工学を専攻してシステム会社に就職し，Webシステムの構築をクライアントからの依頼を受けて行っており，エニグモの開発責任者にふさわしいスキルを持っていた。そこで，大学時代から親しい須田が声をかけたのである。ただ，創業時点ではフルタイムの参画はせずに，週末だけ参画するという形をとった。

この4人で資金を出し合い，400万円の資本金で株式会社エニグモを設立した。まず初めに行ったことは知人の訪ね歩きであり，そこで6000万円の資金を集めた。須田と田中の2人を共同CEO（最高経営責任者）として，4人で経営チームを形成した。

2.2.2. 失敗したシステム発注

「経験不足ですね。ホント……」。須田は何度もその言葉をインタビュー[3]の際に繰り返している。最初に発注したシステム会社との失敗のことだ。2004年2月，バイマのサイトのシステム開発を発注するシステム会社の選考をしていた。選択肢は3社あり，値段が最も安く，上場企業なので信用できるだろうという理由から，発注先は大手の某IT企業に決まった。非常に複雑なシステムだったため，発注後に何度も話し合った。4人はシステム完成までの半年間，会員を集めるためのプロモーションやマーケティング，決済方法の確立に取り組んだ。

一方，サイトのシステムの完成は同年8月を予定していたが，5月，6月になっても進んでいる様子が見えなかった。システム会社とは何度もミー

3　須田将啓氏インタビュー，2013年10月16日。

ティングを行っていたが，プログラマーに会うことも開発の現場に足を運ぶ
ことも許されず，資金もないため進捗度を記載した報告書やドキュメントを
整備してもらうこともできなかった。プログラミングに詳しい安藤も不安に
なりながら，ミーティングのなかで「できてますか」とたずねて，システム
会社のプロジェクトリーダーの「できてます」という言葉を信じるしかな
かった。

　ところが7月中旬になって，システム会社の担当者から完成が遅れる旨
の連絡があった。その担当者に交渉したものの，どうしても間に合わせるの
が不可能ということだったので確実に完成させられる日を再決定するしかな
かった。サイトオープンにあわせてのプロモーション，リリースの準備，イ
ベント企画などの仕込みをしていたが，それらをすべて変更することになっ
た。それにもかかわらず，その約束の日の1週間前，再びシステム会社の
担当者から，「下請け会社の社長が夜逃げし，期日までにシステムをつくる
ことができない」という連絡が入った。4人は先方のオフィスに向かった
が，「どう言われても無理なものは無理」という返事だった。

　発注先は上場している知名度の高い会社だったが，システム開発を丸々下
請けに出していた。契約上，制作に費やされたコストは補償されず，プロ
モーションに使った資金も半年間の時間も無駄となった。

　「相手のシステム会社にそもそも作成できる能力がないことを見極められ
なかった。エニグモとしてフルスペックで出したいという思いが強かったた
め，制作途中にも機能を追加するように注文したことで，相手側もよくわか
らなくなってしまっていた。むしろ，シンプルなものをすぐに作ってもらっ
て，追加改善をしていくべきだった」[4]と須田は当時の経験不足を悔やむ。

2.2.3. 挽回したシステム発注

　システム会社を選ぶ基準が知名度ではないことをこの失敗から学んだ須田
は，2004年8月，大手ベンダーの開発責任者を紹介してもらい，その人の
過去の開発パートナーのなかから，コストと開発力が条件に見合う会社を数
社紹介してもらうことにした。そのなかでも，最も信頼できそうで，コスト
パフォーマンスの良い，福井県のシステム会社を選んだ。同社には大手の保

4　須田将啓氏インタビュー，2013年10月16日。

険会社やネット銀行のシステムをつくった実績があり，前回のシステム会社
への発注額と比べると倍以上の金額が提示されたが，発注を決めた。

その会社の経営者は地元の活性化に熱心で，若者が都会に行かなくても最
先端の仕事ができる環境と，他の地場企業よりも高い給料を支給することに
こだわりを持っていた。世界のどこにいても，能力やセンスがあれば，お金
を稼ぐことができるというバイマの魅力と共通する部分があり，須田はその
会社の経営姿勢にも相性のよさを感じた。

その会社の社長は，「リスクをとってチャレンジする4人を応援したい。
お金もないだろう」と言って，予算内でベストの解決策を探してくれた。

「今思えば無謀とも思われる条件だったが，開発プランは他社と比べて精
緻なものであったし，何より経営者の男気あふれる相当無茶なこともいとわ
ない姿勢に，この会社の人たちなら絶対やり抜いてくれる」[5]と決断した。
そして，福井県で2日間かけた，バイマの仕様書説明の会議と食事の席を
通じて，「今度こそうまくいく」との確信を深めた。

3カ月後，テストサイトが完成したため，再度福井県のオフィスを訪ねる
と，すでにデータセンターが確立されており，期待した以上のものができあ
がっていた。そこからサイトの裏側のロジックやエラーのチェックなど細か
い部分を確認しながら，改善していった。デザインはエニグモのデザイナー
がつくったが，Webに詳しい田中の元同僚に見てもらったところ，「Webデ
ザイン上のルールに則っていない」と指摘を受けてデザインをやり直した。
他にもパーソナルショッパー（出品者）側，購入者側，双方からの視点でさ
まざまなケースを想定してテストを行い，システムの細部を詰めて完成させ
た。

この福井県のシステム会社はエニグモのために特別チームを作り，まるで
同じ会社の部門のように密接な関係で動いてくれたので，その後もエニグモ
の多くのシステムを請け負うこととなった。しかし，うまくいかないことも
あった。たとえば，バイマがオープンして，ユーザーからシステムやサー
バーに対するクレームが入ってきたとき，その逼迫感は，物理的に離れてい
るとなかなかシステム会社には伝わらず，対応が遅れることもあった。距離

5　須田将啓氏インタビュー，2013年10月16日。

は大きなハードルと思えたが，長く取引を続けるうちにその差は埋まっていった。エンジニアを雇用して内製できる時期がくるまで，システム開発は外注に頼ることが続いた。

2.3. 創業期から成長期へ

2.3.1. バイマ始動

Webサイトのオープン前には会員集めと品集めをしなければならない。会員集めのためにプレスリリースを打ち，品集めは社員総出で商品を探した。買い付けを担当してもらう海外のパーソナルショッパーは，海外の三行広告に出稿する，海外在住の日本人をインターネットで探し直接連絡する，という2つの方法によって効果的に増やしていった。そして2005年2月21日，バイマのサービスサイトをオープンさせた。構想から2年3カ月後のことだった。田中がマーケティング，安藤がシステムの運営と保守，藤井が財務を担当し，須田はシステム・財務を含めてマーケティング以外の全業務に携わった。

ところが，サイトはオープンしたものの，会員どころかバイマを知ってい

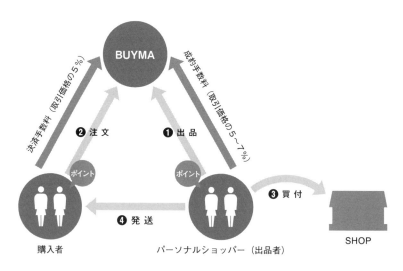

図6-2 バイマの仕組み
出所：エニグモWebサイト（2014年12月閲覧）。

126

る人すら少ない状況のため，取引はほとんどなかった。「最初の 3 カ月は友人等が同情で買ってくれる以外は，一切商品は売れず，月の売上は 3 万円程度で，昭和の駄菓子屋かと揶揄された」と，当時のことを振り返っている[6]。

　そこでマスコミ各社にニュースリリースを出したところ，大きな反響があった。サービスの認知促進は PR 活動で行い，会員増の方策はインターネット広告で展開した。PR 活動は PR 会社に委託して，かなりの媒体に取り上げられた。それにもかかわらず，数える程しか会員数が増えなかった。「知らないサイトの新しい仕組み，しかも画像のみを見て，カード決済で商品を買う」のはハードルが高かったからだ。そこで，ブランド力と信頼度を高めるため，雑誌にタイアップ広告を出す戦略に切り替えた。大手フリーペーパーがバイマを非常に気に入り，バイマと誌面を連動させた特集記事を載せてくれた。仮に広告で出稿すると 1000 万円はかかるぐらい大型の特集だったが，それでも売買は数件しか成立しない日が続いた。「初めてバイマを使う顧客は不安のなかで買っていたんでしょうね。安い商品の取引が多かったです」。エニグモのビジネスモデルはシンプルで，パーソナルショッパーと購入者からそれぞれ決まった割合の手数料をもらうだけである。購入者の不安は，パーソナルショッパー個人に向けられる（図 6-2 参照）。

　バイマが本当の意味で認知されて信用を勝ちえるには，長い時間が必要だった。補償制度の拡充，パーソナルショッパーのプロフィールの充実，偽物の排除という努力が，何年にもわたって続けられることになる。とくに，取引の総数が増えるにつれてパーソナルショッパーの評価が蓄積されて，「個人同士が取引するフリーマーケット」から「安心して購入できるお店」へという方針転換を軸に，購入者の信頼を獲得していった。

　さて，バイマのサイトオープン当時に話を戻すと，オープンから 3 カ月後，売上も会員数もほとんど増えないことに危機感を覚え，別のサービスを始めようとしたことがあった。日本ではまだ売られていない人気商品を海外から仕入れて，バイマのサイトに新設したコーナーを経由して販売する「バイマストア」という物販ビジネスである。買い付けのために 2 回の海外出

6　2019 年 4 月 18 日，東証一部昇格時の Web サイト告知文章。

張を行ったものの，多品種の商品を揃える予算もなく，時間と労力が売上につながるのか，大きな疑問が浮上した。バイマは在庫を持たないことが利点のビジネスだ。本来のコンセプトを見失いつつあったことに気づいて，このサービスは中止した。

　個人的な関係で集めた6000万円の資本金はシステム発注で底をついていた。そこで，バイマのメディアリリースと同時に第三者割当増資を募ると，いくつかのVCから連絡が入った。エニグモの経営陣4人はベンチャーファイナンスに関して素人だったが，とりあえず大学で金融について学んだ藤井が担当した。藤井は出資依頼の交渉をしていくなかで，専門用語や交渉スキル，契約書の読み方を覚えていった。そうした努力の甲斐もあり，2005年5月と6月にVC4社（ジャフコ，ネットエイジキャピタルパートナーズ〈現ユナイテッド〉，オリックス・キャピタル，ニュー・フロンティア・パートナーズ〈現AGキャピタル〉）から合計1億4000万円の出資を受けることができた。

　当時の会社規模は，取締役の4人以外に社員は2人で，社員はデザインとカスタマーサポートを担当していた。合計6人の小さな所帯は，青山のマンションにあった。

2.3.2. 第2の事業：プレスブログ発案

　2005年10月，田中はバイマのマーケティングを担当していた。バイマはこれまでにないまったく新しいサービスであり，内容も伝えづらい。文字数の少ない広告では効果が薄いため，ブログで体験談や感想として取り上げてもらうのがよいと考え，ブログの広告サービスを探した。しかし，ブログで書かれた内容に連動してバナーを貼ったり，テキスト広告をブログの記事の隣に表示したりするというサービスはあったものの，特定の個人のブログを集めて広告に導くような広告サービスはなかった。しかたなく，ブログでのプロモーションは諦めたが，その一方でそれをビジネスにすることを発案した。この頃もはや，マス広告が購買行動に与える影響は小さくなっていた。マス広告よりも親しい知人や信頼性の高い情報を持った消費者個人の口コミの影響が注目されていたが，それに対して直接働きかけられるメディアが存在していなかった。そこで，企業が発表した商品やイベントの情報などを消費者がブログで紹介し，一定の条件を満たしていれば報酬が支払われるサー

プレスブログは、皆様に企業やブランドからの最新の商品・イベント情報等を配信しています。配信したプレスリリースの内容をブログでご紹介頂いた皆様に、プレスとしての掲載料をお支払いしております。

無料会員登録	商品情報が送られて来る	ブログに書く	掲載申請	お金が振り込まれる
無料ですぐに登録完了！	新商品情報やセール情報などがEメールで届く。	内容が気に入ればブログで紹介。	掲載料を請求する！	銀行口座にお振込み！

図 6-3　プレスブログの仕組み
出所：エニグモ Web サイト（2014 年 9 月閲覧）。

ビス「プレスブログ」を田中が発案した。

　その一方で，創業時からの事業であるバイマは伸び悩んでおり，取締役会でバイマを続けるか否かを話し合った。続けないならば，人材を新たな事業に投入するためにも早めに撤退しなければならない。しかし，須田はバイマの可能性を否定してはいなかった。会員数を増やしていけば必ずいつかビジネスとして成功することを確信していた。そこでバイマを「ゆっくり育てて大きく刈る」事業という位置づけにし，育てている間，会社を支える新しい収益源になる事業の開発をすることに決めた。このタイミングで，須田がバイマの事業責任者となり，田中がプレスブログの担当となった。

2.3.3. プレスブログ始動

　プレスブログを始めるために，仕組みの設計，会員を集めるためのサイトの立ち上げ，広告主となるクライアントを見つけることを開始した。しかし，田中と安藤だけでは体制が不十分と判断し，美容やファッションなどに特化している PR 会社と提携した。バイマの立ち上げの経験を活かして，ネット広告を組み合わせて，ブロガーを募った。ブログのページさえ持っていればよかったことから参加のハードルが低く（図 6-3），1 カ月で登録数が約 3 万人に上った。

　そして 2005 年 12 月 8 日，プレスブログの 1 件目をリリースした。映画の予告編の動画を見て作品に対する感想をブログに書いてもらうという内容だ。結果は，一晩で何百というブログに書かれ，映画のタイトルで検索すると映画の公式サイトがトップに出て，第 2 位から第数十位までがエニグモ配信によるリリースをもとに書かれたブログ記事だった。

新聞にも大きく取り上げられ，企業から問い合わせが相次いだ。しかし，書いたブログを1つ1つチェックしていくため，人手不足が生じて回らなくなった。営業も田中と安藤の2人では足りない。そこで，営業の責任者として，サイバーエージェントでバイマの広告を担当していた宇佐美章を引き抜くこととなった。そしてプレスブログがスタートしてから2〜3カ月もすると，まったく同じようなサービスが次々と立ち上がった。潜在需要は大きかったということだ。

2.4. 成長期

2.4.1. 軌道に乗る事業

2006年1月，安藤が担当したバイマのリニューアルが完成した。須田が担当したバイマのマーケティングも効果が出始め，4カ月で会員数が3倍，売上が5倍となった。田中が担当しているプレスブログも好調でエニグモの業績の急拡大が始まりつつあった。藤井が担当していた，ソニーの子会社でポータルサイトを運営しているソネットとの大型提携による資金調達もうまくいった。2006年3月に，ソネットに対して第三者割当増資を行い，6億円を調達した。ソネットはこの資本提携以降も株主である。ソネットは当時，エンターテインメントビジネスに注力しつつあり，多くのゲーム会社を買収していた。エニグモへの投資はその一環であり，ポータルサイトに，ソネットバイマをオープンすることが主目的だった。

この頃，営業，カスタマーサポート，エンジニアを雇用して社員数は20人となり，渋谷にオフィスを移転した。世は「Web2.0」という言葉で沸いており，追加した人材を活用して急成長していきたい，そういう思いの須田と田中が思い描いたのは株式上場だった。

当時，財務は藤井が担当していたが，上場まで持っていくにはプロフェッショナルなCFOが必要である。そこで藤井の知人に適任者として松田竹生を紹介してもらった。松田はリーマン・ブラザーズで働いており，自分の後輩を紹介するつもりで取締役4人と面談したものの，話していくうちに気持ちが変わっていった。松田本人はそのことについて「この会社はくるなと閃いてしまった。ビジネスよりもっと根本的な部分での波長が合うなと感じた」と打ち明けていたという[7]。

2.4.2. 第3の事業：フィルモ

2006年夏，プレスブログのプレスリリースは月40件近くになっていた。開始直後はエンターテインメント系が多かったが，大手のメーカーや金融機関もプレスブログを使うようになっていた。社員旅行の際には，旅行先宿泊施設と契約し，行った場所をプレスブログで広告するという手法でスポンサーになってもらった。ベンチャー企業らしいということで報道もされ，業績も右肩上がりで利益を生み出していた。この頃からエニグモは，世界展開をするビジョンを持ち始めた。この時期バイマは54カ国にパーソナルショッパーのネットワークを構築し，30万人以上の会員を擁していた。月々300万円以上を売り上げるような者も存在した。プレスブログの米国進出を探ろうと出張した田中は，次の新しいビジネスを考えついた。

2006年10月に動画共有サイトYouTubeをGoogleが16億5000万ドルで買収した。その頃YouTubeには1日に6万5000本の動画が投稿され，延べ1億本が再生されていた。このことから田中は動画に目をつけ，プレスブログの動画版である「フィルモ（filmo）」を発案した。フィルモとは，消費者に動画でCMを作ってもらうことに対し報酬を払うと同時に広告媒体になってもらうというものだ。制作者への報酬は1件当たり2000円程度，企業側の費用は依頼1件につき100万円程度である。2007年1月24日にリリースされ，翌2月には，最初のクライアントであるドミノピザがフィルモに制作依頼したことを発表した。企画を全面的に社員に任せ，会員募集のプロモーションを映像制作の専門学校やクリエーター層が読む雑誌に仕掛けていった。当初は応募が少なかったが，このようなプロモーションの結果，フィルモへの最終申請日，つまり締め切り間際になって作品が多く寄せられた。ネット動画に詳しい審査員による審査会が行われ，テレビ東京の番組でも取り上げられた。それでも開始当初は，フィルモの広告効果がクライアントに理解されにくく，またクライアントは制作を消費者に委ねることに抵抗があったため受注件数がなかなか増えなかったが，サービス開始半年後くらいからようやく受注件数が増えていった。

7　エニグモ広報・IR室広報・プレス担当 池田由香里氏インタビュー，2013年10月28日。

2.4.3. 韓国進出

2006 年 11 月に時間を戻そう。IT 系シンクタンクが主催する第 1 回
Web2.0 ビジネス大賞に，候補に挙がった 43 社の IT ベンチャー企業のなか
から，エニグモが選ばれた。これと時を同じくして，韓国でもプレスブログ
を開始した。韓国は国内のブロードバンド環境の整備が完了していたため，
さまざまなネットサービスが一般層に広がるのが早く，人口が日本の半分以
下であるにもかかわらず，ブロガーの数は日本を上回っていた。広告費全体
に占めるネット広告の割合も日本より大きく，プレスブログにとって魅力的
な環境だった。韓国では，バイマのビジネスで提携していた会社がプレスブ
ログ用に設立した「コジェコ」に，プレスブログのブランドとノウハウを提
供する，フランチャイズモデルで展開した。

資金調達は，2007 年に追加で約 1 億円の第三者割当増資を，DBJ 事業投
資（現日本政策投資銀行）と三菱東京 UFJ 銀行に対して行った。Web2.0 ビ
ジネス大賞の受賞や，相次いで発表した新サービスが評価されたといえよ
う。社員数は 20 人超となり，エンジニアを少しずつ増やしていった。この
頃から，システム開発は，福井県のシステム会社への依存から脱却して，少
しずつ内製化を進めた。エンジニアの採用方法は，ホームページを通じた直
接採用と人材紹介会社の利用だった。組織文化への適合を重視し，「スクラ
ムを組みたくなるようなタイプ」や「はっきりした意見と考え方を持ってい
る人材」を重視したと須田は振り返る。人材紹介業の担当者は，エニグモの
ことを面白がって，協力的に動いてくれたようである。スタートアップの人
材採用は，日本では大きな苦労が伴うのが普通であるが，消費者向けに特徴
あるサービスを展開したことがプラスに働いたのだろう。

2.4.4. 第 4 の事業：シェアモ

2008 年 1 月，個人のモノを何でもシェアするサービス「シェアモ（Share-
Mo)」を開始した。ユーザーは出品する人と借りる人に分かれ，出品する人
は，使っていないモノをシェアモに登録する。借りたい人が現れたら，送料
着払いで送る。出品もしくは借りるとポイントが加算され，ポイントに応じ
てよりよいモノをシェアできる。ポイントを通じてシェアリング経済圏をつ
くり出し，ゆくゆくは映画，ホテル，新幹線，大学の講義を聴きやすい座席
など，空いているスペースをポイントでシェアできる仕組みもつくろうと考

えていた。また，貯まったポイントを寄付することで，世界各地の難民や避難民，被災者を支援することもできる。須田はこのサービスを「日本人の善意への挑戦」と位置づけた。

2.4.5. 米国進出と黒字化

2007 年 9 月，田中の米国出張が実を結び，エニグモは米国進出を果たした。フィルモとプレスブログを組み合わせた新サービス「ローミオ（roll-mio）」を米国で立ち上げたのだ。この事業は日本の新聞に取り上げられて多くの反響を呼び，この頃にはエニグモは，広告事業から安定した収入が得られるようになっていた。広告事業から派生したサービスの開始，新しいメニューの作成とラインナップの充実，関西拠点の設置，米国における研究開発の会社の設立なども行い，事業を拡大させていった。そしてバイマとシェアモを将来大きな収益を生み出す C2C のプラットフォームビジネスと位置づけていた。2008 年にエニグモは初めて黒字化を達成し，社員数は 40 人弱に増えていたが，広告事業を主力とした目標達成のために，営業要員を 2 倍にすることを決断した。

2.5. 低迷期

2.5.1. 人材採用と赤字

拡大路線に乗って，2009 年に営業要員を 20 人増やして，社員数は 60 人弱となった。ネット系広告代理店，アルコール飲料メーカー，スタートアップ，銀行などから転職してきた 4 人を，プレスブログのマネジャーに配置した。他に，バイマとシェアモにも 1 人ずつ，さらに，カスタマーサポートを担当する管理部門にマネジャーを配置した。

しかし，広告部門は，人を増やしたことで組織管理が行き渡らなくなり，人数を増やした割には受注件数が伸びなかった。また，ネット広告業界では次々に新しいサービスが生まれており，プレスブログの商品力は年々低下していた。

さらに，競合サービスの増加による競争の激化やリーマン・ショックにより大手のクライアントが広告費を削ったことで，エニグモの広告事業は，大きな赤字に転落した。毎月 1000 万〜 2000 万円の赤字を計上したため，この状況が続けば 1 年後には倒産することは明白だった。リストラ以外に選

択肢がない状況だったが，ずっと一緒にやってきた仲間をリストラすること
は考えたくなかったという。やれることを全力でやり切り，それでも改善し
なければ，最後の手段でリストラせざるをえない。後悔したくなかったた
め，須田自ら広告事業本部に籍を移して現場で陣頭指揮をとることにした。
そこで2つの対策を立てた。1つが，代理店と商品を絞り，売上の高い企業
と商品のみを残すこと，2つ目が営業を代理店別の3チームに分けること
だ。この2つの対策で効率化を図ることにした。

2.5.2. リストラ

　結果は，最初のひと月だけは過去最高の売上を達成したが，翌月にはまた
赤字となり，結局根本的な解決とはならなかった。2010年1月，時間切れ
になった。「どうせやるなら」と，理想とする組織像を入念に描き，リスト
ラに踏み切った。「リストラは本当に大変だった」と，須田は心苦しかった
ことを打ち明けている。

　須田は，3カ月だけだが現場にいたことで，組織の問題点を理解し，理想
とする組織像を描くことができた。そこで，外部からマネジャーを招いて，
縮小した広告事業本部を再スタートさせた。この際には，何より，会社のカ
ルチャーを重視した組織に切り替えた。

　須田はこのリストラを，登山を例に説明している。「初めは大学のサーク
ルのようなノリで，ピクニック気分で楽しく頂上をめざしていた。しかし，
途中で吹雪いてきて，食料も底を尽きそうになった。このままでは全員が死
んでしまう。嫌われても誰かが，下山する人と残る人を分ける決断をしなけ
ればならない。それがリーダーシップだ」[8]。

　さらに，会社が生き残るために選択と集中を行った。シェアモは年明けに
課金サービスを開始する予定だったが中止し，その人材をバイマに集中させ
た。あらゆる経費節約も行った。オフィスで転職サイトを見る社員や，転職
活動のために毎日スーツで来る社員がいた。空席も目立ち，「負のオーラが
漂っていた」と須田が表現するように，社内は嫌な雰囲気だった。2010年
5月，そのような雰囲気を打開するため，オフィスを移転して心機一転する
こととした。人事評価制度，コーポレートアイデンティティ，ロゴを変え

8　須田将啓氏インタビュー，2013年10月28日。

た。上場をめざしていたが一旦やめた。上場を目標にしていると，いろいろ
なルールにより，組織運営の自由が利かなくなる。それよりも自分たちがよ
いと思える会社づくりに専念した。「最高の会社をつくる」を最優先にする
と全社員の前で宣言した。

2.5.3. CFO 辞任

当時のエニグモの株式はソネットが 25 ％持っており，VC の持ち分は少
なかった。そのため VC も上場の計画については，特別に関与してくること
もなかった。上場をめざすために招いた CFO の松田は，制度を整えて社内
の指導をしていたが，上場をめざさない方向への転換が決まると，役割を終
えたということで別の会社に移ることとなった。結論として須田は以下のよ
うに述べている。

「上場が明確になってからスペシャリストに頼ったほうがよい。そうしな
いと社長はファイナンスの知識も増えないし，依存したままになってしま
う。もちろん，せっかくのスペシャリストの能力が十分に活かされない」[9]。

また同年，創業時から参画していた藤井も，エニグモを去ることとなっ
た。これで，残った創業チームは，須田，田中，安藤の 3 人となり，新た
な段階を迎えることとなった。

2.6. 転換期から株式公開へ

2.6.1. バイマの伸張と広告の不振

バイマは新旧メンバーの混合チームで運用されており，2008 年 8 月から
黒字だったが，リストラの影響からか社員のモチベーションが下がり，売上
が停滞してしまった。商品ラインはマンネリ化しており，次の一手が見出せ
ずにいたが，2010 年秋にリストラの余波が過ぎると，メンバー間の意思疎
通が良好になり，売上が再び伸び始めた。バイマのパフォーマンスは，個人
の営業力ではなく，各職能がうまく機能して，チーム全体が調和することに
よって高められる。バイマの職能は，マーチャンダイジング，システムの機
能改善，パーソナルショッパーとのコンタクト，購入者のサポートに分けら
れる。これら職能間の連携が進み，組織の能力が上がったということだろ

---

9 須田将啓氏インタビュー，2013 年 10 月 28 日。

う。

　一方，プレスブログとフィルモの広告事業はうまくいっていなかった。インターネット広告の市場規模は前年比で拡大していたのにうまくいかなかった理由として，Twitter や Facebook 等のソーシャルネットワークサービスに顧客を奪われた可能性はあるだろう。

　ここに至って，伸び悩みから一転した C2C ビジネス（バイマ）と，従来の稼ぎ頭から転落した B2B ビジネス（プレスブログとフィルモ）との間で逆転が起こったことになる。経営陣はバイマの黒字がさらに伸びるのならば，広告事業をやめてその人員をバイマに注ぎ込もうと考えるようになった。追い打ちをかけるように，2011 年 3 月に東日本大震災が発生し，広告の受注件数が大きく減った。そこで，5 月に広告事業の営業を停止して新規の契約を打ち切り，事業規模を縮小させていった。人材はバイマに集中させた。やがて，広告事業の売上高は，2012 年には 4700 万円になり，2013 年にはゼロとなった。

　ところで，広告事業からの撤退を考えていた頃に，プレスブログの売却のチャンスがあった。当時の粗利益を考えると 1 億円程度で売却可能だった。ただし，「スタートアップにとって，今日の 1 億円より，明日の 1 円のほうが重要である。売却して 1 億円をポンともらって終わりならよいが，そうはいかない。事業移管するためにエンジニアが 3 ～ 4 人張りついたり，カスタマーサービスのノウハウを伝授するために社員が出向いたり，営業スキル向上のために教育したりなど，人の労力がかかってしまう。後始末の対価として 1 億円もらうより，明日の 1 円を生み出す仕組み作りに，一斉に切り替えたほうが前向きだ」[10] という考えから申し出を断り，事業を廃止し，広告チーム全員が即座にバイマに移ることとなった。「これまでは部門同士の張り合いもあったが，全員バイマに移ったことで全社一丸となれた」と須田は振り返る。

　カスタマーサポート，パーソナルショッパーとのコンタクト，サービス改善やシステムの整備に努め，人材をすべてバイマに集中させた。バイマの売上拡大のために行われたことは，マーケティングの基本に沿ったものであ

10　須田将啓氏インタビュー，2013 年 10 月 28 日。

る。購入頻度を上げるために，商品の鮮度を常に保つべく Web の更新やリニューアルをする。単価を上げるために，マーチャンダイジングを工夫してラインナップを充実させる。新規ユーザーを獲得するために，認知度を上げる施策を講じる。しかしすべての基本は，多くの人に価値を認めてもらうことにあった。そのために，何年もの時間が必要だったことになる。

　ユーザーの信頼を勝ちえるために，補償制度は重要だった。商品の配送途中の紛失，破損，不正品や注文と違う商品の到着というトラブルがありうる。このようなトラブルは，一般的に，中国で 10 %，イタリアで 2 %，日本では 0.02 %の割合で発生すると認知されている。そこで補償制度のシミュレーションを行い，どのくらい追加で加入料をとれば利益が出るか，ユーザーに使ってもらえるか，その追加料金の価値を感じてくれるかを計算した。その結果生まれたのが，購入者の加入料（商品価格の 1.47 %，もしくは商品価格 2 万円以下の場合一律 293 円，2020 年 2 月時点）により補償を拡大する「あんしんプラス」という制度だ。ユーザーの 50%が使うと予想したが，実際は 70%に上り，売上に大いに貢献した。補償会社と提携せず，自社ですべてまかなっていることが，経費節減と完全なコントロールを実現している。

　一方，シェアモは，バイマに全経営資源を集中した方が効率的と判断し，ほとんど放置状態になってしまった。それでも毎月 5 万件の取引はあったが，サポートができなかったため，トラブルが増え，2011 年 1 月をもって閉鎖となった。

2.6.2. 株式公開

　創業時の原点だったバイマが好調ななかで，再度株式公開をめざすこととした。経営陣と従業員には，2009 年からストックオプションを割り当てており，2011 年には追加で割り当てた。

　それらが権利行使され，2012 年 7 月，ついに東証マザーズへ上場した。このときに，ストックオプションを実行して退社した社員は数人いたものの，上場後に入社した社員もおり，ちょうど入れ替わって，社員数は 40 人強となった。2013 年 1 月の決算は，売上高 14 億円，経常利益 5 億円であった。

2.6.3. 株式公開後の拡大

　株式公開で得た資金は，海外展開に投資された。韓国子会社設立，米国の企業への投資，アプリケーション開発のジョイントベンチャーの設立に使った。

　韓国企業がフランチャイジーとして行っていたプレスブログは成功していたので，それを売却した。その後，再びその会社とのジョイントベンチャーで，韓国子会社の「エニグモコリア」を設立して70％出資し，バイマを展開することとした。韓国市場は大きく，ネットの普及率が日本より高く，かつファッションの感性が日本に非常に近いため，成功する可能性が高いと判断したためだ。COOにネイバー（NAVER）の元取締役を採用し，バイマの韓国版を開始した。初めは韓国人の反日感情を心配して日本企業であることを隠して進出しようとした。しかし，現地企業と交渉するうちに考えは変わった。韓国では，日本人のサービスの質の高さが高く評価されており，日本人からであれば安心してブランド品を買うことができるという反応が顕著だったため，日本企業の子会社として進出する方がよいと判断した。したがって，韓国人の購入者に対し，日本語版バイマに登録しているパーソナルショッパーを対応させて，補償制度も提供した。コミュニケーションは自動翻訳のシステムを使えば事足りた。この仕組みがうまくいけば，他の国への進出も検討しようということになった。

　また米国企業のImage Networkとは，以前の田中の米国出張がきっかけとなって交流があり，「バイマの英語版をやりたい」と持ちかけられた。しかし，当時のエニグモには資金がなく，話が流れてしまっていた。上場後は資金が安定したため，海外展開としてのよい機会を活かすべく，提携の提案を持ちかけ，この企業に投資をして「アベニュー・ケイ（AVENUE・K）」という名前でサービスを2013年7月に立ち上げた。

　この他，以前に，「ステューリオ（stulio）」という写真アプリをエニグモの社員3人でつくったが，運用するには手がかかるビジネスだったため，外部に経営を任せていた。その担当者が，今度は，中古商品を扱うサービスを手がけたいと申し出てきた。バイマとのシナジー効果もあるため，進めることとした。バイマが新品，ステューリオが中古品という位置づけになる。結果として，ジョイントベンチャーを立ち上げてステューリオに投資するこ

とになった。

2.7. 公開企業としての経営

公開企業になったエニグモの経営体制やオペレーションを紹介しておきたい。

2.7.1. 経営理念と組織文化

創業当初から，経営理念は基本的に変わっていない。4人で作成したものは「インパクトのある新しいビジネスの創造を通して，社会に活力と楽しさを提供する」だった。株式公開後は，「世界を変える，新しい流れを。」に変更した。新しいことをやる精神や新しい価値の提供を表現したかったこと，「インターネット」や「ビジネス」に限定したくなかったことから，経営理念を広く設定した。

経営理念をもとに行動指針を7つ挙げている。

「やんちゃであれ！」

「仕事に美学を！」

「本質を掴め！」

「オープンに！」

「リアルを追え！」

「結果にこだわれ！」

「限界をやぶれ！」

である。

2013年末で社員数は，43人と全員の顔と名前が覚えられる規模である。新しい社員が増えると，新入社員が社員全員に自己紹介メールを送り，それに全員必ず返信する慣例になっている。歓迎されている実感を持てて，趣味や出身地などの共通点でつながることができる。社長室はガラス張りで防音となっている。できるだけ，社員との距離をつくりたくないが，人事評価や採用の話など社内に漏れてはいけない内容を話せるようにするためだ。

服装はカジュアルである。エニグモの職場とスーツは本質的に合わないし，リラックスできる格好の方がよいパフォーマンスを出せるためだ。また，社内にリラックスできる椅子を置いたスペースをつくり，気持ちのよい環境づくりにこだわっている。

エニグモは組織文化を重んじており，採用時のマッチングの判断に神経を使っている。重視する点としては「将来めざしているものがエニグモと合致しているか」「エニグモに入って，どういう人間関係を構築していくのか」などが挙げられるが，とくに「エニグモのリアルな姿を伝えた上でカルチャーを受け入れられるか」を重視している。新卒は原則的に採用していない。「専門性が問われる仕事であること，入社後合わないことが判明しても転職が難しいからだ」[11]と人事担当の金田洋一は説明している。

エンジニアの採用を例に説明しよう。1回目の面接では，社員が作成した開発に関する試験を解いてもらい，部門長および現場のエンジニアとの面接が行われる。2回目の面接では，他のエンジニアとの面接が行われる。ここまでの面接では，主として，専門的スキルが見られる。3回目の面接が取締役との面接である。この段階では，エニグモのカルチャーに適合した人物であるか否かが重視される。安藤は，それを「情熱がほとばしるいいヤツ」「明らかに自我が出ているような」「スクラムを組みたくなるような」という言葉で表現している[12]。

2.7.2. 組織体制

共同最高経営責任者2人が並ぶ体制は，株式公開翌年の2013年，田中の退任をもって終わった。田中は，新たな起業を米国で模索する予定であると発表している。ひとり代表となった須田を，創業メンバーとしてシステム開発を統括してきた安藤が，最高執行責任者（COO）として支えている。公開前にCFOが去った後はCFOを置かず，財務担当部長を置くのみとなった[13]。

組織は，コーポレートオペレーション本部，ソーシャルコマース事業本部，カスタマーマーケティング事業本部，サービスエンジニアリング本部の4つで構成され，部門長を配置した。ソーシャルコマース事業本部は4つに分けられており，デザイン担当のクリエイティブチーム，サイト改善チーム等がある。カスタマーマーケティング事業本部は，購入者向けとパーソナルショッパー向けに分けられる。サービスエンジニアリング本部は，全体システムを開発するチームとユーザー向けのアプリケーションのプログラミング

---

11 エニグモ執行役員コーポレートオペレーション本部長 金田洋一氏インタビュー，2013年11月7日。
12 エニグモ取締役最高執行責任者 安藤英男氏インタビュー，2014年5月1日。
13 エニグモの常勤取締役構成は2019年現在も同じである。

をするチームに分かれており，創業当初とは異なり，システム開発は，基本的に外注していない。各部の各チームごとにリーダーを配置している。全体で正社員40人程度の組織だが，カスタマーマーケティング事業本部には，アルバイトを10人ほど配置した（以上，2014年時点の体制）。

2.7.3. 新規事業と海外展開

　創業以来，経営陣主導で新規事業は立ち上がってきたが，現在では，社員からの自由な発案を活かす仕組みをつくった。社員自身がアイデアを出し，部門長を通して役員の許可が下りれば開始される。許可をする際，「エニグモらしさ」「実現性」「収益化モデル」「ユーザーの便益」を評価する。本人のやる気，思い，モチベーションも重視される。事業規模，収益性，価値創出のうち何を重視するかの判断基準は，その事業によって変わってくる。原則として，量より質を重視することにしており，明確な数値目標を挙げなくてもおおよその事業規模は提示することになっている。役員のなかで意見が割れると，最終的には須田が決める。

　新規事業の事例として，バイマバザールがある。バイマバザールとは現地の職人の手でつくられるモノや骨董市でしか手に入らないモノを売るという企画だ。入社3年目のデザイナーが発案し，2〜3人で開始した。サイトの作成はすべて内製され，外注をすることはほとんどない。担当者は従来の仕事のスケジュールを調整して，その新規事業の開発の時間を捻出する。

　この他にも新規事業を打ち出している。2015年の，世界中の書籍をクラウドソーシングで翻訳して電子書籍化するサービス，バイマブックスである。著者・出版社から翻訳の許諾を得た著作物を，登録している翻訳者が日本語や英語などの他言語に翻訳する。売上の35％が著者・出版社に支払われ，残りは翻訳者とエニグモで分配するというビジネスモデルだ。また，2018年のバイマトラベルは，世界に配置したパーソナルショッパーが，現地の旅行プランを企画し，ガイドするものである。バイマの会員が，モノを買うのではなく，旅行というサービスを消費する際に利用する。バイマブックスも，バイマトラベルも，バイマで築いたノウハウをもとに，購買者と提供者を結ぶものである。

　ところで，海外展開はどうなっただろうか。バイマは日本語と英語の両方で運営されている。英語版は世界各地に対応しており，米国からアクセスす

るとドル表示，欧州からのアクセスはユーロが表示されている。なおエニグモコリアは，英語版に吸収される形となった。つまり，言語としては，英語に集約されている。2019 年時点では，海外で売上が大きいのは米国である。海外でも評価は高いものの，日本ほど，大きな市場にはまだなっていない。それが，海外，とくに，米国で先例がなかったことの理由と考えることもできる。日本人が海外で買い付け，日本人が買うというサービスのプラットフォームは模倣できるものではないため，競合も 2019 年時点で出現していない。扱う商品は，男性・女性・子供・ペット向けに，ファッション衣料を中心に，インテリア雑貨，化粧品まで網羅している。

　年々，会員数も売上も増やし，2019 年に会員数 600 万人を突破，取扱高 455 億円，売上高 52 億円，経常利益 21 億円となった。従業員は 90 人を超え，2019 年 4 月 18 日には東証一部へ昇格をした。昇格後に須田は創業当時を振り返って，「最初に日本人の買い付け人から始めたので，パーソナルショッパーの仕組みが立ち上がったのだと思います。そうでなければ，立ち上がらなかったと思います」と話している[14]。

2.8. 成長要因

　それでは，第 3 章の成長要因に照らして，エニグモの経営資源と戦略を確認しておこう。

2.8.1. 経営資源

　チーム構成も，資金調達も潤沢であったというのがエニグモの特徴だろう。創業チームは，発起人のような 2 人を中心に準備が進められ，法人化するまでには 4 人体制になった。とくに，CTO として Web システムの開発経験が豊富な人材を迎え入れたことは大きいだろう。その人物は，創業者の大学時代の友人であった。資金調達は，シーズ段階は外部投資ではなく，知人を中心に 6000 万円とかなり潤沢に集めている。シリーズ A は 1 年後に 1 億 4000 万円，その後，3 年間に，シリーズ B，シリーズ C と D で 7 億円近くを VC および事業会社から集めた[15]。

　それらは，エンジニアやアフターサービス担当を雇用するためと，広告

---

14 須田将啓氏インタビュー，2019 年 7 月 18 日。
15 資金調達を含めたキャッシュフロー表は，田路・福田（2015）を参照されたい。

サービスの営業要員の雇用に投入された。株式公開前の準備のために CFO を追加したことも合わせ，経営チームの構成と資金調達は，米国の公開するスタートアップと同じような典型的な道のりであったと評価する。

質問票への回答を見ると，創業者のネットワークは，知己の数が成長グループの平均よりも高く，スタートアップ・メンターの数とキャリア・メンターの数も 5 段階評価で最も高い回答をしていた。

2.8.2. 戦　略

創業者は，標的市場の検討すべき特性として，市場規模，市場成長性，新規性すべてを 5 段階評価で最も重視したと質問票に回答している。

ビジネスアイデアの一貫性は保たれており，バイマを育てるという基本方針は変わらなかった。長い時間をかけてサービスを認知させた努力は，ここまで述べたとおりである。設立から 1 年 4 カ月後にバイマのサイトをオープンさせたが，なかなか認知度が上がらないため，その 8 カ月後に，ブログを使った広告サービスを投入することによって，ようやく収益を得ている。その頃からようやく，本命のバイマは会員数を伸ばし始めた。その後，さらにサービスを 2 つ追加して，ビジネスモデルは複合化していく。これは，実践的な方法として知られるリーンスタートアップ（Ries, 2011）という手法に則ったといえるだろう。できるだけ早期にサービスを市場投入して，変更や修正を加えていく方策である。

やがて，広告ビジネスは赤字となったため，中断して併せてリストラも実行しなければならないという谷間を経験している。その時点で，経営資源をバイマに集中させるという意思決定を下した。バイマというサービス[16] が，市場で認知されて，ビジネスとして成立するまでには紆余曲折があり，これはまさに，Sarasvathy（2001）のエフェクチュエーションの理論で説明できるものであった。

ところで，エニグモは，出口に達した日本の 7 つの事例のなかで，グローバル展開を早い時期に行った稀なケースである。ボーン・グローバルと呼べないまでも，日本でビジネスモデルが固まる前から海外進出を試みた。比較的早期に行った海外進出は，現地企業への投資やジョイントベンチャーの設

16　2019 年 7 月現在，エニグモの収益のほとんどはバイマがもたらしており，海外展開しているものの，日本国内の売上がそのほとんどを占める。

立という形をとった。韓国と米国の市場は日本ほどには伸びなかったものの，2019 年現在も，海外向けの英語版のバイマは運営されている。

　顧客へのアクセスについては，ソーシャルメディアを活用し，かつ，具体的な顧客リストを保有していたと質問票に回答している。

3. グラモの事例分析：起業機会認識と成長プロセス

　2011 年に創業して 2013 年に売却をしたグラモは，スマートフォンと連動して家電を操作する端末 iRemocon（実売価格 2 万円弱，2012 年 12 月時点）を開発製造するビジネスを展開した。創業者は IT 企業にプログラマーとして勤務した後に起業した。自ら製品の全体設計を行い，部品と完成品組み立てを国内企業に委託し，大手家電量販店と Amazon で販売してもらった。未公開企業ながら大手流通業が取り扱った理由は，競合する製品のない新規性の高さが理由であった。グラモも，エニグモと同じように，シリアルアントレプレナーではなく，初めての起業であった。資金調達は，シードもシリーズ A も集めていない。

3.1. シード期

3.1.1. 創業までのキャリア

　大分で育って福岡の大学に進学した後藤功は，小学校時代からパソコン通信のネットワークで小遣い稼ぎをしていた，根っからのテッキーだった。高校ではパソコンにのめりこみすぎた結果，敢えて大学はビジネスを学ぶために経営学部を選び，スポーツサークルを立ち上げて学生生活を楽しんだという。しかし，またパソコンの世界に戻り，就職はエンジニアとして，地元の半導体検査装置の会社に就職したところ，大手電機メーカーに出向となり，上京することとなった。携帯電話端末の開発部隊に所属したものの，ひたすら仕様書を書くことのみを 1 年間続けた後に，このキャリアに疑問を感じて，2001 年，40 人ほどの未公開企業テックファームに転職した。狙いは，将来の起業に備えて，技術や経営の知識を習得しようと思ったからである。当時のテックファームは，創業から 3 年目，インターネット関連のソフトウエア開発およびコンサルティングを事業とし，とくにカメラ内蔵の携帯電

話の普及に伴って興隆する携帯電話向けサービスを主軸に成長していた。後藤は，クライアントからの要望に応えるために，自分なりのアイデアを試しながら，プロジェクトをこなしていった。たとえばメール配信サービスのアプリケーションやスマートフォンを使った入力サービスのシステムなどの開発である。後藤は10年間の勤務の間に，プロジェクトマネジャーとしての能力を発揮し，同社が株式公開を果たす頃には事業部長になっていた[17]。

3.1.2. 起業機会認識

　後藤は，在職中から起業機会をうかがっていた。2007年に発売となったiPhoneの動向には注目しており，外部にアプリケーションを求める姿勢に大きな可能性を感じたという。そして，どのような製品サービスで事業化するかを模索していた時に思いついたのが，リモコンとスマートフォンの連携だった。

　「IT企業で働いていたので，インターネット関連ビジネスは日頃から考える機会が多かったのですが，すでにさまざまなサービスが存在し，オリジナリティのあるサービスを広げていく難しさを実感しておりました。一方で，個人的にインテリアや建築が好きで，建築雑誌はよく見ていたのですが，インターネットの広がりが凄まじいなかで，家の中や家具，家電などに至ってはインターネットとは無縁であり，昔からほとんど何も変わっていないことに気づきました。

　また，オーディオやホームシアター系も好きで情報収集していたのですが，昔からホームシアター用に液晶画面上のボタンを自由にプログラムできるフィリップスが販売していた『プログラムリモコン』という製品がありました。しかしながら，10万円以上するような高価なものであり，プログラムの知識が必要など，一般人にはあまり知られていない存在でした。しかも，ネットワークには繋がりません。

　そのうちにスマートフォンが発売された時に閃いたのが，スマートフォンを利用することで『プログラムリモコン』と同じことが非常に安価に，ユーザーにも簡単に利用できるような製品を実現できるのではないかということでした。さらにインターネットと接続することで，家電の遠隔操作も可能に

---

17 『日経XTECH』2013年12月20日号掲載。その他，日経系メディアおよび各種新聞を参照した。

なり，それをインターネットサービスと連携させることで『家とインターネットを繋ぐハブのような機器にできるのではないか？』ということを思いつき，大きな可能性を感じたのがきっかけとなります」[18]。

　後藤の発想による iRemocon は，スマートフォンを使って，自宅の外から操作ができる。スマートフォンから iRemocon に命令を送って，いろいろな家電を操作できることが特徴で，たとえば，エアコンの消し忘れに対応でき，留守宅の部屋の電灯を日没と就寝時間に合わせて入り切りできる。使い方は，家電製品のリモコンから発せられる赤外線を，iRemocon に学習させて，記録をしていく。そうすると，多くのリモコンは不要となり，1つにまとめられることになる。そして，操作はスマートフォンですればよい。ただし，もちろんスマートフォンには，アプリケーションをダウンロードする必要がある。

　スマートフォンと連動して家電を操作する端末は，海外には存在していなかった。後藤はそれを，生活と文化の違いであるという。米国では，エアコンは 24 時間ついている家庭が多く，そもそもリモコンがない製品も多いため，誰も思いつくことはないはずだと説明している。実際，後藤が製品を開発していたほぼ同時期に，米国で発売された AV 機器向けの端末は，Bluetooth でスマートフォンと接続するものであった。外出先から家電を操作することはできない。つまり，米国には先行する製品がなかったのであり，海外で先行する製品サービスを見て起業機会を認識したわけではない。

3.2. 創業期

3.2.1. 黎明期の市場

　グラモが自己資金 500 万円で法人を設立したのは 2011 年 2 月，製品を発表したのは 6 月であった。競合は参入しなかったのだろうか。まず，なぜ大手の家電メーカーが参入しなかったのかについては，自社製品以外の家電も 1 つの端末で操作できる汎用品を事業化できないという理由がある。もう 1 つは，1961 年制定の家電製品の安全基準を定める古い法律，電気用品安全法を大手が意識した可能性は高い。これは，家電製品の電波による遠隔

---

18 2014 年 1 月 31 日後藤氏インタビュー，および 2019 年 5 月 9 日受信メール。

操作について定めた法律であり，たとえば，エアコンは，赤外線操作のみが可能であった。照明と音響機器は品目にないので規制の対象外である。パナソニックは 2012 年 10 月発売のエアコン「X シリーズ」に，スマートフォンに専用アプリを導入して，外出先などから電源のオン・オフや温度設定を可能にすることを検討したが，機能をオフのみに制限した上で発売した。ちなみに，iRemocon の場合は，直流 5V で動作し，かつ，過去に類する機器が存在せず，電気用品安全法で定められた品目に該当していなかった。

同じ市場に参入してきた競合は，大手ではなく，スタートアップや中小企業であり，一番早かった企業は，グラモに遅れること約 3 年の 2014 年，東京大学発のアカデミック・スタートアップであった。その後，2016 年頃に参入ラッシュとなり，赤外線のコントローラーというカテゴリーが確立された。これには，2014 年に電気用品安全法が改正され，家電製品の遠隔操作が解禁になったことが大きく影響している。

3.2.2. 創　業

創業時に話を戻したい。

2009 年，後藤は在職中に起業を決意して製品開発に着手していた。休日や帰宅後に，回路を設計し，iRemocon のプロトタイプも試作してみた。試作品を知人や，勤務先の仕事関係から懇意にしている顧客に見せて意見を求めたところ，高い評価をもらえることもあったが，全体的な反応はあまりよくなかった。しかし，後藤は，大きな自信を持っていたので，周囲の評価をあまり気にしなかった。

2010 年 6 月に退職して，本格的に量産開発に着手した。量産の資金は，自宅建設資金として貯めた貯金を流用してまかなった。一通りの開発に目途がつき，初回 1000 台の量産開始の直前である 2011 年 2 月に創業，7 月に 2 万 6000 円で製品の販売を開始した。製品開発にはおおよそ 2 年程度をかけたことになる。

ところで，後藤は，製品開発を 1 人で行った。機器の基本設計，スマートフォンのアプリケーションの設計・開発，マニュアル作成，製品サイト開発のすべてを 1 人で行い，その他の工程，たとえば，半導体チップ回路を含む量産のための設計，外観のデザイン，アプリケーションのデザイン，金型開発等はすべて個別に外注している。サーバー向けのシステム開発，製品

テストについては友人や前職で繋がりのあった企業が無償で協力してくれた[19]。全部で数十社を動員して完成させた。プロジェクトを統括する能力や外注先を見つけるネットワークは，前職の勤務時代に培ったものであろうが，マルチタスクを処理する能力に秀でていることがよくわかる。

また，最初の製品は B2C 向けであり，全国の量販店に並べられたが，この販路開拓やプロモーションも後藤が行った。卸売業者 2 社と交渉したという。実績のないスタートアップの製品を大手量販店が扱ったことは驚きに値するが，「同じようなものが他にはないとわかれば，店頭に並べてくれました。量販店は，アンテナを張って新しい製品を探している様子でしたし」と当時を振り返っている。ネット販売は Amazon と最初に契約し，その後，いろいろなネット販売業者から問い合わせが相次いだ。B2C の販売につきものの，消費者のアフターサポートは，サービス業者に外注した。

取引先への対応が 1 人では難しくなってきたところへ，社員第 1 号が入社した。勤務時代の取引先の担当者から，入社したいという連絡があったのである。営業担当だけではなく，ユーザーサポートや生産管理も担うこととなり，立ち上げ時を支えた。資金調達は外部投資を入れる必要はなかった。後藤の手持ち資金の数千万円によって上市までこぎつけると，順調に売上が入ってきたからである。

最初の製品を発表して半年後の 12 月，グラモは VC が開催したピッチコンテストで年間チャンピオンになった（サンブリッジ主催の Innovation Weekend Grand Finale 2011）。筆者は，このイベントに出席しており，審査員や参加者が，「これは気がつかなかった便利な製品だ」と唸ったことを記憶している。この快挙は，グラモと iRemocon の名前を広く知らしめることとなり，メディアからの取材が相次いだ。こうして結果的に広告宣伝費をかけずに B2C の製品を広めることができた。

3.3. 成長期：B2B 市場

最初の製品は B2C であったが，価格の値下がりや在庫のリスクがあることは，スタートアップには大きな問題だった。後藤は言う。「最初の製品

---

19 SPPS 株式会社の天野岳夫社長は快くテストを引き受け，社員を投入して検証が行われた。

は，全国津々浦々の量販店，何百店舗にも並びました。ただ，B2Cの製品はすごく製品寿命が短いんですよね。どういうことかというと，量販店に並んで売れないと当然価格は下がるし，1カ所下げられるとそれに呼応するようにして，他もどんどん下がっていくんですよね。実際，後に参入してきた競合企業のB2Cの製品は，互いに価格合戦になっていて，いかに安くつくるかで戦っています。そういう状況になることは，途中の段階で明らかになったので，もうB2Cはやめようということで，2年後にはB2B2Cにほとんど切り替えたんですよ」「B2Cを売っている多くの家電ベンチャーの売上は，単品では数億程度が関の山です。iPhoneのように売れる単品はありえませんから」。

　B2Bに販路を拡大する際には，B2BとB2Cの完全な仕様の切り分けが必須であった。採用してくれるクライアント企業は，量販店で売っているような製品は扱いたがらない。したがって，それぞれモデルを切り分け，同じものを流通させない。

　上市の翌年の2012年，最初にグラモの機器を採用したクライアント企業はマンション・デベロッパーだった。テレビに取り上げられたB2Cの製品を見た地方のデベロッパーから連絡があったのだ。省エネ対応マンションを謳うために，家電操作できるグラモのシステムを長野市内のマンションに導入した。その後，クライアントは増えていき，集合住宅や賃貸住宅供給大手の三井不動産，東京建物，レオパレス等のデベロッパー，さらに，戸建メーカーも取引先になった。すべて，先方からアクセスがあった。戸建メーカー専用のサービスを2013年に発表し，「住宅全体を快適制御」と謳った，家電制御アプリのカスタマイズサービスを開始した。たとえば，ソフトバンクテレコムを通じたiPhone向けのアプリは，スマートフォンで住宅設備や家電をリモートコントロールできるサービスとして，タマホームが導入した。全国に放送されたCMでは，タレントが，スマートフォンに向かって音声で家電操作を行っている。さらに，同年，自動車向け家電遠隔制御アプリをカーナビに導入できるようにした。デモシステムは，本田技研工業の展示会ブースで紹介された。

3.4. 転換期

3.4.1. 売却の意思決定

　住宅産業および自動車産業と連携して，順調にサービス展開をしてきたグラモだが，製品の上市からわずか2年後の2013年9月に，音声認識サービス大手のアドバンスト・メディアに1.5億円で売却した。2社は以前よりパートナー関係にあったので，スムーズに交渉は進んだ。利用者の声を認識して家電を動かすグラモのアプリケーションに，アドバンス・メディアは音声認識エンジンのライセンス提供をしていたのだ。売却直前の2013年の売上高は，おおよそ1億円であった[20]。

　株式公開する出口の選択肢はもちろんあったが，後藤は，公開前のデューディリジェンスや，公開後にステイクホルダーを意識しなければならなくなることをマイナスと見なしており，既存企業の傘下に入って，安定した資金調達を得ながら，ビジネスを拡大させることをプラスと判断した。複数のVCからの投資打診があったものの，それらを断った上での売却だった。売却後に新製品を相次いで発表できた背景には，公開準備や法務に追われることなく，資金支援を得られたことが大きかったかもしれない。

3.4.2. 環境変化の追い風

　売却の翌月には，住宅向けに新製品を発表した。B2B向けに，風呂，床暖房，給湯機などの赤外線リモコン対応機器以外の機器についてもスマートフォンからの制御を可能とし，音声認識機能を付帯している。B2C向けには，メーカーを問わず，一般家電製品を音声で制御できるアプリを発表した。さらにそのひと月後には，GPS連動機能もアプリに追加し，スマートフォンが指定した検知エリアに入退した場合に，自動的に自宅に設置した機器に指示が届くようになった。家に到着する頃に，理想的な室内温度が用意され，風呂も沸かされていることになる（図6-4）。さらに，翌年の2014年には，センサーを機器に組み込み，温度湿度照度を感知できるようにした（図6-5）。これらは，2014年1月に電気用品安全法が改正されて，家電製品の遠隔操作が自由になったことに呼応している。ビジネスの展開を制度の変化にぴったり合わせることができたことは，スタートアップの大きな成長

20　親会社アドバンスト・メディアの2014年IR資料より確認。

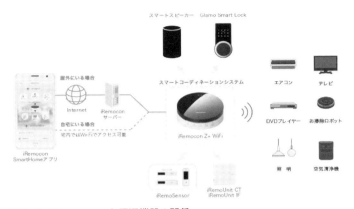

図 6-4　iRemocon と周辺機器の関係
出所：グラモ Web サイト（2019 年 10 月閲覧）。

要因であろう。

　売却前の組織は，開発要員 2 人を加えて 4
人程度の所帯だった。売却後は，新たに採用を
行い，2014 年には，プロジェクトマネジャー
2 人，開発 5 人，営業 2 人という体制になった。

　生産体制は，最初の製品は，筐体も組み立て
も日本で行ったが，やがて，筐体は韓国，組み
立ては一部中国に依頼するようになった。高付
加価値品や重要な部品は日本で生産している。

　親会社であるアドバンスト・メディアのグラ
モへの期待は大きかった。2014 年の有価証券

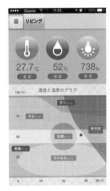

図 6-5　センサー機能の表示
出所：グラモ Web サイト（2019
年 10 月閲覧）。

報告書によると，グラモのサービスを第 2 の成長エンジンであると位置づ
けている。リモコンの製品ラインを充実させ，新製品・サービスに積極的に
投資をすると明記されている。さらに，グラモの機器に音声認識を組み込ん
だ製品を米国に投入するために，グラモ米国が設立された。

　さらなる制度の変化が，グラモに新たなビジネスチャンスをもたらした。
2014 年 6 月に改正電気事業法が成立した。2016 年から家庭向けの電力小売
自由化が決定され，住宅へのスマートメーター（次世代型電力量計）の導入
や，HEMS（住宅用エネルギー管理システム）の普及を後押しすることと
なった。この環境変化に対応すべく，住宅メーカーやデベロッパーはもちろ

ん，関連する企業は，新たなサービスを模索した。グラモは，通信キャリア
との連携を開始した。NTT西日本の光ケーブルのWi-Fiを使ったリモコン
サービスの提供である。

3.5. 売却後の経営

　米国進出には，後藤も親会社も意欲的で，現地パートナーと組んで進めら
れた。スマートフォンでエアコンや防犯カメラやドアセンサーを遠隔制御す
るプラットフォームを提供している大手企業のIcontrol Networksと組んだ
のである。グラモの機器は，このプラットフォーム上で使えるようになった
（2015年6月発表）。この提携は，Icontrol Networksが日本に進出する際に，
グラモにリモコンを提供してほしいと要望したことに始まる。逆に，グラモ
が米国へ進出する際には，パートナーに指名することになった。ただし，米
国展開はあまりうまくいかずに，一旦休止状態になった。

　国内向けには，次々に製品を投入した。そのために，技術者の投入が必要
になる。そこで，2016年外部投資を受けた。日本ベンチャーキャピタルか
ら3000万円，環境エネルギー投資から2億円を調達した。2016年の
HEMS向け機器は家庭の分電盤に設置され，各部屋別の電力消費，太陽光
発電量を計測したデータをスマートフォンで確認できるB2B製品である。
これに加えて，ソフトバンクと組んでスマートメーターと連携した，消費電
力アラーム機能を持たせた製品も開発した。さらに，ソフトバンクの人型ロ
ボットと機器を連携させるアプリを開発して，ロボットに話しかけて家電を
操作するサービスを開始した（2017年）。

　異なる製品ラインとして，遠隔操作を謳ったスマートロックが発表され
た。主にB2Bをターゲットにしている点が競合他社とは異なり，賃貸集合
住宅大手が採用した。この賃貸住宅大手には，まず，リモコンを供給した後
に，スマートロックを提案した。先方から出された要望は，「他とは差別化
した製品にしてほしい」「グラモのブランドではなくオリジナルブランドと
銘打ちたい」であり，それらに対応していった。

　大型の外部連携として，2017年には，Amazonの音声サービスである
Alexaと組んで機器操作が可能となった。Amazonは，Alexaを日本展開す
る際に，リモコンが必要だったため，グラモにアプローチした。二社はパー

トナーシップの契約を結んで，半年間共同開発を行った。その頃，組織は30人に達し，ソフトウエア18人，ハードウエア開発2人，生産管理4人，営業4人，管理2人を抱える。次の目標として，後藤は，グローバル展開に，また挑戦したいと抱負を語っている。

3.6. 成長要因

最後に，グラモの成長要因を振り返っておきたい。第3章の定量調査の分析結果と照らしあわせながら，確認していく。

3.6.1. 経営資源

創業者は，起業前の10年間，インターネットや携帯電話向けサービスの開発をするスタートアップで，プロジェクトマネジャーを経験したことにより，技術と経営両面の能力を養成した。ひとりで創業し，製品開発をほとんどひとりで成し遂げたことは驚くべきことである。機器の基本設計やスマートフォンのアプリケーションの設計・開発やマニュアル作成は自分で行い，それ以外のハードウエアの設計等は外注し，サーバー開発や製品テストの無償の応援も得て，十数社を統括して完成させた。

他に社員がいない状態は，最初の製品が量販店に並ぶまで続いた。いよいよ1人では厳しくなった時に，勤務時代の知人が入社して，営業やユーザーサポートを担った。やがて，開発のエンジニアを雇用して売却前には4人になっていた。法人設立前に，自己資金で最初の製品開発を終えて量産準備までこぎつけており，また上市をすると順調に販売が伸びたこともあり，第三者からの資金調達を行う必要がなかった。VCから投資を受けて，株式公開をめざすことをせずに，パートナー企業への売却を上市から2年で決定した。既存企業の傘下で資金を得ながら，管理部門の固定費を最小限にして，開発に専念できる体制を望んだのだ。

上記のとおり，グラモの経営資源は，定量調査の分析結果とは大きく異なっている。経営チームはひとり，外部資金調達を行っていない。エンジニアを最低限しか雇用しておらず，外注を最大限に行って凌いだ。最小限の経営資源をフル稼働させたことになるが，それは，創業者がCEOとCTOの二役をこなしたこと，勤務時代に培ったネットワークがあったからである。質問票の回答では，創業者のネットワークは，知己の数は多くはないが，ス

タートアップ・メンターの数は 5 段階評価で最も高い回答をしており，キャリア・メンターの数は，5 段階評価で 2 番目に高い回答をしている。

3.6.2. 戦　略

　順調な成長を遂げることを可能にした戦略を振り返ろう。創業者は，標的市場の検討すべき特性として，市場規模や市場成長性よりも，新規性を重視したと質問票に回答している。実際，グラモの標的市場には競合が存在せず，まったく，新しい製品サービスであった。ビジネスアイデアは一貫しており，最初の製品開発，上市，パートナーに合わせた新たな製品開発の展開には時間の無駄がなく，最小限の経営資源をフル稼働させることを集約的に行った。標的市場とビジネスアイデアの一貫性は，定量調査の結果と一致している。

　ビジネスモデルは，上市後にやや変更している。B2C の製品は価格下落や在庫を抱えるリスクがあることがわかったため，デベロッパーや住宅メーカーと組んで，B2B の製品を矢継ぎ早に上市して，ビジネスモデルを複合化させた。ここに，後から参入してきた競合の B2C の製品と差別化できる利点がある。

　顧客へのアクセスは，ソーシャルメディアを活用したが，具体的な顧客リストは保有していなかったと質問票に回答している。当初は B2C の製品を想定していたため，法人の顧客リストの準備はしていなかったのであろう。しかし，記述からわかるように，B2B の顧客開拓は，むしろ顧客からのアプローチにより進んだ。B2C 市場で，それまでに存在しなかった製品サービスを投入して先駆者の地位を確立したことが，B2B の顧客を呼び寄せたことになる。

　グローバル展開については，売却後に，資金調達を安定させた上で，親会社とともに米国進出を試みているが，スムーズには進まなかったため，現在は一旦休止となっている。

4. まとめ

　定量調査の分析によって確認した成長要因を，2 社の事例でも，おおよそ認めることはできたものの，グラモの事例分析では，立ち上げ時の経営資源

に関しては例外が見られる。グラモは，経営チーム，資金，エンジニア等々を最小限で乗り切った。とくに，創業者はひとりであり，売却後まで経営チームに新たなメンバーが追加されることはなかった。創業者のマネジメント能力とエンジニアリングの能力が秀でていたことは説明してきたが，戦略的意思決定について，踏み込んだ検討を行いたい。競合が2年間不在であったとはいえ，不確実性の高い状況をどう乗り切ったのか，少ない経営資源を最大限に活かすマネジメントはどのように行われたのかについて，第8章でさらに深い分析を行う。

　一方のエニグモは，起業機会を認識した2人の創業者が役割分担しながら，不確実性の高い状況を乗り切った。これは定量調査が示した，立ち上げ時に複数の創業者が揃っていることが成長につながるという結果を支持する。2人が不確実性を乗り切る意思決定をどのように行ったのかについても，第8章で考察する。

第7章

起業機会認識のモデル

日米の成長事例

　本章は，3つ目の研究課題に対応する。ほとんどの先行研究がブラックボックスとして扱ってきた起業機会認識のプロセスとは，どのようなものだろうか。首都圏とシリコンバレーの出口に至った事例において，起業機会を認識した起業家が，不確実性を睨みながら，どのように起業を意思決定するかを明らかにしていく。さらに，第6章で記述した2つの事例について，そのプロセスの詳細を分析していく。

1. 起業機会認識と事前知識：7社の事例

　機会発見アプローチの原点となった Kirzner（1973）は，起業家の機敏性（alertness）によって起業機会が認識されると主張している。その流れを汲む Shane & Venkataraman（2000）の理論研究は，他者には見出せない起業機会をなぜ特定の個人が識別できるのかを探求している。その識別できる理由として，1つには，機会を認識するために必要な事前知識を持っていること，2つ目には，機会を評価するために必要な認知的特性があることを提示した。

　さらに，Shane（2000）の実証研究は，MITの研究者が開発した三次元図法に関する1つの技術シードから誕生した8つのスタートアップを研究対象とし，8社の異なるアプリケーションが生み出されたことに，起業家の経歴や社会的ネットワークが影響したことを示しており，事前知識（prior knowledge）と起業機会認識の関係を明らかにしている。本書においても，

157

事前知識と起業機会認識を確認していくこととする。

　本章では，日本の成長事例のうち，出口に至った 7 事例のデータ分析を行う。エニグモとグラモについては節を改めて分析していくが，この 2 社を除く 5 社については，新聞，雑誌，インターネット上で公開されたデータしか参照できないため，情報量と質に限界があったが，起業家がどのような事前知識を持っていたのか，そして，認識した起業機会を活用して起業するモチベーションをどれくらい強く持っていたのかを抽出することはできた。また，他社が同じ起業機会を認識していたのかどうかを検討するために，先例となる製品サービスがあったのか，競合が存在していたのかについても説明する。

　複数回のインタビューを実施できた調査対象企業は，第 6 章で紹介したエニグモ，グラモである。この 2 社については，モデルの検証に耐える質的データを取ることができたので，第 3 節以降で詳述する。

　米国の出口に至った 4 事例については，創業者または関係者へのインタビューが実施できた 2 社についてのみ，検討を行う。残る 2 社に関しては，起業機会認識に該当する公開データが少なく，分析を断念した。

　それでは，米国の事例から見ていきたい。

1.1. 米国の事例

1.1.1. Fitbit：健康記録機器（フィットネス・トラッカー）

（1）　概　要

・製品サービス：健康な人を対象にした手首バンド型の健康記録機器は，歩数，脈拍，睡眠，運動を記録してワイヤレスで情報をスマートフォンに送る。

・事前知識：創業者の 2 人は，大学ではコンピュータサイエンスを学び，ともに過去 2 回の起業を行った。そのうちの 1 社は，写真画像を編集および共有するサービスを提供する事業であり，3 年間運営した後に売却した。

・起業機会認識：「自分が不健康な状態になった時に，アイデアを思いついた。過去 3 年間，起業のために狂人のように働いてきたことが，フィットネスに目覚めさせることになった」「我々の最初の動機は，米

国人が，毎日ソファに座っているのではなく，運動をして，よく食べて，健康的に暮らすことを応援することだった」[1]。

・先例および競争環境：2008 年にプロトタイプを発表した時点の競合として，ほぼ同時期に上市した Philips の製品があった。しかし，Fitbit は，ワイヤレスで情報を送ることができ，睡眠状態の計測ができたことが特徴だった。したがって，先例があったとは認められない。

(2) まとめ

過去 2 回の起業は，ハードウエアの開発を伴わないものの，Web ビジネスであった。そのため，Web ビジネスの最新動向に関する事前知識を十分持っており，IoT 製品の可能性を感じていた。健康記録機器のアイデアは，自らの不健康を改善したいという欲求から生まれた。それが強いモチベーションになり，起業機会の認識となった。

1.1.2. Bitzer Mobile：モバイル端末から業務ネットワークへの接続用セキュリティシステム

(1) 概　要

・製品サービス：従業員が外出先からモバイル端末を使って自社のサーバーにアクセスする際には，サイバー攻撃される恐れがある。それを防ぐために，端末にセットされたスマートカードの長い SSL を使って認証を行う。

・事前知識：創業メンバーの 1 人（CTO）は，事業者向けの IT サービス開発の仕事を 7 社において 18 年間経験している。

・起業機会認識：「セキュリティのシステムを手探りで開発した私たちは，潜在顧客に見せて意見を求めた。そこで，顧客の悩みを発見することができた。自分たちが想定していなかった類いの問題を解決できる可能性があるとわかった大きな瞬間だった。何回かの顧客との議論を重ねた後に，携帯からアクセスして認証する際の安全性を保つソリューションの開発が始まり，後のコアのサービスとなった」[2]。

1　Fitbit 参照資料：① *New York Times, ProQuest Historical Newspapers*, Sep.15,2008, pp.C6，② 同左 ,Dec.17,2009, pp.B1，③日本展開担当の熊谷芳太郎氏へのインタビューでは，「Fitbit は病気を持つ人ではなく，健康な人をターゲットにしたことが正解だった。市場の規模は大きく，医療機器のような認可をとる必要はない」と答えている。

2　Bitzer Mobile 参照資料：① https://startupbeat.com, August 15, 2013 "Featured Startup Pitch:

・先例および競争環境：2011 年に最初の顧客に納品した頃，事業者向けのセキュリティサービスを提供する競合はかなり多く存在していた。2010 年の立ち上げ時点から，競合の存在を意識していた。

(2)　まとめ

CTO となる創業メンバーの 1 人は，IBM 就職を皮切りに，転職を繰り返しながら，事業者向けのシステム開発に従事してきた経験を持つ。その事前知識をもとに手探りで開発して，潜在顧客に示すことで，顧客を満足させる解決策を探した。そもそも，事業者向けのサービスで起業するつもりで準備していたので，起業に対するモチベーションは強かった。潜在顧客からのフィードバックを得ることによって，ますます，モチベーションが高まったことが確認できる。

1.2. 日本の事例

1.2.1. グランドデザイン＆カンパニー：顧客企業のデジタルマーケティング支援

(1)　概　要

・製品サービス：顧客企業のマーケティングを強化するために，モバイル向けの広告やメディア運営を支援する。

・事前知識：創業者は損害保険会社において，マーケティングや戦略等を担当していた。

・起業機会認識：「i モードが立ち上がってきて，ハード面や通信技術の進化などをみて，モバイルの業界も PC におけるインターネットのような軌道を描いて成長する可能性があるな，と思ったのがきっかけです。ケータイこそがマルチな影響力を持つツールになると感じたんです」「(携帯のサービスは) ツールやプレイヤーが偏っている，という感じはしますよ。コンテンツにしても占いや着メロのような分野ばかりに集中していますし，ケータイそのものも似通っています。それならば，僕はソリューションで勝負しようと思ったんです。マーケティングなどのソリューション分野で食っていきたいと思いました。そこで創業したわけです」[3]。

Bitzer Mobile is tackling the sticky problem of secure workforce mobility for large enterprises" Naeem Zafar の行ったピッチのコンテンツ，② Naeem Zafar へのインタビュー，2010 年 9 月 10 日。

3　グランドデザイン＆カンパニー参照資料：enterprize watch Web サイト，2008 年 4 月 25 日記事，2019 年 10 月閲覧。

・先例および競争環境：2004 年の創業時，Google をはじめ，インターネットやモバイル上の広告やマーケティングに関するサービスが増えており，米国の先例は存在していた。日本も同様の状況であり，競合は多かった。

(2) まとめ

事前知識は，保険会社でマーケティングに携わりながら蓄積しており，モバイル関連のサービスも，インターネットに続いて成長をすると予測した。ソリューションを提供するサービスで参入しようというモチベーションを強く持ったことが確認できる。

1.2.2. アライドアーキテクツ：ソーシャルマーケティング支援サービス

(1) 概　要

・製品サービス：個人のブログに顧客企業の製品サービスを使った感想を載せてもらう。口コミを販促に利用する。

・事前知識：創業者の 1 人は，総合商社において外資の日本進出を担当し，E コマースのスタートアップに参画した経験を持つ。

・起業機会認識：「（勤務していたスタートアップで）個人がつくっているメディアから流れてきた顧客によって，E コマースサイトの売上が上がるようになった。この流れは時代の変化になると思いましたね。これからは消費者の発信が主流となる時代が訪れると感じました。（略）当時の感覚では，ビジネスとしては成立しないという意見が一般的なものでした。ただ，僕はこの流れが凄く大きくなると思ったんです」[4]。

・先例および競争環境：2000 年前後から個人ブログが盛んになっており，個人ブログを使った販促支援サービスの下地はあった。2005 年創業時の競合は，第 6 章で紹介したエニグモによる 2 番目のサービス（プレスブログ）が該当する。ちなみにエニグモもアライドアーキテクツと同じく，2005 年に参入している。

(2) まとめ

勤務していた E コマースのサイトにアクセスしてくる経路に，個人が発信するブログ経由のものが見られるようになったという，手応えのある事前

4　アライドアーキテクツ参照資料：150% 社長 .com, 2014 年 1 月 14 日記事，2019 年 10 月閲覧。

知識を得ていた。消費者個人の情報がビジネスに活用できる可能性を感じて，個人ブログを使った販促支援サービスを始めるモチベーションを持った。

1.2.3. マイネット：ソーシャルニュースサイト

（1）　概　要

・製品サービス：ニュース記事に対してユーザーが評価しあって価値をつけるサイトを提供する。

・事前知識　創業者は大手通信企業においてインターネット事業を担当していた。

・起業機会認識：「Web 上に存在しているブログにしろ，ニュースにしろ，あまりに多い。すべてを読むことはおろか，自分に興味のあるものを探して読むことすら困難だ。Web2.0 の特徴であるユーザー参加を生かすことで氾濫する情報を整理できる。○×での評価やコメントによって，（我々のサービスは）価値づけして情報を整理できる」「私は，ソーシャル的なことが大好きですので，そこを強化していきたいと思います。（略）我々のサービスはコミュニティです。今後はソーシャル的に，例えば気に入っているユーザーを登録しておくと，その人を中心に形成された場を表示し，ニュースをピックアップした人と関係性が強いとポイントが高くなったり，結果的にそのニュースが上に表示されたりするなどができます」[5]。

・先例および競争環境：創業する 2 年前の 2004 年には，米国で，ソーシャルニュースサイトの元祖ともいえる Digg がサービスを始めた。日本では，自分たちのサービスが，はてなブックマークに次ぐ 2 番目であると認識している。

（2）　まとめ

企業勤務時代にインターネット事業を担当しながら，情報の氾濫を解決することが価値を生むと考えた。米国と日本で先行するサービスのことは調べて知識を得ていた。利用者間の関係性を強調したソーシャル的なコミュニ

5　マイネットジャパン参照資料：① 『日経コンピュータ』2007 年 10 月 23 日号，② 『日経ネットマーケティング』2007 年 11 月 15 日号，③ Industry Co-CreationWeb サイト「BBT スタートアップ企業のビジネスプラン」，2016 年 9 月 28 日記事，2019 年 6-7，10 月閲覧。

ティをつくることによって，差別化できるというモチベーションを持った。

1.2.4. アイモバイル：モバイル向け広告配信サービス

（1）概　要

・製品サービス：モバイル向けの広告配信をするための取引プラット
フォームを提供する。広告主，メディア運営者，アプリケーション開発
者を結ぶ。

・事前知識：創業者の1人は広告会社で営業を担当後，Webビジネスを
起業して経営していた。

・起業機会認識：「インターネットが爆発的にブロードバンドを経て成長
したので，次の成長は何かと考えたときに，モバイルが絶対かなという
のを，2006年に感じていた。ほとんど取り扱いもしたことがなかった
のですけど，これからはモバイルだからというので，社名も『アイモバ
イル』という名前に」「インターネット業界に身を置き，大きな波を感
じていた私は，これからはモバイルが来ると直感したんです。今後必ず
モバイルにも高速通信の時代が来る。このチャンスを逃してはいけな
い，来るべき時代に備えて準備をしておかなければと思いました。一緒
にやろうと言ってくれる仲間の存在もあり，設立を決めたんです」[6]。

・先例および競争環境：米国の先例として，1996年にAd ClickがPC向
けのアドネットワークを開始していた。2007年にアイモバイルが日本
で創業した後，モバイルで同じようなサービスを提供しようとする企業
はあっただろうが，創業者が競合と認識した企業は，遅れること3年
後に参入してきた。

（2）まとめ

インターネット業界で仕事をしていたので，事前知識は，業界の動向を追
いかけるなかで身につけていたことがわかる。モバイルに高速通信の時代が
来るであろうことをチャンスと捉え，逃したくないというモチベーションを
持ったことが確認できる。

6　アイモバイル参照資料：①「社長名鑑」Webサイト，2016年11月取材動画，2019年6-7，10
月閲覧，②JOBSHIL Webサイト「VISIONARY」2018年1月23日記事，2019年6-7，10月
閲覧。③2019年株主総会資料に，「3年遅れで参入したファンコミュニケーションを競合と認
知する」旨の表記がある。

1.2.5. クラウドワークス：クラウドソーシング

（1）概　要

- 製品サービス：在宅ワーク従事者と発注者となる企業をマッチングするプラットフォームを提供する。受注者側は空いた時間を活用して働くことができ，発注者は，小さい仕事でも依頼できる。

- 事前知識：創業者は電気メーカー等の営業で最優秀の成績をあげた後，Webビジネスのスタートアップに就職して株式公開を経験した。自らの最初の起業は，輸入ビジネス等に拡大しすぎて失敗した。

- 起業機会認識：「前回の起業は上手くいかなかったので，次は，人に勧められたものにしようと，投資家を回って何がいいかを聞きました。出てきたものは2つ，クラウドソーシングと知育アプリでした。結婚していなかったので，子供のことはわからない」「あなたはIT関連の受託をやってきたので，クラウドソーシングが向いているのではないですかと，投資家に言われた」「自分の強みを活かすことができる分野は，経験のあるB2Bの営業とインターネットでした。そして，できるだけ大きな市場という条件に合うビジネスを求めていました」「プロフェッショナルのエンジニアとかデザイナーの人たちがもっと自由に自分で仕事がとれるとか，探せるような世界観っていい。そのようなクラウドソーシングを日本でしてみたい」[7]。

- 先例および競争環境：米国の先例として2005年創業のoDeskがある。創業者はその存在を，プロフェッショナル人材をオンラインでマッチングしているサービスであると認識していた。日本国内では，2008年創業のランサーズが類似のサービスを提供していた。しかし，「空いている時間にできるアルバイト的仕事を紹介しているランサーズは，oDeskとは違う。日本で，本格的なクラウドソーシングはまだない」と創業者は説明している。

7　クラウドワークス参照資料：①　代表取締役社長吉田浩一郎氏インタビュー，2019年7月19日．②立命館大学講演会資料，2018年10月26日．③『クラウドソーシングでビジネスはこう変わる』吉田浩一郎，ダイヤモンド社，2014年。

⑵　まとめ

　B2B とインターネットに関する事前知識を活用して 2 回目の起業をするという原則を決めて，ビジネスアイデアは投資家を回って集めた。モチベーションは，拡大する市場で事業を展開すること，エンジニアが自由に仕事を受注できる環境をサポートすることだった。

1.3.　日米 7 社の総括

　ここまで見てきた 7 社の起業機会認識は，前職の経験や情報収集によって得られた事前知識の影響を受けていることがよくわかる。

　創業時の環境を振り返り，米国や日本の市場にどのような先例があったのか，類似のサービスを提供する日本企業をどの程度，起業家が意識していたのかについての情報を集められたのは，Fitbit，Bitzer Mobile，マイネット，クラウドワークスだった。他の日本の 3 社については，具体的な先例や類似のサービスは不明だが，当時，競合となるようなビジネスの参入が多かったことは確かであり，比較的容易に，起業機会を発見することが可能だったことになる。つまり，競合の参入が予想され，そのなかで起業を進めるには，高いモチベーションがなければならない。自分にはやり切れるという自信があること，自分には適合しているので実行したいというモチベーションを持つことによって，起業が実行される。実際，そのようなモチベーションを強く持っていたことが確認できた。

　反対に，機会が簡単には発見しづらかった事例が第 6 章で説明したエニグモとグラモである。この 2 社は，米国に先例がなく，日本でも競争相手がいなかった。

　次節で前章の事例分析で紹介したインタビューデータを使って，起業機会認識プロセスを詳細に分析してみたい。2 社のプロセスには，McMullen & Shepherd（2006）の 2 段階モデルが適応できる。

2.　起業機会認識プロセスの精緻化

　序章と第 6 章で説明した Shane（2003）の起業プロセスのモデル（図序 -1，図 6-1）を思い出してほしい。その左部分の機会存在，機会発見，機会活用

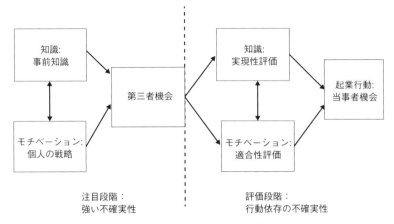

図 **7-1**　起業機会認識のプロセスモデル：不確実性の知覚と起業モチベーションに関するコンセプトモデル

出所：McMullen & Shepherd（2006）を筆者訳。

の決定は，起業機会認識プロセスである。このプロセスの精緻化に成功しているのが，McMullen & Shepherd（2006）のモデルであると筆者は考えている。先行研究で説明したように，起業家の認識を合理的に説明することに，不確実性の概念を使ったこの 2 段階のモデルは成功している（図 7-1）。

　不確実性の知覚と起業モチベーションに関するコンセプトモデルを，詳細に説明しておこう。

　潜在的起業家は，起業に関する不確実性を小さくすることができなければ，起業機会を認識できず，行動を起こさない。その不確実性のレベルを，2 段階で説明しているのが，McMullen & Shepherd のモデルである。第 1 段階の注目段階は，強い不確実性に満ちており，それが強すぎると，第 2 段階である評価段階には進まない。

　たとえば，ある技術や市場に変化があったとしよう。それに注目する段階において，潜在的起業家は，当該領域に関する知識を持っていなければ，起業に向かって行動することはできない。その領域に明るい知識を事前に持っているかどうかが，不確実性に反応するトリガーになる。ただし，知識を持っているだけでは機会を認識しない。機会が明らかに存在していると認識すること，すなわち，第三者にとっての機会（以降，第三者機会〈third-person opportunity〉と表記）が存在すると認識する基準が個人によって異なる

からだ。機会を手に入れようとする者，ひとまず保留する者，情報として活用するにとどめる者とばらつきがあり，それをMcMullen & Shepherd（2006）は，個人の戦略が異なると表現する。つまり，モチベーションは人により異なり，必要な知識とモチベーションを持つ者だけが，第三者機会があると認識して，次の評価段階に進む。

　第三者機会を認識しても，必ずしも起業行動に至るわけではない。実現性（feasibility）は高く，望ましい結果がもたらされるのか，自分にとって適合性（desirability）が高く，モチベーションを持ち続けて達成できそうなのか，それらに関して疑いがあれば，第三者機会は，当事者にとっての機会（以降，当事者機会〈first-person opportunity〉と表記）には変化しない。もちろん，いろいろな学びを得，他人に働きかけることによって，疑いを克服できるかもしれない。しかし，この段階になると，いわゆる，リスクとリターンのジレンマが出現する。第三者機会がもたらす報酬が，現時点で知覚している不確実性に耐えられるほど正当なレベルにあるのかについて，潜在的起業家は自分に問うことになる。正当であるのならば，第三者機会は当事者機会に変容して，起業行動に移される。ただし，このリスクとリターンのジレンマにおけるリスクとは，潜在的起業家が主観的に決定するものである。つまり，自分の行動を信じてしまえば，不確実性に対する許容度が高いかどうかは関係ない。ということは，第三者機会を追い求めて実行した場合に出現する不確実性を想定できるのなら，起業の意思決定は，本人のモチベーション次第ということになる。図7-1にあるように，行動依存の不確実性は的を射た表現である。

3. エニグモの起業機会認識の2段階プロセス

　起業機会認識の2段階プロセスモデルで，エニグモの創業者2人の機会認識が説明できることを示したい。McMullen & Shepherd（2006）のモデルに，前章のエニグモの事例で確認できた要点を記載したものが図7-2である。可能であれば，参与観察やダイアリー法による現在進行形の豊かな文脈のデータの取得が望ましいが，残念ながら，過去を振り返るインタビューや公開資料でしか確認はできていない。

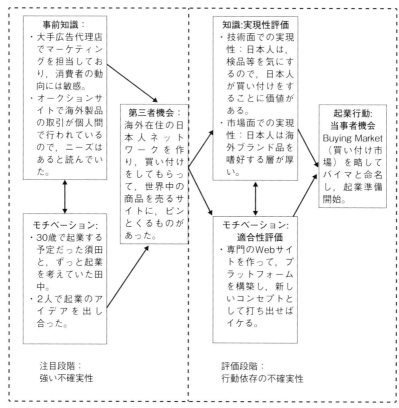

図 7-2　起業機会認識のプロセス：エニグモ

　須田将啓と田中偵人は，博報堂のマーケティング部門に所属し，同年齢の飲み友達であった。修士課程でコンピュータサイエンスを学んだ須田がハイテク系の企業に就職する選択をしなかったのは，コンピュータサイエンスよりも経営に近い仕事をしたかったからである。さらに，30歳までに起業したいという願望を持ち，大手広告代理店のマーケティング部門への配属を強く希望した。共同創業者の田中は，法学部卒業後，事業会社と外資系PR会社に勤務し，米国のMBAでビジネスを学んだ後に，須田と同じ広告代理店のマーケティング部門に所属になった。2人は，お互いに起業を考えていることがわかり，ともに起業をしようということで，ブレインストーミングを行っている（起業に対するモチベーションは高い）。2人とも，マーケティング部門に所属しており，Web系サービスの情報収集にも熱心，かつ消費

者の動向に詳しいことが，事前知識に該当する。

　そこで出された田中のアイデアの１つが，海外在住の日本人ネットワークをつくり，買い付けをしてもらって，世界中の商品を売るサイトであった。田中は，米国内で売られている300ドルのサーフボードが，日本では10万円の値付けになっていることに目をつけていた。田中の発案に対して，須田は，「ピンとくるものがあった」と述懐している。それは，ヤフーのオークションサイトで，米国に住む日本人が，ブランド衣料を現地で買い付けて，日本在住者に売っていることを知っていたからである。ニーズはかなりあるはずだ。これは最も重要な事前知識であった。

　このように，２人は，世界のどこにも存在していない不確実性の高いサービスに注目した。そして評価段階に移る。実現性はあるのか，自分達が実行できるのか（適合性）を２人で話し合い，周囲にも意見を求めている。実現性で議論になったのは，素人が買い付けをできるのかという点である。この点は，日本人は一般的に商品を購入する時に瑕疵や汚れなどを気にするので，素人であっても検品できるだろうし，梱包や送る作業も丁寧にするに違いなく，クレームはほとんどないだろうと判断したという。日本人が買い付け人をすることに価値があると考えたのだ。さらに，ニーズが高いかどうかについては，日本人は海外ブランド品を嗜好する傾向が所得額にかかわらず高いというのが，２人の判断だった。最終的に２人は，「オークションサイトで出品されることはあっても，買い付けをして取引する専門のWebサイトは存在していない。プラットフォームを構築して，新しいコンセプトして打ち出せばイケる」という高いモチベーションによって，第三者機会は当事者機会へと変化することになった。Buying Market（買い付け市場）を略して，バイマ（BUYMA）という名前まで決めて，起業準備が進められた。

4. グラモの起業機会認識の２段階プロセス

　次に，起業機会認識の２段階プロセスモデルで，後藤の機会認識が説明できることを示していく。エニグモと同様に，グラモの事例で確認できた要点をモデルに当てはめていく（図7-3）。

　後藤功は，インターネット関連のソフトウエア開発のプロジェクトを担当

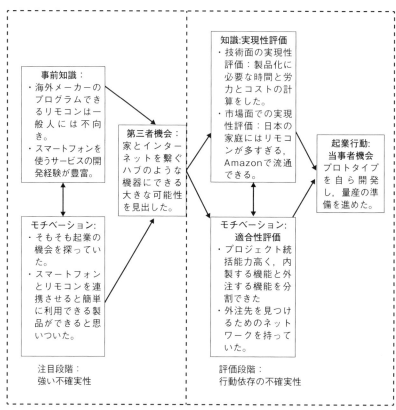

図 **7-3** 起業機会認識のプロセス：グラモ

しながら，新しい製品サービスを模索していた。日常生活の上では，家具，家電などがインターネットと無縁のままで，変わりばえしないと感じていた。たまたま，個人的に興味があったオーディオやホームシアター関連の情報収集をしていた時に，液晶画面上のボタンを自由にプログラムできる高額なリモコンを見つけていた。ただし，そのリモコンは，インターネットにつながってはいなかった。しかも，プログラムの知識がない一般人には使えない。このリモコンを認知したのは，2001 年から 2005 年の間だったと後藤は記憶している。そして，2007 年の iPhone 発売直後にアイデアが閃いた瞬間を次のように振り返っている。「初めて，スマートフォン（iPhone）を見た時に，（自由にプログラムできるリモコンと）同じようなことができそうだなっていうのがピンときて，そこからよくよく考えていくと，もっと大きな

可能性がだんだん見えてきたということです」[8]。

このピンときた段階が，プロセスモデルの注目段階である。プログラムできるリモコンの存在を知っていたことは，事前知識に該当する。また，勤務先で，携帯電話向けサービスを中心にソフトウエア開発をプロジェクトマネジャーとして担当していたため，スマートフォンを用いてのサービスに詳しかったことも，もちろん，事前知識である。そして，在職中から起業の機会をうかがっており，起業に対するモチベーションが高かった。当時，後藤には創業チームを形成する仲間がいたわけではないので，リモコンとスマートフォンの連携というアイデアをひとまず保留するという戦略もあっただろうが，そうはしなかった。ただし，注目段階では，不確実な要素が多く，客観的に判断する第三者機会に過ぎない。「そこからよくよく考えていくと，もっと大きな可能性がだんだん見えてきた」という発言で，評価段階に移行したことが理解できる。その可能性とは，「さらにインターネットと接続することで，家電の遠隔操作も可能になり，家とインターネットを繋ぐハブのような機器にできるのではないか」である。

ダイアリー法や参与観察によりタイムリーなデータを入手したわけではないので，評価段階における実現性評価や適合性評価の中身を検証することはできないが，次のように推測する。後藤は，企業勤務の10年間に，多くのインターネット関連サービスのプロジェクトを統括した経験を持っているので，スマートフォンと機器をインターネットで結ぶ，いわゆるIoTの製品化に必要な時間と労力の計算はできたのだろうし，コストの計算も行えた（技術面での実現性評価）。また，日本の家庭では，多くのリモコンが溢れており，それをまとめるニーズは大きいと評価した。販売は，Amazonのようなオンライン市場で流通させることもできる（市場面での実現性評価）。そして，このハードウエアを含むIoT製品を開発から市場投入まで自分が手がけることに，後藤は自信があったようだ。「私自身は，私の総合的な能力に自信がありましたので，私の考えたサービスが，周囲から否定されればされるほど，成功して証明してやろうという思いが強くなっていきました」と，振り返っている[9]。

8　2019年5月23日，後藤氏オンライン・インタビュー。
9　後藤氏，2019年11月30日の筆者とのメールのやり取り。

人材がほとんどいないスタートアップでは，どう考えても困難は多いはずだ。しかし，後藤は，自らが手がける機能と外注する機能の分割を的確にできると考え，外注先の候補も持っていたので，自分にとって適合性が高いと評価した。在職中は週末に開発を進め，プロトタイプを作成した後に勤務先を退職した。そして量産の直前に創業し，半年後には販売を開始するという用意周到な出発を切った。このように，実現性と適合性をクリアして，不確実性を低減させた末に，起業機会は当事者機会となり，この機会を活用することが意思決定されたことがわかる。

5. まとめ

　本章が考察を進めてきた起業機会認識のプロセスにおける中心概念は「不確実性」だった。

　他人事のレベルで認識した第三者機会は不確実性に満ちており，当事者機会に変化するためには，想定される報酬が，知覚している不確実性を超えて余りあるほどでなければならない。エニグモの事例もグラモの事例も，技術面でも市場面でも実現性は高かったことと，自分たちが手がけることに自信を持てるほど適合性が高かったことから，不確実性が低減して想定される報酬が増加し，当事者機会に変化して行動に移されることになった。

　しかしながら，その後，生き残って成長していくためには，不確実性への対応を，経営資源が少ないながらも行わなければならない。

　次章では，不確実性に対応する意思決定について分析していく。

第8章
不確実性と意思決定
日本の成長事例におけるマネジメント

　本章も，前章に引き続き，3つ目の研究課題に対応する。起業機会認識後の成長のプロセスにおいて，起業家はどのような意思決定をしながら，不確実性に対処したのだろうか。エニグモとグラモ，2社の事例に焦点を当てて，意思決定のイベントを確認する。

1. 成長プロセスにおける意思決定：意思決定の原則

　起業機会認識後の成長プロセスは，第6章の図6-1にあるように，資源獲得，起業の戦略，組織化，パフォーマンスという流れがShane（2003）によって示されている。そのプロセスのなかで，起業家はどのような意思決定をしたのか。前章に続き，起業家が不確実性をどう扱ったのかを追っていく。

　事例として挙げるエニグモとグラモのサービスは，当事者機会を強く認識したものの，世界のどこにも先例がなく，不確実性に満ちていた。さらに，この2社の創業チームにシリアルアントレプレナーは含まれていない。製品サービスと市場に関する不確実性はともに高く，起業家の経験も同じということになる。

　Sarasvathy（2001）は，Knight（1921）の3番目に相当する状態，すなわち将来起こりうる確率をまったく計算できないような真なる不確実性に満ちた状況で行われる意思決定を，エフェクチュエーション（effectuation）という概念で説明している。それに対して，経営学が従来扱ってきた意思決定

表 8-1　意思決定の分類

	コーゼーション	エフェクチュエーション
1.　行動の原則	目的主導	手段主導
2.　リスクと資源に対する見解	期待利益	許容可能な損失
3.　外部との関係	競合分析	パートナーシップ
4.　予期せぬ事象への対処	予期せぬ事象の回避	予期せぬ事象を梃子利用
5.　市場開拓の方策	市場を発見する／に進出する	市場を紡ぎ出す

の論理は，因果推論のコーゼーション（causation）である。Sarasvathy がエフェクチュエーションの概念を発表して以降，起業家の意思決定に関する多くの実証研究が発表されている（Dew et al., 2009；Reymen et al., 2015, 2017；Read et al., 2009 等）が，実証研究の結果，実際にはエフェクチュエーションとコーゼーションの両方の意思決定が行われており，起業経験の有無や起業を取り巻く環境によって，その出現頻度が変わるという興味深い発見を示している。本研究でも，それらに倣って，意思決定のダイナミクスを分析していく。

　まず本節では，起業家の意思決定について，5 つの局面別に，コーゼーションとエフェクチュエーションの 2 つのアプローチを説明しておきたい[1]。なお，これは，Dew et al.（2009）および Reymen et al.（2015）の実証研究をベースにしている（表 8-1）。

1.1.　行動の原則

　コーゼーションは，特定の目的を所与として設定し，それに向かって手段を選んでいくという行動の原則を取る，「目的主導（goal oriented）」である。起業家はあらかじめ，市場をよく調べて，競合や市場の動向を理解して戦略を練ることになる。一方，エフェクチュエーションは，最初の段階はとりあえず，自分たちが可能な手段を使って始め，その手段によって創出できる結果に向かって行動することになる。これは「手段主導（mean oriented）」

1　第 1 章のレビューで解説したように，Sarasvathy の理論は，機会認識については創造プロセスに分類されている。本書全体が，発見プロセスの立場をとる Shane のモデルに則っているため，矛盾を感じるかもしれないので補足をする。本章は機会認識ではなく，成長を扱うため，Sarasvathy の理論を援用することに矛盾はないと考えている。

である。吉田（2018）は，手持ちの手段と表現している。Sarasvathy は，レシピに従って作る料理がコーゼーションの例であり，冷蔵庫にあるあり合わせの素材で作る料理がエフェクチュエーションの例であると説明している（Sarasvathy, 2001；Sarasvathy & Dew, 2005）。

　以下に，スタートアップの具体的な意思決定を分類した Reymen et al.（2015）の，目的主導と手段主導の例を挙げる。

　［目的主導］
・（市場，技術，政策に対する）期待や（創業者，取締役，投資家による）予測にもとづいて行動する。
・目的，製品，顧客のニーズ，市場における目標を決めて，それらを追求する。
・組織のニーズ（個人的，組織構成，技術等）を決めて，明確な目的に基づいた選択肢から選ぶ。
・計画的進捗を評価し，フィードバックを基本にして手段を適応させる。
・仮設定した計画を基本にして，クライアントやパートナーを選択する。

　［手段主導］
・自身の知識や利用可能な資源を使う（従業員や物質的な資源を含む）。
・詳細を保留して，ラフにビジョンを決める。
・ローカルなインフラを使ったり，利用可能な技術的ノウハウを利用したりする。
・個人的好みに従う。
・既存のネットワークを使って機会を確立する（従業員の獲得を含む）。

1.2. リスクと資源に対する見解

　2つの論理は資金投入について真逆のスタンスをとる。コーゼーションは，よく練ったビジネスプランに従って大きな投資を行い，利益を最大化しようとするもので，「期待利益（expected return）」と名づけられている。いくつかのシナリオ別に期待利益は計算される。一方で，エフェクチュエーションは，そもそも，環境を予測できないものであると強調していることか

ら，利益を最大化しようとはせずに，投資家や創業者がコントロールできる程度の資産を扱う（Dew et al., 2009）。失っても構わない程度に投資は抑えられ，それは「許容可能な損失（affordable loss）」と名づけられる。つまり，少ない投資に合わせて資源が用意される。Reymen et al.（2015）の分類の例は以下のとおりである。

［期待利益］

・個人の利益を最大化する。

・期待利益を計算して評価する。

・利害関係者との契約を延期して，自社で開発をする。

・計画遂行に必要な資金を提供してくれる利害関係者を探す。

［許容可能な損失］

・可能な範囲で個人的犠牲（非金銭的なものも含めて）を払うことを厭わない。

・未利用の資源を見つける（助成金を含めて）。

・個人や企業の資金，時間，努力を限定的に投入する。

・利害関係者（投資家）が関わるレベルを制限する（投資家にコントロールされたくないため）。

1.3. 外部との関係

　コーゼーションでは，自分たちの競争優位性を打ち立てるために，「競合分析（competitive analysis）」を行って，ポジショニングを行う。もしも外部企業と提携をするのならば，自分たちが持っていないスキルを補完してくれて，目的達成に貢献してくれるようなパートナーを選び，互いの責任を明確にする（Read et al., 2009 等）。一方のエフェクチュエーションでは，利害関係者との関わりは開放的で，状況に合わせて行われる「パートナーシップ」となる。利害関係者が内部の資源にアクセスできることになるが，自分たちの不確実性は低減し，真の目的や方向性が形作られる（Read et al., 2009）。Reymen et al.（2015）の分類の例は以下のとおりである。

［競合分析］

・市場取引や契約ベースで資源を獲得する。

・特許戦略を立てて実行する。

・競合分析をしてポジショニングをした上で実行する。

・システマティックな市場調査を行う。

［パートナーシップ］

・信頼を基本にして，利害関係者と合意する。

・利害関係者とビジネスを創る。

・機会を追求するために，利害関係者とコラボレーションする。

・潜在顧客に，荒削りの製品を早い段階で見せる。

1.4. 予期せぬ事象への対処

　市場環境に対する反応や予見しない事象への対処は，両者はまったく異なる。コーゼーションは，もしも予期しない事象が起こったら否定的に反応し，戦略実行を中断する（Choi, Lévesque, & Shephred, 2008 等）。「予期しない悪い事象を回避（avoid）」するのである。これに対して，エフェクチュエーションは，予期せぬ事象は良いも悪いも含めて，自分なりにどう対処すべきかを考え，新しい機会に変えられないかどうかを検討する（Dew et al., 2009）。予期せぬ事象に適応してフィードバックを求める行動をとる（Read et al., 2009）とも表現できる。つまりは，今すぐにではなく，いずれ便益を得ようという意思決定をしていることになる（Chandler et al., 2011）。これが，「予期せぬ事象を梃子の原理で利用する（leverage）」ことである。Reymen et al.（2015）の分類の例は以下のとおりである。

［予期せぬ事象の回避］

・予期せぬ事象に脅威を感じたら，注意深く，外部と関わる。

・予測しない展開を定義した上で，計画を実行する。

・予測しない展開が起きたら，外部と接触するよりも，内部での活動に注力する。

・予測しない展開が起きたら，プロジェクトから撤退する。

［予期せぬ事象を梃子利用］

・予期せぬフィードバックに対処し，途中変更を厭わない。

・予測できない事象に合わせて，潜在的計画に適応する。

・オープンマインドで，積極的に外部に企業をさらけ出す。

・予測しない展開に積極的に反応する。

1.5. 市場開拓の方策

コーゼーションとエフェクチュエーションの意思決定に関して実証研究を行った先行研究，Dew et al.（2009）と Reymen et al.（2015）は，市場開拓に関する意思決定を扱っていない[2]。おそらく，実証研究のなかで，該当する事象が見つからなかったのであろう。しかしながら，Sarasvathy（2001）が示したエフェクチュエーションの 6 つの要素には，「市場を紡ぎ出す（fabricating market）」が含まれている。そして Sarasvathy の研究グループは，後に市場開拓の意見決定を扱う実証研究を発表している（Dew et al. 2018）。そこで，筆者は，それを 5 つ目の意思決定の原則に加える。

コーゼーションにおける市場開拓は，「市場を発見する（finding a market）」と Sarasvathy は説明している。競合が進出していないものの，明らかに市場があるとわかった，または，すでに取引がある市場に進出する場合がコーゼーションだろう。エフェクチュエーションでは，そのように所与として市場があるのではない。Sarasvathy の説明では，新しい市場とは，個人が発案することによって生み出されるのではなく，相互作用し合うコミットメントの連鎖によって生まれる。そのコミットメントは，顔見知りが築いたネットワークのような内輪の環境と，顔見知りではない外部環境が出会う接点で，相互に影響し合うことによって起きるとしている。新しい市場とは，Simon（1996）の *The Sciences of the Artificial*（邦訳『システムの科学』）で述べられている人工物（artifact）に相当すると，Sarasvathy（2008, p.107）は説く。そのように市場が生まれることを，市場を創る（creating a market）とも表現している（Sarasvathy, 2008, p.37）が，人工物に等しいことを強調するために，fabricating という言葉を選んだのであろう。日本語の訳語「紡

2　Dew et al.（2009）の研究グループは，後に市場開拓を扱っている（Dew et al., 2018）。

ぎ出す」は，Sarasvathy（2008）の邦訳書に従っている。

2. エニグモの意思決定

　エニグモの意思決定のイベントを，前節のコーゼーションとエフェクチュエーションの分類に従って並べたのが，表8-2である。第6章の事例記述からイベントを抜き出して分類する作業を行った。インタビューのトランスクリプションから行うプロトコル分析ではない。ただし，恣意性を排除するため，筆者以外の，インタビューに関与していない第三者にコーダーを依頼した。2人の間で不一致が生じたイベントについては，さらに別の第三者に意見を求めた。その上で，筆者とコーダーの間で議論を行い，最終的な分類とした。

　なお，本分析は，製品サービスが顧客に認知されて需要が高まり，成長していくプロセスに注目するため，直接的に製品や市場取引と関係ない意思決定は外している。たとえば，VCからの資金調達や財務担当の取締役を雇用するような意思決定，管理システムの構築，さらに，株式公開や売却の意思決定は省いた。ただし，資金調達や株式公開は，製品サービスの開発や販売を支える財務面での経営資源であるため，重要イベントとして表に記載している。加えて，市場面および技術面の不確実性が変わるような現象は重要現象として記載している。

　Reymen et al.（2015, 2017）は，経営資源の状況や，市場面および技術面の不確実性が変化する時点が，エフェクチュエーションとコーゼーションのダイナミクスを説明できる転換点であることを実証した。エニグモの事例でも，そのような転換点が見られるだろうか。

　表8-2を見ると，初期は，エフェクチュエーション主体で意思決定がなされ，その後は次第にコーゼーションが増えていくというように，エフェクチュエーションとコーゼーションの両方が見られる。以下で，詳しく見ていこう。

　立ち上げ段階で，創業者と知人からシード資金を集めたエニグモでは，CTOの着任を遅らせて支払う給料を抑えるというエフェクチュエーションの意思決定がなされており，これは「許容可能な損失」に相当する。この翌

表 8-2　エニグモの意思決定

年	エフェクチュエーション／コーゼーション	意思決定分類	意思決定指標	意思決定イベント
2003	エフェ	許容可能な損失	資金を節約して使う。	法人を設立したが，CTO のフルタイムの参画を遅らせた。
		重要イベント：	製品サービスを上市する。財務面での経営資源の充実：VC から調達して，積極的な製品開発に備える。	
2005	エフェ	パートナーシップ	パートナーの認知度を利用する。	バイマは上市後に不振だったので，フリーペーパーと組んで特集記事を載せてもらった。
2005	エフェ	パートナーシップ	馴染みのない領域に進出する際はパートナーと組む。	美容ファッション業界に詳しいPR 会社と組んで，ブロガーを募った。
		重要現象：	市場の不確実性が高い：バイマの需要が伸びない。	
2005	エフェ	手段主導	自分たちが使いたいと思ったサービスがないので，自らが始める。	バイマの宣伝のために，個人のブログを集めて広告するようなサービスを探したところ，見つからなかった。そこで，新しいブログ広告サービスとして B2B を始めることに決めた（プレスブログ）。
2005	エフェ	予期せぬ事象を梃子利用	不振にもかかわらずコアのサービスを継続して，時を待つ。	バイマは会員数を増やせば必ず成功すると信じて，赤字でも継続することとした。
2006	エフェ	パートナーシップ	パートナーと新しいサービスを企画する。	ソネットから投資を受けて，エンタメ系のポータルサイトを運営することにした。
		重要現象：	市場の不確実性がやや低減：バイマと広告サービスの需要が伸び始める。	
2006	コーゼ	目的主導	海外展開を現地企業にノウハウを提供して進める。	韓国での広告サービスは現地企業をフランチャイズにして始めた。
		重要イベント：	財務面での経営資源の充実：VC から調達して，積極的な製品開発に備える。	
2007	エフェ	手段主導	消費者行動の変化を察知し，無理なく手がけられる新たなサービスを追加する。	動画共有サイトの興隆を見て，個人に CM を作ってもらう動画の広告サービスを追加した。（フィルモ）
2008	エフェ	手段主導	消費者行動の変化を察知し，無理なく手がけられる新たなサービスを追加する。	シェアリングエコノミーに目をつけ，使っていないモノを，個人間でシェアする B2C のサービスを開始した。（シェアモ）

2008	コーゼ	期待利益	必要な人材を投入して，収益を拡大させる。	広告事業の拡大のために営業要員を増やした。
		重要現象：	市場の不確実性の低減：バイマの需要は堅調。財務面での経営資源の逼迫：追加した広告サービスが低迷する。	
2009	コーゼ	予期せぬ事象を回避	あらかじめ投入する経営資源と期限を決めて事業の再生を図る。	広告事業の立て直しを，期限を切った計画のもとで行うこととし，代表自らが社内のマネジネントに専念した。
2010	コーゼ	予期せぬ事象を回避	必要のなくなった経営資源は持たない。	広告事業が復活しないので，リストラを実行した。
2011	コーゼ	予期せぬ事象を回避	先行きが不透明になったので，撤退する。	広告事業が，SNSに顧客を奪われて不振となったので，事業縮小を決めた。
2011	コーゼ	目的主導	資源を集中して計画的に収益を上げる。	広告事業撤退後はバイマに資源を集中させ，売上拡大のために，マーケティングの基本に沿って実行していった。
2011	コーゼ	目的主導	顧客の潜在的な不安を解消し，需要拡大を狙う。	顧客の不安を取り除くために，紛失や破損に対する有料の補償制度は有効と判断した。
		重要イベント：	財務面での経営資源の充実：株式公開して，積極的な製品開発に備える。	
2013	エフェ	パートナーシップ	コラボレーションによって海外展開する。	米国企業からの誘いに乗って，バイマのサービスを始める。
2013	コーゼ	期待収益	収益を刈り取り，次に投資する。	韓国の広告サービスは成功したので売却した。
2013	エフェ	手段主導	現有する経営資源を活かして，海外展開を行う。	韓国版のバイマを，日本人への信頼性が高く評価されると期待して，買い付け人を従来の日本人で対応することにした。
2013	エフェ	手段主導	消費者行動の変化を察知し，無理なく手がけられる新たなサービスを追加する。	クラウドソーシングを活用して翻訳し，電子書籍化するバイマブックスを開始した。
2016	コーゼ	予期せぬ事象を回避	先行きが不透明になったので，撤退する。	韓国版のバイマは難しいと判断し，英語版に集約した。
2018	エフェ	手段主導	既存の顧客に向けて，新事業を紹介する。	バイマの買い付け人が旅行ガイドを行うバイマトラベルを開始した。

注：コーゼーションに網掛けしている。

年に，製品サービスを上市することができた。また，シード資金を使い切ったため，財務面での経営資源の充実を図るために，VCから調達して積極的な製品開発に備えた。

2005 年に行われた 2 つの「パートナーシップ」は，コアのサービスであるバイマの需要が増えないことへの対処として行われたものであり，エフェクチュエーションにもとづく意思決定である。それにもかかわらず，需要が伸びず，市場の不確実性が高かった。

　2005 年の「自分たちが使いたいと思ったサービスがないので，自らが始める」という意思決定は「手段主導」であり，ブログ広告サービスをバイマの宣伝のために活用するとともに，バイマに代わるサービスとしての位置づけもあった。2005 年の「不振にもかかわらずコアのサービスを継続して，時を待つ」は，前章で記述した「ゆっくり育てて大きく刈る」という CEO の発言によく表れている。今すぐにではなく，いずれ便益を得ようというものであり（Chandler et al., 2011），「梃子利用する」というエフェクチュエーションの意思決定である。ソネットとエンタメ系のポータルサイトを運営することに決めた「パートナーシップ」も，エフェクチュエーションである。

　2006 年に入ってしばらくすると，バイマとブログ広告の需要が伸び始めた。市場面の不確実性がやや低減されたことになる。その際に，軌道に乗り始めたブログ広告ビジネスのノウハウを韓国企業に提供しながら，計画的に展開する，コーゼーションによる意思決定が行われた。「目的主導」の「海外展開を現地企業にノウハウを提供して進める」である。さらに，追加の資金調達を受けて，2007 年に動画広告サービスと 2008 年に個人間シェアサービスを追加している。この 2 つは，創業者が，Web のトレンドを観察して察知した消費者行動の変化に合わせて，「無理なく手がけられる新たなサービスを追加する」という「手段主導」の意思決定によるものである。先駆的な競合が存在したわけではなく，試行錯誤でサービスを投入していくエフェクチュエーションによる意思決定をしたことが，前章の記述からわかるだろう。2008 年の「必要な人材を投入して，収益を拡大させる」は，広告サービス拡大のために，営業要員を増やして収益を拡大させようとする「期待利益」の最大化をめざしたコーゼーションの意思決定である。

　ところが，2009 年になると，広告サービスは思うように伸びず，むしろ赤字を生み始めた。財務面での経営資源が逼迫していた。コーゼーションの意思決定が続く。代理店や商品を絞りつつ，経営者自らが広告事業の陣頭指揮をとるマネジメント，「あらかじめ投入する経営資源と期限を決めて事業

の再生を図る」という「予期せぬ事象を回避する」意思決定となった。その後の 2010 年と 2011 年のリストラや撤退も，「予期せぬ事象を回避する」というコーゼーションに相当する。撤退によって余剰となった人材はバイマに投入されて，「資源を集中して計画的に収益を上げる」という「目的主導」の意思決定が行われた。この目的主導の意思決定に至った背景には，エフェクチュエーションのアプローチによる試行錯誤を繰り返しながら，バイマ運営のノウハウを蓄積してきたという自信がある。

　さらに，バイマに補償制度を導入し，「顧客の潜在的な不安を解消し，需要拡大を狙う」という意思決定がなされた。顧客は，誤送や破損や偽物といったリスクを強く懸念するだろうから，たとえ有償であっても補償サービスを活用するのではないかという仮説を立てて，2011 年に補償制度を導入した。バイマのサービスが開始された頃の利用者は低額な商品しか購入しなかったことや，カスタマーサービスに寄せられる不安の声があることから決断した。この意思決定は，目的主導のコーゼーションによるものである。その後，バイマのサービスは順調に成長を遂げ，2012 年に株式公開となった。市場の不確実性は低減し，財務面での経営資源の充実を達成できた。

　株式公開することで得られた潤沢な資金は，その後の海外展開や新しいサービスの開始に使われることとなった。2013 年の「米国企業からの誘いに乗って，バイマのサービスを始める」は，「パートナーシップ」である。公開後は，3 つの新しいサービスを始めている。2013 年の韓国版バイマ，バイマブックス，2018 年のバイマトラベルである。韓国版バイマは，韓国人の利用者は，日本人の買い付け人を高く信頼するであろうと想定した上で始めた。従来の買い付け人をうまく活かしての，「手段主導」のエフェクチュエーションの意思決定である。バイマブックスは，先の動画広告サービスや個人間シェアサービスと同じく，「消費者行動の変化を察知し，無理なく手がけられる新たなサービスを追加する」ものであり，エフェクチュエーションに相当する。バイマトラベルも，従来のバイマの顧客に対して，従来の買い付け人が旅行ガイドサービスを提供しようというもので，「手段主導」に相当する。

　その一方で，コーゼーションの意思決定も行われている。2013 年に韓国の広告サービスは収益を刈り取ったとして売却される「期待収益」の意思決

定がなされ，2016年に韓国版のバイマは英語版に集約されることとなったが，これは，「予期せぬ事象を回避」に相当する。

　以上見てきたエニグモの成長プロセスの中で，製品と市場に関連する意思決定を確認していくと，次のようなことが発見できる。

---

① 起業プロセスの早い段階においては，エフェクチュエーションをベースにした意思決定がなされる。
② 時間の経過とともに，経験やノウハウが蓄積されると，コーゼーションをベースにした意思決定が増えていく。
③ 財務面の資源が充実する出口後は，エフェクチュエーションによる意思決定が増え始める。
④ 市場の不確実性が高いと，原則として，製品サービスや市場のセグメントを増やして，エフェクチュエーションの意思決定がとられることが多い。
⑤ 市場の不確実性が低いと，原則として，製品サービスや市場のセグメントを減らして，コーゼーションの意思決定がとられることが多い。
⑥ 財務面での経営資源が充実すると，原則として，製品サービスや市場のセグメントを増やして，エフェクチュエーションの意思決定がとられることが多い。
⑦ 財務面での経営資源が逼迫すると，原則として，製品サービスや市場のセグメントを減らして，コーゼーションの意思決定がとられることが多い。

　ただし，市場の不確実性と財務面での経営資源の両方の要因が重なる場合には，後者の影響力が強い。つまり，財務の経営資源が充実していれば，製品サービスや市場のセグメントを減らすインセンティブは弱い。また，財務の経営資源が逼迫していれば，製品サービスや市場のセグメントを減らすインセンティブは強い。

　たとえば，2006年に，バイマと広告サービスの需要が伸び始め，市場の不確実性がやや低減しても，第3，第4のサービスを追加した。それは，VCから調達して財務面での経営資源が充実したからである。その後，2008年

頃から，バイマの需要は堅調な推移を見せて，市場の不確実性が下がるとともに，財務面での経営資源が逼迫してきたために，他の3つのサービスを順番に撤退していった。つまり，製品サービスや市場のセグメントの範囲は，市場等の不確実性と経営資源を合わせて，優先順位を検討した上で，拡大するのか縮小するのかが決定されることになる。

　これら発見事項と，先行研究の指摘との整合性を確認していこう。

　①と②は，先行研究が導き出した結論と一致する。エフェクチュエーションの論理は起業家活動の早い段階で有効であり，コーゼーションによる計画は，成長とともに重要性を増してくることが指摘されている。たとえば，課題を被験者に与えて答えさせるシンク・アラウド法の研究（Sarasvathy, 2001；Read & Sarasvathy, 2005；Wiltbank et al., 2006）も，実際の起業活動についてインタビューした研究（Reymen et al., 2015, 2017；Nummela et al., 2014）も同じ結果を示している。

　③は，先行研究が出口後を研究対象として扱っていないために，先行研究では指摘されていない。

　④と⑤は，Reymen et al.（2015）が，オランダの7社を時系列で分析した結果と一致している。環境の不確実性が高まると，不確実性を扱う選択肢を増やそうとして，製品サービスや市場のセグメントを増やす範囲拡大（scoping）が起きる。その場合には，エフェクチュエーションの意思決定が多く見られた。逆に，環境の不確実性が低くなると，特定の技術や市場に注力しようとして，製品サービスや市場のセグメントを減らす範囲縮小（narrowing）が起こり，コーゼーションの意思決定が多く見られた。さらに，彼らは，この範囲拡大となるか，範囲縮小となるかの転換点を境に，エフェクチュエーションとコーゼーションの意思決定の増減が入れ替わるダイナミズムを確認している。彼らが定義する環境の不確実性には，市場の先行きが不透明であるという市場に関する不確実性と，技術面や商業面での可能性に関する不確実性がある。

　⑥は，Reymen et al.（2015）が示した，資金や人的資源のような経営資源が少なくなる状態に陥ると，資金を調達した上で，範囲拡大を行って収入源を増やそうとするという結果と一致する。

⑦については，先行研究は言及していない。

なお，Reymen らの研究（Reymen et al., 2015, 2017）は，市場等の不確実性と経営資源の状態の 2 つが重なる場合を考察していない。しかしながら，実際の経営においては，内外の環境や経営資源が絡み合う状況下で意思決定されるため，2 つのどちらが優先されるかについて考察することが重要であると筆者は考える。

3. グラモの意思決定

グラモの意思決定も，時系列で，コーゼーションとエフェクチュエーションに分類した（表 8-3）。

表 8-3 を見ると，エニグモと同様に，初期は，エフェクチュエーションが続くが，その後はコーゼーションが増えている。

2009 年から 2011 年にかけて，製品を上市させるために，エフェクチュエーションをベースにした意思決定がなされたことがわかる。起業家が，勤務し続けながらプロトタイプの開発を行ったことは，「限定的に経営資源を投入する」であり，個人資金で量産タイプを作成したことは，「可能な範囲で個人の資金を投入する」であり，どちらも「許容可能な損失」に分類できる。サーバーのシステム開発と製品テストを無償で知人に依頼したことは，「ネットワークを活かして製品を完成させる」という「手段主導」である。製品サービス上市後に，自ら量販店を回って営業したことも，「現有する経営資源で営業を行う」という「手段主導」である。

量販店で販売された B2C の製品は市場からの反応がよく，テレビで取り上げられたことから，2012 年には，地方のマンション・デベロッパーからB2B 製品の要望があったため，「顧客からの要望に応えて，B2B 市場に進出する」ことがなされた。さらに，集合住宅や賃貸住宅大手へと取引先を拡大し，B2B 市場に深耕した。どちらも，エフェクチュエーションの「パートナーシップ」に相当する。需要は順調に伸び，市場の不確実性は低減した。その後もしばらく，最低限の 4 人体制で「最小限の経営資源で経営する」という「手段主導」のエフェクチュエーションのアプローチが続いた。最初にコーゼーションのアプローチが見られたのは，2013 年の「顧客のニーズ

表 8-3　グラモの意思決定

年	エフェクチュエーション／コーゼーション	意思決定分類	意思決定指標	意思決定イベント
2009	エフェ	許容可能な損失	限定的に経営資源を投入する。	勤務しながら，プロトタイプの開発をする。
2010	エフェ	許容可能な損失	可能な範囲で個人の資金を投入する。	量産タイプの試作品を個人資金で行う。
2010	エフェ	手段主導	ネットワークを活かして製品を完成させる。	サーバーのシステム開発と製品テストを無償で知人に依頼する。

重要イベント：　製品サービスを上市する。

年	エフェクチュエーション／コーゼーション	意思決定分類	意思決定指標	意思決定イベント
2011	エフェ	手段主導	現有する経営資源で営業を行う。	B2C の製品を販売するため，量販店を回って自ら営業活動を行う。
2012	エフェ	パートナーシップ	顧客からの要望に応えて，B2B 市場を進出する。	マンション・デベロッパーからの要望に合わせて，B2B の製品を提供する。
2012	エフェ	パートナーシップ	顧客からの要望に応えて，B2B 市場を深耕する。	要望相次ぐ。集合住宅や賃貸住宅の大手デベロッパーおよびハウスメーカーに対して，B2B の製品を提供する。

重要現象：　市場面の不確実性の低減。需要は順調に伸びる。

年	エフェクチュエーション／コーゼーション	意思決定分類	意思決定指標	意思決定イベント
2012	エフェ	手段主導	最小限の経営資源で経営する。	売却まで最小限の4人で経営する。
2013	コーゼ	目的主導	顧客のニーズを定義した上で製品を投入する。	戸建メーカー専用のカスタマイズできる汎用アプリを発表する。

重要イベント：　財務面での経営資源の充実。売却して積極的な製品開発に備える。

年	エフェクチュエーション／コーゼーション	意思決定分類	意思決定指標	意思決定イベント
2013	コーゼ	目的主導	顧客のニーズを定義した上で製品を投入する。	住宅向けに，音声認識機能とGPS 機能を追加した製品を発表する（B2B&B2C）。
2013	コーゼ	目的主導	経営資源を増やして，営業と開発体制を充実させる。	売却後に増員して，営業と開発要員を充実させる。
2014	コーゼ	期待利益	収益増大のために，生産体制を整える。	生産を韓国や中国に委託してコストを抑える。
2014	エフェ	手段主導／パートナーシップ	既知の現地企業とのパートナーシップによって海外進出する。	グラモアメリカを設立し，既知の現地パートナーと組んで進める。

2016	コーゼ	予期せぬ事象を回避	不確実な市場から一旦撤退する。	アメリカの展開を休止する。
		重要イベント：	財務面での経営資源の充実。VC から調達して，積極的な製品開発に備える。	
2017	エフェ	市場を紡ぎ出す	既存の顧客にニーズを聞きながら，新たな製品ラインを開発する。	新事業として遠隔操作のできるスマートロックを開発し，賃貸住宅大手に納品する。
2017	エフェ	パートナーシップ	大手からの要望に応えて，市場深耕を狙う。	Amazon からの要請に応えて，音声認識機能を使った新製品を開発する。

注：コーゼーションに網掛けしている。

を定義した上で製品を投入する」という「目的主導」の意思決定である。それまで住宅向けに個別に対応してきたノウハウを活かして，戸建メーカー専用の汎用的製品を企画・開発した。エフェクチュエーションを重ねた末のコーゼーションの行動である。

　その直後に，事業売却するという出口戦略を起業家は選択したが，それは，安定的資金調達を行い，新たな製品開発に備えるためであった。その後の 2013 年から 2016 年は，コーゼーションの意思決定が多く見られた。「顧客のニーズを定義した上で製品を投入する」と「経営資源を増やして，営業と開発体制を充実させる」は，「目的主導」であり，「収益増大のために，生産体制を整える」は，「期待利益」の最大化を目指すものである。2014 年の米国への海外進出の際には，不確実性が高いと判断したので，日本市場向けのプロジェクトで協力したことのある「既知の現地企業とのパートナーシップによって海外進出する」というエフェクチュエーションの意思決定を行った。しかし，うまくいかなかったため，2 年後に，「不確実な市場から一旦撤退する」という，「予期せぬ事象を回避」に分類できるコーゼーションの行動がとられた。

　2017 年に，VC から資金調達を行って財務面での経営資源を充実させた。その資金を活用した 2 つの新製品開発に関する意思決定はエフェクチュエーションのアプローチである。スマートロックは，「既存の顧客にニーズを聞きながら，新たな製品ラインを開発する」という「市場を紡ぎ出す」に分類できる。続いて，Amazon からの要請に応えて，Amazon の音声認識機能を

使った新製品を共同開発するという「パートナーシップ」を行った。

　以上のように，グラモの成長プロセスのなかで，製品と市場に関連する意思決定を確認していくと，エニグモの①から⑦の発見のうち，①②③⑥がグラモでも同様に確認できた。

---

①　起業プロセスの早い段階においては，エフェクチュエーションをベースにした意思決定がなされる。

②　時間の経過とともに，経験やノウハウが蓄積されると，コーゼーションをベースにした意思決定が増えていく。

③　財務面の資源が充実する出口後は，エフェクチュエーションによる意思決定が増え始める。

⑥　財務面での経営資源が充実すると，原則として，製品サービスや市場のセグメントを増やして，エフェクチュエーションの意思決定がとられることが多い。

---

　⑦が確認できなかったことは，グラモでは財務面での経営資源が逼迫することがなかったからである。④も確認できず，⑤はエニグモの事例とは異なる結果が得られた。④と⑤のなかった理由を考察しておきたい。

　エニグモにおいて発見された④は，「市場の不確実性が高いと，原則として，製品サービスや市場のセグメントを増やして，エフェクチュエーションの意思決定がとられることが多い」であった。⑤は，「市場の不確実性が低いと，原則として，製品サービスや市場のセグメントを減らして，コーゼーションの意思決定をとることが多い」というものだった。

　グラモの製品は，最初のB2C向けの製品が上市後に順調に立ち上がった。その後の2012年に投入されたB2B向けの製品の2つは評価が高く，市場の不確実性は下がった。市場の不確実性が高くないので，④は出現しない。市場の不確実性が低減した2013年には，さらに2つの新しい製品サービスをコーゼーションによって投入している。したがって，グラモの事例では，⑤に関しては，次のように変形できる。「市場の不確実性が低いが，製品サービスや市場のセグメントを増やして，コーゼーションの意思決定をとった」。この意思決定の背景には，財務面での経営資源の充実がある。や

はり，環境の不確実性と経営資源の状態を合わせて，優先順位を検討した上で事業範囲は決定される。

次節では，この 2 つの事例から導き出される，不確実性と意思決定の論理の関係を提示する。

4. 不確実性と意思決定の論理

まとめとして，導出された仮説を一般化した上で提示する。

4.1. 意思決定の論理の継時的変化

前節の①から③の発見事項は，創業から出口までの継時的な意思決定を説明しており，次のようにまとめることができるだろう。

「起業プロセスの早い段階においては，環境の不確実性が高いため，エフェクチュエーションの論理にもとづく意思決定が有効であるが，成長するにつれ，コーゼーションの論理にもとづく意思決定が増えていく。ただし，再度，不確実性が増大することや，経営資源に大きな変化が起きると，また，エフェクチュエーションの論理が有効となる。」

2 社の事例の不確実性については，両社ともに先例が存在しない製品サービスであったために，市場の不確実性が特徴的に見られたが，一般的には，技術や規制のような不確実性もありうる。したがって，「環境の不確実性」という総括的な表現を使った。同じように，出口によって財務面の経営資源が充実したことも，2 社に特徴的であったと捉え，「経営資源の大きな変化」と表現している。

本研究と同じく成長プロセスにおける意思決定を追った Reymen et al.（2015, 2017）の実証研究も，エフェクチュエーション→コーゼーション→エフェクチュエーションというシフトを確認しており，彼らは，意思決定のダイナミックモデルを提示している。

4.2. 環境の不確実性の高さと事業の範囲

Reymen et al.（2015）は，意思決定のダイナミックモデルのなかで，環境

の不確実性が高い状況のプロセスを提示しており，本研究のひとつの事例も
それに一致している。

「環境の不確実性が高いと，原則的に，製品サービスや市場のセグメント
を増やして，エフェクチュエーションの論理の意思決定が行われる」。

4.3. 財務面での経営資源の状態と事業の範囲

Reymen et al.（2015）のダイナミックモデルは，資金や人的資源のような
経営資源が少ない状態のプロセスも提示している。それは，経営資源が少な
くなると，外部から資金を調達した上で，範囲拡大を行って収入源を増やそ
うとし，その範囲拡大のために，エフェクチュエーションの論理で意思決定
が行われるというものである。本研究の2つの事例でも，そのプロセスが
確認できた。

「財務面での経営資源が充実すると，原則的に，製品サービスや市場のセ
グメントを増やして，エフェクチュエーションの論理の意思決定が行われ
る。」

逆に，財務面での経営資源が逼迫すると，逆の動きとなることは論理的に
説明できるものであり，エニグモの事例で確認することができた。

「財務面での経営資源が逼迫すると，原則的に，製品サービスや市場のセ
グメントを減らして，コーゼーションの論理の意思決定が行われる。」

最後に，注意しなければならないのは，実際には，環境の不確実性と財務
面での経営資源の状態を合わせて，優先順位を検討した上で，事業の範囲と
それに伴う意思決定の論理が決まることである。財務面の経営資源は強い制
約条件となるため，たとえ環境の不確実性が高く，製品サービスを増やした
いと経営者が望んでも，それを実行できないことは多々ある。若い企業のジ
レンマはここにあり，資金調達の重要性が強調される所以である。

5. まとめ

　本章が考察を進めてきた成長プロセスにおける中心概念は不確実性だった。生き残って成長していくために，限られた経営資源を最大限に活用して，不確実性へ対応するマネジメントを確認した。それは，刻々と変化する市場の反応や技術動向に対応した意思決定の繰り返しである。不確実性が高まるとエフェクチュエーションにもとづく意思決定がなされ，不確実性が低くなるとコーゼーションにもとづく意思決定がなされる。エフェクチュエーションとコーゼーションがダイナミックに変化することが，2社の事例で確認された。2社の製品サービスには先例が存在しておらず，本事例によって，不確実性に満ちた環境において意思決定を行うプロセスを明らかにできたと考える。

終章

議論と考察

　終章では，本研究の貢献，インプリケーション，本研究の限界および今後の方向性について議論をしていく。

　研究課題 1 と 2 に答えて，第 3 章から第 5 章では，首都圏とシリコンバレーの Web ビジネスにおける起業家の属性やビジネスの概要を定量調査および定性調査によって明らかにし，成長要因を抽出した。それらを踏まえて終章では，インプリケーションとして，先行研究や一般的に認識されている通説には見られなかった新たな知見を引き出し，日本のスタートアップ創出を活発化しその成長を促進するための方策を提示していきたい。

　また研究課題 3 に答えて，第 7 章と第 8 章では，起業機会認識から成長に至る起業プロセスにおいて，どのように不確実性に対処したかを，先行研究のモデルを使って解き明かした。終章では，この学術的な貢献を確認するとともに，本研究の限界も議論する。

1. 日本におけるスタートアップの創出と成長促進のために

1.1. 日本の起業環境は厳しいのか

　日本の起業家活動は相対的に低調であるという指摘が，GEM や GUESSS[1] 等の成人や大学生を対象にした国際調査の結果からなされてきた。また，日本の起業環境の厳しさを米国人が指摘して話題になったことも

1　GEM と GUESSS の解説は，序章の第 1 節を参照されたい

ある（Feigenbaum & Brunner, 2002）。その理由として米国人の視点から，VC 投資の未成熟，起業家の目標設定の慎ましさ，起業人材の不足，起業家のリスクを共有しない顧客のスタンス等があげられている。しかし，本書が対象とした日本の 86 社については，そのような見解に対して，異なる実態が提示された。たとえば，VC からの資金調達に関しては，米国よりも日本の方が追加資金のシリーズ A を獲得していた（第 5 章の表 5-1）。また第 3 章や第 6 章の事例分析では，Feigenbaum & Brunner（2002）が指摘するような，起業家の目標設定の慎ましさや起業人材の不足に相当するものは見当たらなかった。とくに，起業家のリスクを共有しない顧客のスタンスという指摘は，グラモの最初の製品を大手家電量販店が販売し大手デベロッパーが積極的に採用した事実からは，妥当と思えない。Feigenbaum らの指摘から約 18 年の時が経ち，日本の起業環境は変わったと言えるだろう。また，筆者が 2010 年に発表した半導体産業，バイオテクノロジー分野，IT 分野におけるハイテク・スタートアップ の事例研究（田路・露木, 2010）と本研究を比較すると，少なくとも IT 分野には追い風が吹いていることは確かだろう。

　さらに，本研究では，スタートアップの成長性については日本と米国間で差がないことが確認できた。第 5 章の図 5-6 が示したように，成長した企業は，日本が 15.1%，米国が 15.6%，生存していた企業は，日本が 64%，米国が 55.6% と大差なかった。日本のスタートアップが成長できる可能性は，少なくとも Web ビジネスについては，低くはない。ただし，その成長の大きさについては別である。

　以上のように Web ビジネスの資金調達と成長性を見る限り，日本の起業環境が米国よりもかけ離れて劣っているとは言えないと確認できたことは，本研究の大きな貢献である。ただし，Web ビジネスは，他の分野と比べると，資金需要が小さく，成長が速いことに留意しなければならない。

　次項から，資金調達，出口，経営チーム，戦略について順に，各章の分析結果と事例を振り返りながら，日本のスタートアップ創出の活発化と成長促進の方策を考察したい。

1.2. 資金調達

　まず，マクロな視点から，スタートアップへの投資を日米間で比較してい

194

く。2018年のVC投資を投資件数で比較すると，日本は米国の半分になるが，金額で比較すると，日本は米国の50分の1と，大きく水をあけられていた（第2章の図2-1）。つまり，日本のVC投資は少額であることが特徴である。VC投資を，スタートアップの成長段階に分けて比較をすると，米国では，レーター段階への投資額の大きさが顕著である。一方の日本では，段階にかかわらず，少額のままであった（第2章の表2-3）。しかも，米国では，アーリー段階においては，VCではなく，エンジェルが投資の担い手として大きな役割を果たしている。2014年の数字では，VC投資総額の半分に相当する投資額がエンジェルによってもたらされていた（第2章2.2）。残念ながら，日本では，エンジェル投資に関する資料がないためにデータを示せないが，米国のようにエンジェルによる資金が潤沢でないことは間違いがない。

これらのことが，日本における，ユニコーンの数の少なさの一因になっているのではないだろうか。VC投資が少額であること，それも，レーター段階の投資額が大きくならないことが，未公開企業のままで，大きく成長することを不可能にしていると筆者は睨んでいる。なお，ユニコーンの数を比較すると，2018年は，米国に90社超，日本に1社，2019年は，米国に200社超，日本に3社であった。

次に，ミクロな視点から，資金調達の日米データを振り返っておこう。日本86社，米国45社の回答企業のうち，立ち上げ資金であるシードをエンジェルから獲得した割合は日本では10.5%であるのに対し，米国では40.0%であった（第5章の表5-2）。先述のマクロな視点同様，米国では，エンジェルが積極的に投資をする傾向が表れている。その結果として，VCや事業会社からの投資も含めたシードの獲得率は，日本26.7%に対して，米国51.1%となった（第5章の表5-2）。しかしながら，追加資金のシリーズAでは逆転が見られた。シリーズAの獲得率は，日本では40.7%，米国では22.2%であった。そして日本ではVCと事業会社からの投資が多く見られた一方，米国のエンジェルは，シリーズAにおいては，シードほど積極的に投資をしておらず，VCについては，シードでもシリーズAでも，あまり差はなかった。すなわち，米国のVCは，かなり厳正にスタートアップを選別していることになる。スタートアップがVCからの追加投資を望むの

であれば，成長の可能性を明確に示さなければならない。

　従来，日本の未公開企業向けの金融市場にはファイナンスギャップがあるとされてきた。それは，米国では様々な資金調達手段が切れ目なく繋がっているのに対し，日本では断絶が見られるというものである[2]。サンプル数は少ないながら，本研究から得られた知見は，そのようなファイナンスギャップの状況はかなり改善されているのではないかという点である。

　しかし，レーター段階への投資の規模については，本研究でも，マクロな視点と同様に日米間で大きな差があった。米国の出口を迎えた4社中1社と，成長中の3社中2社が，レーター段階のシリーズDを獲得していた（第4章の表4-14および4-15）のに対して，日本ではシリーズDを獲得したのは1社のみであった。その金額を第4章には記載していないが，米国の成長中の2社である，U社とI社が2019年までに獲得した資金調達額の累計は，両社それぞれ2億ドル超に達している。日本の1社はエニグモであり，累計約9億円を調達した。米国の2社は，2018年にはユニコーンと認定されているが，日本の調査対象には，ユニコーンと認定されるような企業は存在しなかった。しかし，日本の調査対象のなかから，2020年に40億円の資金調達を受けた企業が現れた[3]ことから，レーター段階への投資額が，米国ほどではないが，大きくなっていることが推測できる。また，本研究の調査対象に含まれていないAI分野のハイテク・スタートアップの伸長が著しく，シード，レーター段階とも多額のVC投資と事業会社からの投資を集めた例もある[4]。

　以上の結論として，日本の金融市場のファイナンスギャップは改善され，レーター段階の投資額も以前より大きくなったものの，米国に比べると少額であり，スタートアップを大きな成長に導くには不十分である。とくに，ユニコーンの輩出には，レーター段階の投資は欠かせない。

2　中小企業庁（1998）は，日本で見られる断絶をファイナンスギャップと名づけ，成長を阻害する要因の1つとして指摘した。以降，ファイナンスギャップを指摘するレポートや論文が見られる（五十嵐,2005等）。
3　第3章の成長事例に含まれてはいないが，みんなのマーケットが2020年1月，40億円をVCおよび事業会社から調達した。
4　AI分野のPreferred Networksは　2019年までに累計で150億円以上の投資を集め，ユニコーンの認定を受けた。

1.3. 出口

　続いて，成長したスタートアップの出口について比較をしていく。マクロな視点では，日本では株式公開が多く，米国では売却が多かった。第2章の表2-4の2018年（度）の数値を見ると，米国における売却件数は株式公開件数の10倍，日本における売却件数は株式公開件数の2倍になっている。売却すると，経営者は，経営権を売却先に譲渡して現場を離れることが多く，次の起業につながりやすい。IT業界の大手企業の代名詞であるGAFA（Google, Amazon, Facebook, Apple）をはじめ，成長したスタートアップを買収する意欲に満ちた大企業が米国には多数存在する。スタートアップは，これら大企業に売却をしたのちに，起業を繰り返してシリアルアントレプレナーになる。

　本研究の調査対象のうち出口を迎えた企業数を再確認しておこう。日本では，株式公開が5社，売却2社，米国では，株式公開が1社，売却が3社であった。日本のサンプル数は米国の倍近くあったことに鑑みると，売却が多くても不思議はないが，むしろ，株式公開が多かった。

　マクロな数字からも，ミクロな本研究の結果からも，日本では，売却ではなく，株式公開が出口戦略として好まれることがわかる。その理由を確認してみよう。一般的理解として，日本では，売却は，他社に（安く）買われるという悪いイメージがあり，起業家は好まないとされてきた。日本のVCも，売却ではなく，株式公開を望む傾向が強い。その背景には，既存企業がスタートアップを買収したがらない傾向が強かったことがある。およそ10年前の事例分析（田路・露木，2010）では，日本の既存企業は，シリコンバレーや英国ケンブリッジのスタートアップには投資や買収を働きかけるが，国内のスタートアップにはあまり関心がなかった。国内のスタートアップを技術シーズの提供者と見なしていないことが指摘されているが，本研究の結果も，その傾向がまだ続いていることを示唆している。

　また、前掲の事例分析（田路・露木，2010）が掲げた日本の課題として，出口戦略の多様性が挙げられている。本書でも，引き続き課題として挙げたい。株式公開だけではなく，売却という出口戦略の可能性が広がることが，日本のスタートアップの成長を促進することを強調しておきたい。

1.4. 経営チーム

　調査対象の起業家および経営チームのメンバーの属性や経験に関して，3つの重要な日米の相違点について論じていきたい。技術系人材の存在，シリアルアントレプレナー，人材のグローバル度である。

1.4.1. 技術系人材の存在

　Webビジネスの成長に最も影響を与える要因は，コンピュータサイエンスを中心とする技術系人材を経営チームが擁していることであろう。第4章で確認したように，米国ではCTOの存在が成長と関係があった。

　日米の違いを詳しく見ていくと，回答者の日本86人と米国45人のうち，技術系人材は，日本で27.9%，米国で64.4%を占めていた（第5章の表5-1）。また，回答者が技術系人材でなくても，CTOが存在する場合には，経営チームに技術系人材が存在するとみなし，技術系人材を擁する経営チームの割合を算出すると，日本で53.3%，米国で84.4%という数字が得られた（第5章第2節）。

　確認のために，回答者の学歴を再掲しておきたい。学歴を多い順に3つ並べると，日本の回答者は，文系学卒（47.7%），修士卒（17.4%），理系学卒（16.3%），米国の回答者は，修士卒（42.2%），理系学卒（24.4%），博士卒（13.3%）であった（第5章の図5-1）。日本の回答者は文系学卒が半数近くを占め，大学院卒が多い米国に比べると，専門性の高い教育を受けた層が薄い。

　このように，日本企業の経営チームに高い専門性を持つ技術系人材が不足していることが，製品サービスの技術レベルに影響していると筆者は推測する。実際，ハイテクとみなすことのできる，反復利用されるプラットフォームを提供するような高度専門型の企業は，出口を迎えた事例と成長事例のなかに，日本では皆無，米国では4社見られた。数少ないサンプルの結果ではあるが，グローバルに通用するようなWebビジネスのハイテク・スタートアップの創出のためには，専門性の高い教育を受けた技術系人材を経営チームに擁することが必要である。そのようなスタートアップであれば，既存企業は技術シーズの提供者と見なして，買収意欲が増すであろう。ただし，先述したように，2015年以降，AI分野を中心に，勢いのあるハイテク・スタートアップが日本にも増えている。これらの経営チームには，技術

系人材が存在していることを強調しておきたい。

1.4.2. シリアルアントレプレナー

シリアルアントレプレナーの割合は，日本が24.4%，米国が57.8%と大きな開きがあった（第5章の表5-1）。また，シリアルアントレプレナーの起業回数は，日本は2回，3回，4回目と数を追うに従って人数が減っていくが，米国は4回目が最も多かった。さらに，出口を迎えた事例を比較すると，シリアルアントレプレナーによって率いられる企業は，日本は7社中2社，米国は4社中3社であった。米国は，何度も起業を繰り返す傾向が顕著である。

シリコンバレーでは，一般的に，その繰り返される起業は，個人ではなく，チームレベルで起きていることを第2章で指摘したが，米国の出口に至った2社がそれに該当する。Fitbitの2人は，前回の起業から，引き続き，経営チームを形成していた。Bitzer Mobileの3人の創業者達は，その後の起業の際にも，再度，チームを形成した。起業家個人のレベルではなく，チームとして熟達（expertise）していくとみなすことができるのではないだろうか。

ところで，起業家活動が米国ほど活発ではなかった日本で，シリアルアントレプレナーが増えていくには，もちろん，時間がかかる。米国の事例からわかるように，失敗した場合だけではなく，売却した後にも起業は繰り返されている。株式公開よりもむしろ，売却の機会を増やすことが，熟達したシリアルアントレプレナーを増やすことに繋がる。重ねて，日本の既存企業が，新規事業の担い手としてスタートアップのビジネスに期待する姿勢が望まれる。それとともに，起業家が，出口戦略として売却も視野にいれて，売却先や売却時期・金額を早い段階から想定することが重要である。

1.4.3. 人材のグローバル度

経営チームのメンバーのグローバル度は日米の大きな差である。シリコンバレーには，そもそも移民が世界中から流入しており，そのなかから起業に向かう技術系人材が多いことを第2章で説明した。本研究対象も，日本の回答者にはほとんど移民が含まれていないこととは対照的に，米国の回答者の半分近くは米国の国籍を持っていない移民であった（第5章の表5-1）。米国で，出口を迎えたか，または，成長した7社中5社の創業者は移民で

あり，具体的には，パキスタン，ギリシャ，インド，トルコ，アイルランドの出身だった。しかも，そのうち，3社は，祖国および隣国に開発部隊を置いていた。経営とマーケティング機能を米国内に置き，開発や生産機能を故郷に置く国際分業のパターンである。

　首都圏が，シリコンバレーのように移民を受け入れ，起業家活動が活発になるには，言語やビザの問題もあるので簡単ではない。しかし，エンジニアリングの仕事では，言語の相違は大きな障害とはならない。起業特区のような政策の後押しも必要だが，シリコンバレーに学ぶべき最も現実的な方法は，海外からの留学生を技術系の大学院に集めることである。シリコンバレーの移民の起業家はほとんどが技術系人材であり，大学院から米国に留学している。日本でも奨学金等の制度を整えて，潜在的起業家として，若い技術系人材を世界から集めることは1つの方策と考える。もう1つは，日本人起業家が外国人と経営チームを組成する体制をつくることであろう。これについては，後項で考察をしたい。

1.5. 戦略

　戦略に関して日米ではっきりした差があったのは，グローバル志向である。平均値の差の検定の結果，米国は日本よりもグローバル志向が高いことが実証できた（第5章の表5-3）。さらに，出口を迎えた事例と成長した事例のグローバル展開を確認すると，米国の7社中6社は，開発部隊を海外に置くか，もしくは海外にも販売している（第4章の表4-14，表4-15）。一方の日本では，13社のうち2社が，海外にも販売している。したがって，調査対象全体の傾向も，個別の成長事例も，グローバル志向は米国の方が明らかに高い。その理由は，前項で指摘したとおり，米国の創業者の半分が移民であることが大きい。そのため，立ち上げ時からグローバルを志向するボーン・グローバル（国境を越えて機会探索を行って評価し，その機会を利用して，将来の製品やサービスを生み出す）になる可能性は極めて高い。それに比べると，日本のスタートアップがボーン・グローバルを志向するのは難度が高い。

　日本のスタートアップは，ボーン・グローバルではなく，時間が経ってからグローバル化を進めるしかないのだろうか。その答えは，否だろう。速い

成長を求められるハイテク分野では，段階的にグローバル化することは競合に遅れを取ることを意味する。ローカル市場を狙うビジネスは別にして，グローバル市場を目標にしたビジネスは，できるだけ早く，グローバル化を実行する必要がある。前項で指摘したように，外国人と経営チームを組成することは1つの方法である。ただし海外から招聘する，または，日本在住ではない外国人と遠隔で経営チームを組成するためには，起業家がグローバルなネットワークを持っていなければならない。制度的には留学の促進と帰国子女の活用等が要になるだろうが，潜在的起業家が起業前から，グローバルなソーシャルネットワークを構築する努力を行うことが肝要である。

2. 不確実性のマネジメント

第6章から第8章で取り上げた2社の製品サービスは，先例となる製品サービスがないために，市場のニーズが不透明で，不確実性に満ちていた。しかも，起業家にとっては初めての起業であるため，組織の管理運営に関する不確実性も高い。その不確実性の下で行われた起業機会認識プロセスを，McMullen & Shepherd（2006）のモデルを使って明らかにし，成長プロセスにおける意思決定を Sarasvathy（2001,2008）のエフェクチュエーションと因果推論のコーゼーションに分類した。本節では，それぞれのプロセスに対する貢献を確認し，2つの概念の橋渡しができるかどうかを検討する。

2.1. 起業機会認識プロセスに対する貢献

McMullen & Shepherd（2006）の機会認識プロセスは，機会が明らかに存在すると認識しても，それは他人事の第三者機会にすぎず，それが当事者機会に変化しなければ，起業行動には至らないという2段階モデルである。当事者機会に変化するには，機会がもたらすであろう将来の報酬が，知覚している不確実性を超えなければならない。実現性を評価し，自分との適合性が高いと判断できれば，モチベーションが高まって当事者機会となり，起業行動に移る（第7章の図7-1）。McMullen & Shepherd（2006）は，このコンセプトを理路整然と説明しており，アントレプレナーを唱えた Schumpeter，機敏性を唱えた Kirzner，不確実性の定義をした Knight の理論を援用し

て，モデルの頑健性を高めた。ただし，McMullen 達は，具体的な事例を使って，モデルを検証してはいない。

　本研究の貢献の 1 つは，このモデルの検証を 2 社の事例の文脈のなかで行ったことにある。さらに，実現性を技術面と市場面に分類して，それぞれの実現性が高いと評価されたことによって，第三者機会が当事者機会に変化したことを明らかにした（第 7 章の図 7-2 および図 7-3）。2 社の製品サービスは先例がなかったため，顧客のニーズに適合するかどうかという市場面の実現性を評価することは難しかったはずだ。その評価の難しい実現性を判断できたことは，Kirzner の機敏性に相当するものである。つまり，本研究は，起業家の持つ機敏性の具体例を示すことができた。

2.2. 成長プロセスに対する貢献

　Sarasvathy は，熟達と表現されるベテラン起業家の意思決定を説明する概念として，エフェクチュエーションの概念を確立したが，本研究対象における 2 事例の創業者は熟達した起業家ではない。過去に起業した経験は一度もなかった。つまり，起業経験のないノービスアントレプレナーの意思決定が，エフェクチュエーションの論理によって行われたことを本研究で実証できた。裏を返せば，エフェクチュエーションの論理に基づく意思決定をしたことによって，ノービスアントレプレナーも不確実性に対処して，ビジネスを拡大することができたのである。

　Sarasvathy（2001, 2008）のエフェクチュエーションは不確実性の高い状況下で行われる意思決定の論理であり，先例のない製品サービスを上市して顧客を獲得していく状況には適していた。事例で見られた意思決定の継時的変化は，Reymen et al.（2015）が実証したように，エフェクチュエーションとコーゼーションがダイナミックにシフトしていたことを確認できた。

　また，Reymen 達は，環境の不確実性と事業範囲の関係に注目した上で，エフェクチュエーションかコーゼーションか，どちらの論理が使われるかを検証しており，本研究は，その結果の追試ができた。それは「環境の不確実性が高いと，原則的に，製品サービスや市場のセグメントを増やして，エフェクチュエーションの論理の意思決定が行われる」というものである。

　ただし，財務面での経営資源が制約条件になることに留意しなければなら

ない。つまり，実際には，環境の不確実性と財務面での経営資源の状態を合わせて，優先順位を検討した上で，事業範囲とそれに伴う意思決定の論理が決まる。財務面の経営資源は強い制約条件となるため，たとえ，環境の不確実性が高く，製品サービスを増やしたいと経営者が望んでも，実行できないことは多々ある。若い企業のジレンマはここにあり，資金調達の重要性が強調される所以である。Reymen 達はその点を議論していないが，本研究では，事例による考察を行った。

2.3. 起業機会認識モデルとエフェクチュエーションの橋渡し

McMullen & Shepherd（2006）の起業機会認識モデルは，機会認識プロセスを理路整然と説明し，Sarasvathy（2001）のエフェクチュエーションの概念は，起業プロセスの全てを網羅するものの，主に，成長プロセスを対象に議論している。この2つは，まったく別の概念であるが，現実の現象の繋がりを追うことで，2つの概念間の橋渡しをできないだろうか。

起業機会認識プロセスにおいて，時間をかけて機会の検討がなされる場合，つまり，第三者機会から当事者機会に移行する際に時間がかかった場合には，たとえ事業化がスムーズに進まないような事態になっても，エフェクチュエーションの論理を使って，試行錯誤を繰り返すのではないだろうか。逆に，時間をかけて機会の検討がなされなかった場合には，コーゼーションの論理で意思決定をするのではないか，ということを，エニグモの事例を使って考察してみる。

エニグモのコアのサービスである「バイマ」の起業機会は，行為者によって十分に検討されたものであり，そのプロセスが，McMullen & Shepherd（2006）の2段階モデルに即していることは，第7章で確認した（第7章の図7-2）。第三者機会から当事者機会に変化するには時間がかかった。実現性と適合性について2人で話し合い，周囲に意見も求めた。それとは対照的だったのが，第2のサービス「プレスブログ」の機会認識である。第2のサービスのアイデアは，コアのサービスを展開するなかで派生的に生まれたものであり，第三者機会から当事者機会に変化するには時間がかからなかった（第6章2.3.2）。2つの機会は直結していたとも表現できる。つまり，他者もその機会に容易に気づくことができたはずであり，実際，競合が

相次ぎ参入している。

　コアのサービスを事業化する際に，エニグモの意思決定は，エフェクチュエーションの論理を利用して行われた（第8章の表8-2）。特に重要だったエフェクチュエーションの意思決定は，「予期せぬ事象を梃子利用」したことである。梃子利用とは，予期せぬ事象は良いも悪いも含めて，自分なりにどう対処すべきかを考え，新しい機会に変えられないかどうかを検討する（Dew et al., 2009）ことであり，つまり，今すぐにではなく，いずれ便益を得ようというエフェクチュエーションの意思決定をすることであった。具体的には，コアのサービスが不振であったにもかかわらず，赤字でも継続する意思決定をした。「ゆっくり育てて大きく刈り取る」という言葉にあらわされているように，地道に会員数を増やしていくことを決めたのである。この時，第2のサービスも市場に投入されており，大きく舵を切って経営資源を第2のサービスに集中させることもできた。しかし，もしもその意思決定をしていたら，エニグモの成長はなかっただろう。第2のサービスは，競合の参入が相次ぎ，撤退するという道を辿ったからだ。撤退を決めたことは，「予期せぬ事象を回避」するコーゼーションの意思決定に相当する。

　上記のことから導出できる論理は次のとおりである。機会認識プロセスにおいて，第三者機会から当事者機会に変化するために時間を要する場合は，不確実性が高いと認識されている。知識を収集し，自問自答を繰り返し，時には周囲に意見を求めて，実現性と適合性を評価する。やがて，機会がもたらすであろう将来の報酬が，不確実性に耐えられるほど高いレベルになると，モチベーションが十分に高まる。その後に実行される起業家活動は，エフェクチュエーションの論理に則って試行錯誤を繰り返すのではないか。なぜならば，第三者機会から当事者機会に変化するために時間を要したということは，市場に製品サービスを投入しても，容易には顧客の需要を得られないリスクを認知していたことになる。したがって，たとえ，すぐに需要を得られなかったとしても，諦めることなく，エフェクチュエーションの論理に則った意思決定を繰り返すのではないか。

　つまり，本研究は，2つの概念の橋渡しをすることができたことになる。もちろん，複数の事例研究や実験によって，2つの概念のつながりを注意深く検証しなければならない。

3. 本研究の限界

　本研究は，分析対象の範囲を次第に狭めていった。すなわち，調査対象の定量分析（日本86社と米国45社），成長事例のプロフィールの分析（日本13社と米国7社），不確実性が高かった2社の事例分析（日本2社）と進めてきた。

　まず，定量分析では，起業家の属性やビジネスの概要を明らかにし，成長要因を抽出したものの，サンプル数は日米ともに100社に満たなかったため，限定的な結果に過ぎない。そこで，成長事例の起業家と企業のプロフィールを示すことによって，定量データの背景にある文脈も伝える努力を行った。しかし，起業家活動の実態に触れる機会が少ない読者や，シリコンバレーのエコシステムへの関心が高くなかった読者にはその文脈が伝わりにくかったかもしれない。最後は，2社に絞って事例分析を行い，起業プロセスの記述のなかで成長要因を確認した。しかしながら，事例分析は日本企業に限られ，米国企業にメスを入れることはできず，質的データの深いレベルで日米比較ができなかった。

　合わせて，2社の事例分析では，起業プロセスのなかで，起業家が，どのように機会を認識し，どのような意思決定を行ったのかを明らかにしてきたが，2社の起業家はシリアルアントレプレナーではない。シリアルアントレプレナーと起業経験のないノービスアントレプレナーの比較を行うことができれば，不確実性のマネジメントに新たな分析の視角を立てることができたかもしれない。

　また，2社は，米国にも先例がないサービスを日本で上市して収益性の高いビジネスに育てあげた。米国に先例があったサービスを日本で育てたクラウドワークスのような事例の成長プロセスと，2社のプロセスを比較することができれば，新たな発見ができたかもしれない。

4. 今後の研究の方向性

　前節の本研究の限界を克服すべく，今後の研究の方向性を挙げる。

　まず，起業家の経験レベルに焦点を当てた方向性である。本研究では，シ

リアルアントレプレナーの機会認識を2段階モデルで分析するほどの深い
データを集めることはできず，成長プロセスを詳細に追うこともできなかっ
たので，これに取り組みたい。

　Sarasvathyの熟達の域に達する前に，起業家は，ノービスアントレプレ
ナーから始まってシリアルアントレプレナーになる。それぞれの段階の起業
家は，第三者機会から当事者機会に変化するメカニズムに関しては，どのよ
うな特徴を持っているのだろうか。成長プロセスの意思決定のダイナミック
シフトに違いはあるのだろうか。

　ノービスから熟達までの変遷を追う研究の方法は，個人の記憶を引き出す
インタビューになる。ノービス，シリアル，熟達の3つの段階の起業家を
比較するのなら，それぞれの起業家を集めて，進行中のビジネスについてイ
ンタビューをする方法もある。また，架空の課題を課すシンク・アラウド法
もある。もしも，そのような調査が日米両国で実施できれば，含蓄ある比較
研究となるだろう。日本の起業家教育に対する示唆も見出せると考える。

　もう1つの研究の方向性は，事業化しようとする製品サービスの先例が
あるか無いかによって，成長プロセスがどのように変わるかを検討すること
である。経営資源の獲得や戦略にどのような相違があり，意思決定のダイナ
ミックシフトには相違が見られるだろうか。

　たとえば，海外に先例のある製品サービスを事業化するのならば，参入し
てくるだろう他社に負けないように，速く成長しなければならない。本研究
の対象のなかでは，クラウドワークスがその典型例であった。また，先例が
なくても，早期に競合の参入が予想される場合にも，成長を急がなければな
らない。Fitbitはシリコンバレーで数億ドルの資金調達を行い，エンジニア
を多数雇用して，ハイテク製品を開発するスピードを上げた。

　先例がなく，競合の参入も予想されなかった事例はエニグモである。実
際，新しいサービスの市場が立ち上がるには時間がかかり，競合が参入意欲
を持つことはなかった。ビジネスが軌道に乗ってからも競合が出現しなかっ
たのは，海外に住む日本人の買い付け人を組織化するという事業の仕組みを
真似する意欲を誰も持てなかったからだろう。エニグモは競合と戦う必要は
なかったが，市場の不確実性は極めて高かった。

　エニグモの意思決定は，起業プロセスの早い段階では，エフェクチュエー

ションが多く，需要の伸びとともに，コーゼーションが増えた。それに比べると，先例がある場合の成長プロセスは，早い段階からコーゼーションが多いことが予想できる。しかし，競合の行動を予測しなければならないのならば不確実性が増すため，潜在顧客の動向だけを予測していたエニグモの不確実性とは異なる意思決定が見られるのではないか。

　製品サービスの先例の有無によって，意思決定のダイナミックシフトが変わるとすれば，その研究から得られる知見は，起業家活動だけではなく，既存企業の新規事業開発にも適用できるであろう。

参考文献

［欧文文献］

Aldrich, H. E., Elam, A. B., & Reese, P. R.(1997), "Strong ties, weak ties, and strangers: Do women business owners differ from men in their use of networking to obtain assistance?" in S. Birley & I. MacMillan(Eds.), *Entrepreneurship in a Global Context* (pp.1-25), Routledge.

Aldrich, H. E., & Kenworthy, A. L.(1999), "The accidental entrepreneur: Campbellian antinomies and organizational foundings," in J. A. C. Baum & B. McKelvey(Eds.), *Variations in Organization Science: In Honor of Donald T. Campbell* (pp.19-33), Sage.

Aldrich, H. E., Reece, P. R., & Dubini, P.(1989), "Woman on the verge of a breakthrough?: Networking among entrepreneurs in the US and Italy," *Entrepreneurship and Regional Development, 1*(4), pp.339-356.

Aldrich, H. E., Rosen, B., & Woodward, W.(1987), "The impact of social networks on business founding and profit: A longitudinal study," *Frontiers of Entrepreneurship Research* (pp.154-168), Babson College.

Alvarez, S. A., & Barney, J. B.(2007), "Discovery and creation: Alternative theories of entrepreneurial action," *Strategic Entrepreneurship Journal, 1*(1-2), pp.11-26.

Alvarez, S. A., Barney, J. B., & Anderson, P.(2013), "Forming and exploiting opportunities: The implications of discovery and creation processes for entrepreneurial and organizational research," *Organization Science, 24*(1), pp.301-317.

Alvarez, S. A., & Parker, S.(2009), "New firm organization and the emergence of control rights: A Bayesian approach," *Academy of Management Review, 34*(2), pp.209-227.

Autio, E., Sapienza, H.J., & Almeida, J. G.(2000), "Effects of age at entry, knowledge intensity, and imitability on international growth," *Academy of Management Journal, 43*(5), pp.909-924.

Azevedo, J. (1997), *Mapping Reality: An Evolutionary Realist Methodology for the Natural and Social Sciences*, State University of New York Press.

Azevedo, J.(2002), "Updating organizational epistemology," in J. A. C. Baum (Eds.), *The Blackwell Companion to Organizations* (pp.715–732), Blackwell Publishers.

Barney, J. B.(1991), "Firm resources and sustained competitive advantage," *Journal of Management, 17* (1), pp.99-120.

Baum, J. A. C., & Silverman, B.(2004), "Picking winners or building them?: Alliance, intellectual, and human capital as selection criteria in venture financing and performance of biotechnology startups," *Journal of Business Venturing, 19*(3), pp.411-436.

Beckman, C. M., Burton, M. D., & O'Reilly, C.(2007), "Early teams: The impact of entrepreneurial team demography on VC financing and going public," *Journal of Business Venturing, 22*(2), pp.147-173.

Bell, J., McNaughton, R., & Young, S.(2001), " 'Born-again global' firms: An extension to the 'born global' phenomenon," *Journal of International Management, 7*(3), pp.173-189.

Bell, J., McNaughton, R., Young, S., & Crick, D. (2003), "Towards an integrative model of small firm internationalization," *Journal of International Entrepreneurship*, *1*(4), pp.339-362.

Berger, P. L., & Luckmann, T. (1967), *The Social Construction of Reality: A Treatise in the Sociology of Knowledge*, Anchor Books Doubleday.

Birley, S. (1985), "The role of networks in the entrepreneurial process," *Journal of Business Venturing*, *1*(1), pp.107-117.

Birley, S., & Stockley, S. (2000), "Entrepreneurial teams and venture growth," in D. L. Sexton & H. Landstrom (Eds.), *The Blackwell Handbook of Entrepreneurship*, Blackwell Publishers.

Brüderl, J., & Preisendörfer, P. (1998), "Network support and the success of newly founded businesses," *Small Business Economics*, *10*(3), pp.213-225.

Burt, R.S. (2000), "The network structure of social capital," in R.I. Sutton & B.M. Staw (Eds.), *Research in Organizational Behavior* (pp.345-423), JAI Press.

Bygrave, W., & Timmons, J. (1992), *Venture Capital at the Crossroads*, Harvard Business School Press.

Chandler, G. N., DeTienne, D. R., McKelvie, A., & Mumford, T.V. (2011), "Causation and effectuation processes: A validation study," *Journal of Business Venturing*, *26*(3), pp.375-390.

Chandler, G. N., & Hanks, S. H. (1998), "An examination of the substitutability of founders human and financial capital in emerging business ventures," *Journal of Business Venturing*, *13*(5), pp.353-369.

Chandler, G. N., Honig, B., & Wiklund, J. (2005), "Antecedents, moderators, and performance consequences of membership change in new venture teams," *Journal of Business Venturing*, *20*(5), pp.705-725.

Chesbrough, H. W. (2003), *Open Innovation: The New Imperative for Creating and Profiting from Technology*, Harvard Business School Press (大前恵一朗訳『OPEN INNOVATION ― ハーバード流イノベーション戦略のすべて』産業能率大学出版会. 2004 年).

Chetty, S., & Campbell-Hunt, C. (2004), "A strategic approach to internationalization: A traditional versus a 'born-global' approach," *Journal of International Marketing*, *12*(1), pp.57-81.

Choi, Y. R., Lévesque, M., & Shepherd, D. A. (2008), "When should entrepreneurs expedite or delay opportunity exploitation?," *Journal of Business Venturing*, *23*(3), pp.333-355.

Covin, J. G., & Slevin, D. P. (1989), "Strategic management of small firms in hostile and benign environments," *Strategic Management Journal*, *10*(1), pp.75-87.

Covin, J. G., & Slevin, D. P. (1991), "A conceptual model of entrepreneurship as a firm behavior," *Entrepreneurship Theory and Practice*, *16*(1), pp.7-25.

Cressy, R. C. (1996), "Are business startups debt-rationed?," *The Economic Journal*, *106*(438), pp.1253-1270.

Cressy, R. C. (2006), "Why do most firms die young?," *Small Business Economics*, *26*(2), pp.103-116.

Davidsson, P. (2015), "Entrepreneurial opportunities and the entrepreneurship nexus: A re-conceptualization," *Journal of Business Venturing*, *30*(5), pp.674-695.

Davidsson, P., & Honig, B. (2003), "The role of social and human capital among nascent entrepreneurs," *Journal of Business Venturing*, *18*(3), pp.301-331.

Dew, N., Read, S., Sarasvathy, S. D., & Wiltbank, R. (2009), "Effectual versus predictive logics in entrepreneurial decision-making: Differences between experts and novices," *Journal of Business Venturing*, *24*(4), pp.287-309.

Dew, N., Read, S., Sarasvathy, S. D., & Wiltbank, R. (2011), "On the entrepreneurial genesis of new markets: Effectual transformations versus causal search and selection," *Journal of Evolutionary Economics*, *21*(2), pp.231-253.

Dew, N., Sarasvathy, S. D., Rread, D., & Wiltbank, R. (2018), "Microfoundations for new market creation: Differences between expert entrepreneurs and expert managers," *International Review of Entrepreneurship*, *16*(1), pp.1-28.

Dimov, D. (2007), "From opportunity insight to opportunity intention: The importance of person-situation learning match," *Entrepreneurial Theory and Practice*, *31*(4), pp.561-583.

Dubini, P., & Aldrich, H. E. (1991), "Personal and extended networks are central to the entrepreneurial process," *Journal of Business Venturing*, *6*(5), PP. 305-313.

Duke University & U. C. Berkeley (2007), *America's New Immigrant Entrepreneurs*.

Edelman, L., & Yli-Renko, H. (2010), "The impact of environment and entrepreneurial perceptions on venture-creation efforts: Bridging the discovery and creation views of entrepreneurship," *Entrepreneurial Theory and Practice*, *34*(5), pp.833-856.

Eesley, C. E., Hsu, D. H., & Roberts, E. B. (2013), "The contingent effects of top management teams on venture performance: Aligning founding team composition with innovation strategy and commercialization environment," *Strategic Management Journal*, *35*(12), pp. 1798-1817.

Eisenhardt, K. M., & Schoonhoven, C. B. (1990), "Organizational growth: Linking founding team, strategy, environment, and growth among U.S. semiconductor ventures," *Administrative Science Quarterly*, *35*(3), pp.504-529.

Elfring, T., & Hulsink, W. (2003), "Networks in entrepreneurship: The case of high-technology firms," *Small Business Economics*, *21*(4), pp.409-422.

Feigenbaum, E. A., & Brunner, D. J. (2002), "The Japanese entrepreneur: Making the desert bloom," Working paper, published by arrangement with Feigenbaum & Brunner.

Franke, N., Gruber, M., Harhoff, D., & Henkel, J. (2008), "Venture capitalists' evaluations of start-up teams: Trade-offs, knock-out criteria, and the impact of VC experience," *Entrepreneurship Theory and Practice*, *32*(3), pp.459-483.

Gartner, W. B., Bird, B. J., & Starr, J. A. (1992), "Acting as if: Differentiating entrepreneurial from organizational behavior," *Entrepreneurship Theory and Practice*, *16*(3), pp.13-31.

Gompers, P., & Lerner, J. (2000), "Money chasing deals?: The impact of fund inflows on private equity valuation,"*Journal of Financial Economics*, *55*(2), pp.281-325.

Goslin, L., & Barge, B. (1986), "Entrepreneurial qualities considered in venture capital support," in R. Ronstadt, J. A. Hornaday, R. Petersen, & K. H. Vesper (Eds.), *Frontiers on Entrepreneurship Research* (pp.366-379), Babson College.

Granovetter, M. S. (1973), "The strength of weak ties," *American Journal of Sociology*, *78*(6), pp.1360-1380.

Granovetter, M. S. (1982), " The strength of weak ties: A network theory revisited," in P. V. Marsden & N. Lin (Eds.), *Social Structure and Network Analysis*, Sage.

Granovetter, M. S. (1992), "Problems of explanation in economic sociology," in N. Nohria & R. Eccles (Eds.), *Networks and Organizations: Structure, Form, and Action* (pp.25-56), Harvard Business School Press.

Greve, A., & Salaff, J. W. (2003), "Social networks and entrepreneurship," *Entrepreneurship Theory and Practice*, *28*(1), pp.1-22.

Hambrick, D. C., & Mason, P. A. (1984), "Upper echelons: The organization as a reflection of its top managers,"*Academy of Management Review*, *9*(2), pp.193-206.

Hayek, F. A. (1945), "The use of knowledge in society," *American Economic Review*, *35*(4), pp.519-530.

Hayek, F. A. (1978), "Competition as a discovery procedure," in F. A. Hayek, *New Studies in Philosophy,*

Politics, Economics and the History of Ideas, University of Chicago Press.

Haynie, J. M., Shepherd, D. A., & McMullen, J. S.(2009), "An opportunity for me?: The role of resources in opportunity evaluation decisions," *Journal of Management Studies, 46*(3), pp.337-361.

Heilemann, J.(1997), "The networker: John Doerr is revolutionizing the high-tech business, for the second time," *New Yorker*, August 11,pp. 28-36.

Hellman, T., & Puri, M.(2002), "Venture capital and the professionalization of start-up firms: Empirical evidence,"*Journal of Finance, 57*(1), pp.169-197.

Higgins, M. C., & Gulati, R.(2003), "Getting off to a good start: The effects of upper echelon affiliations on underwriter prestige," *Organization Science, 14*, pp.244-263.

Higgins, M. C., & Gulati, R.(2006), "Stacking the deck: The effects of top management backgrounds on investor decisions," *Strategic Management Journal, 27*(1), pp.1-25.

Johanson, J., & Vahlne, J.-E.(1977), "The internationalization process of the firm: A model of knowledge development and increasing foreign market commitments," *Journal of International Business Studies, 8*(1), pp.23-32.

Johason, J., & Wiedersheim-Paul, F.(1975), "The internationalization of the firm: Four Swedish cases," *Journal of Management Studies, 12*(3), pp.305-322.

Kaish, S., & Gilad, B.(1991), "Characteristics of opportunities search of entrepreneurs versus executives: Sources, interests, general alertness," *Journal of Business Venturing, 6*(1), pp.45-61.

Keck, S. L.(1997), "Top management team structure: Differential effects by environmental context," *Organization Science, 8*(2), pp.143-156.

Keck, S. L., & Tushman, M. L.(1993), "Environmental and organizational context and executive team structure,"*Academy of Management Journal, 36*(6), pp.1314-1344.

Kirzner, I.(1973), *Competition and Entrepreneurship,* University of Chicago Press.

Kirzner, I.(1979), *Perception, Opportunity, and Profit: Studies in the Theory of Entrepreneurship*, University of Chicago Press.

Knight, F. H.(1921), *Risk, Uncertainty and Profit*, Houghton Mifflin.

Knight, G. A., & Cavusgil, S. T.(1996), "The born global firm: A challenge to traditional internationalization theory," *Advances in International Marketing, 18* , pp.11-26.

Krueger, N. F.(1993), "The impact of prior entrepreneurial exposure on perceptions of new venture feasibility and desirability," *Entrepreneurship Theory and Practice, 18*(2), pp.5-21.

Krueger, N. F.(2000), "The cognitive infrastructure of opportunity emergence," *Entrepreneurship Theory and Practice, 24*(3), pp.5-23.

Larson, A., & Starr, J. A.(1993), "A network model of organization formation," *Entrepreneurship Theory and Practice, 17*(2), pp.5-17.

Lee, C. M.(2000), "Four styles of valley entrepreneurship," in C. M. Lee, W. F. Miller, M. G. Hancock, & H. S. Rowen(Eds.), *The Silicon Valley Edge* (pp. 94-123), Stanford University Press.

Lin, N., & Dumin, M. (1986), "Access to occupations through social ties," *Social Networks, 8*(4), pp.365-385.

Lumpkin, G. T., & Dess, G. G.(1996), "Clarifying the entrepreneurial orientation construct and linking it to performance," *Academy of Management Review, 21*(1), pp.135-172.

Madsen, T. K., & Servais, P.(1997), "The internationalization of born global: An evolutionary process?," *International Business Review, 6*(6), pp.561-583.

McDougall, P. P., & Oviatt, B. M.(2000), "International entrepreneurship: The intersection of two research paths," *Academy of Management Journal, 43*(5), pp.902-906.

McEvily, B., & Zaheer, A.(1999), "Bridging ties: A source of firm heterogeneity in competitive capabilities," *Strategic Management Journal, 20*(12), pp.1133-1156.

McEvoy, G. M., & Cascio, W. F.(1987), "Do good or poor performers leave?: A meta-analysis of the relationship between performance and turnover," *Academic of Management Journal, 30*(4), pp.744-762.

McGrath, R. G., & MacMillan, I. C.(2000), *The Entrepreneurial Mindset: Strategies for Continuously Creating Opportunity in an Age of Uncertainty*, Harvard Business School Press.

McKinsey & Co., & Australian Manufacturing Council(1993), "Emerging Exporters: Australia's High Value-Added Manufacturing Exporters," Melbourne, Australian Manufacturing Council.

McMullen, J. S., & Shepherd, D. A.(2006), "Entrepreneurial action and the role of uncertainty in the theory of the entrepreneur," *Academy of Management Review, 31*(1), pp.131-152.

Menger, C.(1871), *Principles of Economics*, New York University Press.

Miller, D.(1983), "The correlates of entrepreneurship in three types of firms," *Management Science, 29* (7), pp.770-791.

Miller, K. D.(2007), "Risk and rationality in entrepreneurial processes," *Strategic Entrepreneurship Journal, 1*(1-2), pp.57-74.

Miloud, T., Aspelund, A., & Cabrol, M.(2012), "Startup valuation by venture capitalists: An empirical study," *Venture Capital, 14*(2-3), pp.151-174.

Morris, M. H., & Kuratko, D. F.(2002), *Corporate Entrepreneurship: Entrepreneurial Development Within Organizations*, South-Western Publishing.

Murray, A. I.(1989), "Top management group heterogeneity and firm performance," *Strategic Management Journal, 10*, pp.125-141.

Nesheim, J. L.(1997), *High Tech Start Up: The Complete How-to Handbook for Creating Successful New High Tech Companies*, Free Press

Nummela, N., Saarenketo, S., Jokela, P., & Loane, S.(2014), "Strategic decision-making of a born global: A comparative study from three small open economies," *Management International Review, 54* (4), pp.527-550.

Okamuro, H.(2004), "Survival of new firms in an industry agglomeration: An empirical analysis using telephone directory of Tokyo," *COE/RES, Discussion Paper Series* (Hitotsubashi University), 65.

O'Reilly, C. A., Snyder, R. C., & Boothe, J. N.(1993), "Effects of executive team demography on organizational change," in G. P. Huber & W. H. Glick(Eds.), *Organizational Change and Redesign*, Oxford University Press, pp.147-175.

Oviatt, B. M., & McDougall, P. P.(1994), "Toward a theory of international new ventures," *Journal of International Business Studies, 25*(1), pp.45-64.

Oviatt, B. M., & McDougall, P. P.(2005), "Defining international Entrepreneurship and modeling the speed of internationalization," *Entrepreneurship Theory & Practice, 29*(5), pp.537-553.

Ozgen, E., & Baron, R. A.(2007), "Social sources of information in opportunity recognition: Effects of mentors, industry networks, and professional forums," *Journal of Business Venturing, 22*(2), pp.174-192.

Penrose, E. T.(1959), *The Theory of the Growth of the Firm*, Basil Blackwell.

Ragins, B. R., & Scandura, T. A.(1999), "Burden or blessing?: Expected cost and benefits of being a mentor," *Journal of Organizational Behavior, 20*(4), pp.493-509.

Randall, S.(2012), *The Launch Pad: Inside Y Combinator*, Penguin Group.

Randel, A. E., & Jaussi, K. S.(2003), "Functional background identity, diversity, and individual performance in cross-functional teams," *Academy of Management Journal*, *46*(6), pp.763-774.

Read, S., & Sarasvathy, S. D.(2005), "Knowing what to do and doing what you know: Effectuation as a form of entrepreneurial expertise," *Journal of Private Equity*, *9*(1), pp.45-62.

Read, S., Dew, N., Sarasvathy, S.D., Song, M., Wiltbank, R. (2009), "Marketing under uncertainty: The logic of an effectual approach," *Journal of Marketing*, *73*(3), pp.1-18.

Renzulli, L. A., Aldrich, H. E., & Moody, J.(2000), "Family matters: Gender, networks, and entrepreneurial outcomes," *Social Forces*, *79*(2), pp.523-546.

Reymen, I. M. M. J., Andries, P., Berends, H., Mauer, R., Stephan, U., & van Burg, J. C.(2015), "Understanding dynamics of strategic decision-making in venture creation: A process study of effectuation and causation," *Strategic Entrepreneurship Journal*, *9*(4), pp.351-379.

Reymen, I., Berends, H., Oudehand, R., & Stultiëns, R. (2017), "Decision making for business model development: A process study of effectuation and causation in new technology-based ventures,"*R&D Management*, *47*(4), pp.595-606.

Ries, E. (2011), *The Lean Startup: How Today's Entrepreneurs Use Continuous Innovation to Create Radically Successful Business*, Currency.

Roberts E. B.(1991), *Entrepreneurs in High Technology: Lessons from MIT and Beyond*, Oxford University Press.

Roure, J. B., & Keeley, R. H.(1990), "Predictors of success in new technology based ventures," *Journal of Business Venturing*, *5*(4), pp. 201-220.

Rowley, T., Behrens, D., & Krackhardt, D.(2000), "Redundant governance structures: An analysis of structural and relational embeddedness in the steel and semiconductor industries," *Strategic Management Journal*, *21*(3), pp.369-386.

Sarasvathy, S. D. (2001), "Causation and effectuation: Toward a theoretical shift from economic inevitability to entrepreneurial contingency," *Academy of Management Review*, *26*(2), pp.243-263.

Sarasvathy, S. D.(2008), *Effectuation: Elements of Entrepreneurial Expertise*, Edward Elgar Publishing(加護野忠男監訳, 高瀬進・吉田満梨訳『エフェクチュエーション：市場創造の実効理論』碩学舎, 2015 年).

Sarasvathy, S. D., & Dew, N.(2005), "New market creation through transformation," *Journal of Evolutionary Economics*, *15*(5), pp.533-565.

Sarasvathy, S. D., & Venkataraman, S.(2011), "Entrepreneurship as method: Open questions for an entrepreneurial future," *Entrepreneurship Theory and Practice*, *35*(1), pp.113-135.

Saxenian, A.(1994), *Region Advantage*, Harvard University Press(大前研一訳『現代の二都物語』講談社. 1995 年).

Saxenian, A.(1999), *Silicon Valley's New Immigrant Entrepreneurs*, Public Policy Institute of California.

Saxenian, A.(2006), *The New Argonauts*, Harvard University Press(星野岳穂・本山康之監訳『最新・経済地理学 グローバル経済と地域の優位性』日経 BP 社. 2008 年).

Schoonhoven, C. B., Eisenhardt, K. M., & Lyman, K.(1990), "Speeding products to market: Waiting time to 1st product introduction in new firms," *Administrative Science Quarterly*, *35*(1), pp.177-207.

Schumpeter, J. A.(1928a), "Unternehmer"(Handwörterbuch der Staatswissenschaften)(清成忠男編訳『企業家とは何か』〔第 1 章〕東洋経済新報社, 1998 年).

Schumpeter, J. A.(1928b), "Der Unternehmer in der Volkswirtschaft von heute"(Strukturwandlungen der Deutscher Volkswirtschaft, Erster Band)(清成忠男編訳『企業家とは何か』〔第 2 章〕東洋経済新報社. 1998 年).

Schumpeter, J. A.(1934), *The Theory of Economic Development*, Transaction.

Shane, S. (2000), "Prior knowledge and the discovery of entrepreneurial opportunities," *Organization Science*, *11*(4), pp.448-469.

Shane, S. (2003), *A General Theory of Entrepreneurship: The Individual–opportunity Nexus*, Edward Elgar Publishing.

Shane, S., & Delmar, F. (2004), "Planning for the market: Business planning before marketing and the continuation of organizing efforts," *Journal of Business Venturing*, *19*(6), pp.767-785.

Shane, S., & Nicolaou, N. (2013), "The genetics of entrepreneurial performance," *International Small Business Journal*, *31*(5), pp.473-495.

Shane, S., & Venkataraman, S. (2000), "The promise of entrepreneurship as a field of research," *Academy of Management Review*, *25*(1), pp.217-226.

Shepherd, D. A., & DeTienne, D. R. (2005), "Prior knowledge, potential financial reward, and opportunity identification," *Entrepreneurship Theory and Practice*, *29*(1), pp.91-112.

Shepherd, D. A., Patzelt, H., & Baron, R. A. (2013), "I care about nature, but...: Disengaging values in assessing opportunities that cause harm," *Academy of Management Journal*, *56*(5), pp.1251–1273.

Shrader, R. C., & Simon, M. (1997), "Corporate versus independent new ventures: Resource, strategy, and performance differences," *Journal of Business Venturing*, *12*(1), pp.47-66.

Siegel, R., Siegel, E., & MacMillan, I. C. (1993), "Characteristics distinguishing high-growth ventures," *Journal of Business Venturing*, *8*(2), pp.169-180.

Sieger, P., Fueglistaller, U., Zellweger, T., & Braun, I. (2019), *2018 GUESSS Global Report*, GUESSS.

Simon, H. A. (1996), *The Sciences of the Artificial* (3rd ed.), MIT Press (稲葉元吉・吉原英樹訳『システムの科学 (第 3 版)』パーソナルメディア，1999 年).

Smeltzer, L. R., Van Hook, B.L., & Hutt, R. W. (1991), "Analysis and use of advisors as information sources in venture startups," *Journal of Small Business Management*, *29*(3), pp.10-20.

Storey, D. J. (1994), *Understanding the Small Business Sector*, International Thomas Learning Press.

Taji, N. (2014), "Resource acquisition in high-tech startup global strategies," *Technology, Innovation, Entrepreneurship and Competitive Strategy* (Emerald Publishing Group), *14*, pp.263-287.

Taji, N., & Niiya, Y. (2016), "Founding team diversity and team change as predictors of investors' attraction toward web business in the US and Japan," 『イノベーション・マネジメント』（法政大学），*13*, pp.89-100.

Taji, N., & Niiya, Y. (2018), "Growth factors affecting WEB business startups in the TOKYO Metropolitan," The proceeding of Continuous Innovation Network, September, 2018, Dublin, Ireland.

Tushman, M. L., & Anderson, P. (1986), "Technological discontinuities and organizational environments," *Administrative Science Quarterly*, *31*(3), pp.439-465.

Tushman, M. L., & Rosenkopf, L. (1996), "Executive succession, strategic reorientation and performance growth: A longitudinal study in the U.S. cement industry," *Management Science*, *42*(7), pp.939-953.

Ucbasaran, D., Lockett, A., Wright, M., & Westhead, P. (2003), "Entrepreneurial founder teams: Factors associated with member entry and exit," *Entrepreneurship Theory and Practice*, *28*(2), pp.107-127.

Venkataraman, S., Sarasvathy, S. D., Dew, N., & Forster, W. R. (2012), "Reflections on the 2010 AMR decade award: Whither the promise? Moving forward with entrepreneurship as a science of the artificial," *Academy of Management Review*, *37*(1), pp.21-33.

Vesper, K. H. (1989), *New Venture Strategies*, Prentice-Hall.

Vogel, P. (2017), "From venture idea to venture opportunity," *Entrepreneurial Theory of Practice*, *41*(6), pp.943-971.

Wasserman, N. (2003), "Founder-CEO succession and the paradox of entrepreneurial success," *Organization Science*, *14*(2), pp.149-172.

Weick, K. E. (1979), *The Social Psychology of Organizing*, Addison-Wesley.

Wenerfelt, B. (1984), "A Resource-based view of the firm," *Strategic Management Journal*, *5*(2), pp.171-180.

Whitely, W. T., Doughterty, T. M., & Dreher, G. F. (1991), "Relationship of career mentoring and socio-economic origin to managers' and professionals' early career progress," *Academy of Management Journal*, *34*(2), pp.331-351.

Wiersema, M. F., & Bantel, K. A. (1992), "Top management team demography and corporate strategic change," *Academy of Management Journal*, *35*(1), pp.91-121.

Wiltbank, R., Dew, N., Read, S., & Sarasvathy, S. D. (2006), "What to do next?: The case for non-predictive strategy," *Strategic Management Journal*, *27*(10), pp.981–998.

Zhao, X., Frese, M., & Giardini, A. (2010), "Business owners' network size and business growth in China: The role of comprehensive social competency," *Entrepreneurship & Regional Development*, *22*(7-8), pp.675-705.

Zimmerman, M. A., & Zeitz G. J. (2002), "Beyond survival: Achieving new venture growth by building legitimacy," *Academy of Management Review*, *27*(3), pp.414-431.

[邦文文献]

五十嵐伸吾(2005)「日本のスタートアップスの現状」『一橋ビジネスレビュー』第 53 巻 1 号, pp.16-35。

石井正純(2017)「イノベーションは日本を救うのか～シリコンバレー最前線に見るヒント～(10): Google が育った小さな建物は,"シリコンバレーの縮図"へと発展した」『EE Times Japan』(2017 年 1 月 20 日)。

磯田友里子・田路則子(2016)「リンクトイン―シリコンバレー発,世界最大のプロフェッショナルネットワークの軌跡」『一橋ビジネスレビュー』第 64 巻 1 号, pp. 104-122。

岩井浩一・保田隆明(2011)「新規株式公開前後における企業の質」忽那憲治編著,日本証券経済研究所編『ベンチャーキャピタルによる新産業創造』(第 11 章),中央経済社。

江島由裕(2014)『創造的中小企業の存亡―生存要因の実証分析』白桃書房。

江島由裕(2018)『小さな会社の大きな力―逆境を成長に変える企業家的志向性(EO)』中央経済社。

金井一頼(2002)「起業のプロセスと成長戦略」金井一頼・角田隆太郎編『ベンチャー企業経営論』(第 3 章),有斐閣。

金井壽宏(1994)『企業者ネットワーキングの世界― MIT とボストン近辺の企業者コミュニティの探求』白桃書房。

岸本千佳司(2018a)「シリコンバレーのベンチャーエコシステムの発展:「システム」としての包括的理解を目指して」(前編)『東アジアへの視点』第 29 巻 1 号, pp. 32-57。

岸本千佳司(2018b)「シリコンバレーのベンチャーエコシステムの発展:「システム」としての包括的理解を目指して」(後編)『東アジアへの視点』第 29 巻 2 号, pp. 48-73。

櫛田健児(2016)『シリコンバレー発 アルゴリズム革命の衝撃― Fintech, IoT, Cloud Computing, AI…アメリカで起きていること,これから日本で起きること』朝日新聞出版。

忽那憲治(2004)「雇用を創出する成長中小企業の経営戦略」『調査月報』第 523 号,国民生活金融公庫, pp. 12-19。

忽那憲治(1997)『中小企業金融とベンチャー・ファイナンス―日・米・欧の国際比較』東洋経済新

山本聡(2017)「牡蠣養殖業におけるスタートアップ企業の海外市場参入と文化的障壁の克服：エフェクチュアル・ロジックによるケース研究」『企業家研究』第 14 号, pp. 51-68。

吉田満梨(2018)「新市場創造プロセスにおける不確実性と意思決定」『マーケティングジャーナル』第 37 巻 4 号, pp. 16-32。

米倉誠一郎(1999)『経営革命の構造』岩波新書。

米倉誠一郎(2002)「日本におけるベンチャー支援の現状と問題点」『中小公庫マンスリー』6 月号, pp. 12-17。

報社。

忽那憲治(2011)「新産業創造におけるベンチャーキャピタル投資の実践的課題」忽那憲治編著，本証券経済研究所編『ベンチャーキャピタルによる新産業創造』(序章)，中央経済社。

栗木契(2018)「エフェクチュエーションを加速化する省察」『マーケティングジャーナル』第37巻4号，pp. 5-15.

経済産業省(1998)「経済活力の源泉としてのベンチャー創出」。

新藤晴臣(2006)「研究機関発ベンチャーの創造プロセス―公的研究機関と技術系ベンチャーとの連携による起業家活動」『ベンチャーズレビュー』第7号，pp. 13-22.

高瀬進(2017)『大学発ベンチャー起業家の「熟達」研究―瀧和男のライフヒストリー』中央経済社。

田路則子(2008)「シリコンバレーにおけるハイテク・スタートアップス成長のメカニズム」『研究技術計画』第23巻2号，pp. 81-90.

田路則子(2009)「シリコンバレーのシリアル・アントレプレナー―半導体スタートアップのレポート」『赤門マネジメント・レビュー』第8巻8号，pp. 493-508.

田路則子(2011)「WEBビジネスの起業家像―シリコンバレーのモバイル＆ソーシャルメディア・ビジネス」『赤門マネジメント・レビュー』第10巻10号，pp. 753-774.

田路則子(2013)「シリコンバレーの日本人起業家像」『赤門マネジメント・レビュー』第12巻3号，pp. 261-282.

田路則子(2014)「共創する人的ネットワーク連載―シリコンバレーの起業家 - 曽我弘，熊谷芳太郎」『事業構想』11月，12月号。

田路則子(2015)「共創する人的ネットワーク連載―シリコンバレーの起業家 - Naeem Zafar」『事業構想』1月号。

田路則子・鹿住倫世・新谷優・本條晴一郎(2018)「大学生の起業意識調査レポート―GUESSS 2016調査結果における日本のサンプル分析」『イノベーション・マネジメント』(法政大学)，第15号，pp. 109-129.

田路則子・露木恵美子編著(2010)『ハイテク・スタートアップの経営戦略―オープン・イノベーションの源泉』東洋経済新報社。

田路則子・新谷優(2013)「日本のWEBビジネスを支える起業家活動―2012年定量調査の分析」『イノベーション・マネジメント』(法政大学)，第10号，pp. 53-68.

田路則子・新谷優(2014)「日米WEBビジネスの起業家活動―首都圏およびシリコンバレーの定量調査分析」『イノベーション・マネジメント』(法政大学)，第11号，pp. 105-121.

田路則子・新谷優(2016)「米国シリコンバレー：ITビジネスの興隆を支える移民のシリアル・アントレプレナー」『研究技術計画』第30巻4号，pp. 312-325.

田路則子・新谷優(2018)「WEBビジネスにおけるスタートアップの成長要因―首都圏における定量調査と事例分析」『ベンチャーズレビュー』第31号，pp. 63-67.

田路則子・福田淳児(2015)「エニグモ―ビジネスモデルの構築と成長のプロセス」『一橋ビジネスレビュー』第63巻1号，pp. 111-128.

中小企業庁(1998)「21世紀におけるハイテクベンチャー企業支援のあり方に関する調査」。

福嶋路(2013)『ハイテク・クラスターの形成とローカル・イニシアティブ―テキサス州オースティンの軌跡はなぜ起こったのか』東北大学出版会。

校條浩(2018)「ベンチャー企業を毎年数千社も生む『マイクロVC』という革命」『DIAMOND online』(2018年1月8日)。

山縣宏之(2010)『ハイテク産業都市シアトルの軌跡―航空宇宙産業からソフトウェア産業へ』ミネルヴァ書房。

山田仁一郎(2015)『大学発ベンチャーの組織化と出口戦略』中央経済社。

事項索引

【ア行】

アーリー段階 ……………………… 25, 31
インキュベータ ………………………… 37, 55
インターナショナル・アントレプレナー
　シップ…………………………………… 12, 69
エコシステム …………………… 37, 53, 106
エフェクチュエーション ……… 24, 26, 143,
　174, 178

【カ行】

株式公開………… 10, 34, 66, 95, 137, 150
起業家活動 …………………………………… 1, 2
起業家的志向性 ………………………… 11, 68
起業機会認識 ……… 15, 121, 145, 159, 165
起業機会認識プロセス …………… 3, 21, 120
起業プロセス …………………………… 3, 119
機敏性 ……………… 14, 17, 20, 23, 157
キャピタルゲイン ……………………… 10, 107
キャリア・メンター …………… 72, 78, 143
許容可能な損失 ……… 176, 179, 180, 187
クラウドソーシング……………………… 79, 164
クラウドファンディング …………………… 39
クリティカルマス ……………………… 62, 116
高度専門型 ……………………………… 62, 99
コーゼーション ………… 24, 26, 174, 178

【サ行】

シード ………………… 66, 71, 73, 94, 113
シード資金 ……………………………… 60, 83
シード段階 ……………………………………… 31
市場を紡ぎ出す ………………178, 186, 188
事前(の)知識 ……… 21, 157, 159, 168, 171
手段主導………………… 174, 180, 182, 187
シリアルアントレプレナー …… 48, 50, 57,
　58, 80, 92, 100, 106, 110, 114
シリーズ A …… 60, 66, 71, 73, 83, 94, 113,
　142
シリーズ A，B，C ……………………… 40
シリーズ B ………………………………… 142
シリーズ C ………………………………… 142
シリーズ D ………………………………… 142
シリコンバレー ………………… 1, 2, 12, 35

【サ行（続き）】

シンク・アラウド法………………… 25, 185
スタートアップ … 2, 7, 8, 9, 10, 11, 12, 14
スタートアップ・メンター …… 14, 72, 77,
　107, 143
ストックオプション……………………… 41, 48
成長プロセス …………………………… 4, 120
創造プロセス（創造アプローチ）…… 7, 16,
　18, 19, 20, 22, 23
創造法 ……………………………………… 66
ソーシャル系型 ………………………… 62, 78
ソーシャルネットワーク ………… 7, 13, 69
ソーシャルメディア…… 41, 53, 63, 76, 144,
　154

【タ行】

第三者機会 ……………………… 166, 168
第三者投資 ……………………………… 60, 66
知己ネットワーク ……………………… 77
強い紐帯…………………………… 13, 14, 69
出口 …………………………… 95, 99, 158
梃子利用……………………… 178, 180, 182
当事者機会 ……………………… 167, 168

【ナ行】

ネットワーキング ………………… 13, 43, 46

【ハ行】

売却 …………………………34, 66, 81, 95
ハイテク・スタートアップ … 2, 13, 36, 41
発見プロセス（発見アプローチ）… 16, 17,
　18, 19, 20, 21, 22, 23
ビジネスアイデアの一貫性 ……68, 75, 143,
　154
ビジネスエンジェル… 38, 60, 83, 107, 114
ビジネス支援型 ………………62, 78, 99
ピッチコンテスト ……………… 45, 46, 148
標的市場……………………… 68, 74, 143, 154
不確実性……… 3, 12, 23, 24, 166, 167, 172,
　182, 184
プラットフォーム ……………… 105, 152
ベンチャーキャピタル ……………………… 9
ボーン・グローバル……… 12, 13, 42, 69, 99

【マ行】

マイクロ VC……………………………… 41
マイルストン投資 ……………………… 40
メンター…………………………… 14, 38
目的主導……………………174, 181, 187

【ヤ行】

ユニコーン ……………………………… 47
弱い紐帯………………………13, 15, 69

【ラ行】

リーンスタートアップ ……………… 143
利便性提供型 ………………62, 82, 99
レーター段階 ……………………… 31

【欧文】

B2B ……………………… 61, 149, 186
B2C ……………………… 61, 149, 186
C2C ……………………………… 133
CEO ……………… 9, 40, 57, 86, 91, 101
CFO ……………………………… 9, 135
CMO……………………… 9, 57, 91, 96
COO ……………………… 57, 91, 96, 140
CTO …… 9, 47, 57, 86, 91, 95, 101, 113, 160
IPO ……………………………… 34
VC ……………………… 9, 10, 40, 83
Web2.0……………………………… 130
Web ビジネス ……………………………… 1

人名・組織名索引

【和文】

江島由裕 …………………………………… 66
櫛田健児 …………………………………… 48
忽那憲治 …………………………………… 85
スタンフォード大学 …………37, 40, 45, 50
田路則子 ……………………………… 46, 81
露木恵美子 ………………………… 46, 81
マサチューセッツ工科大学（MIT） 10, 45, 50, 157
吉田満梨 …………………………………… 174

【数字・欧文】

500 Startups …………………………… 43, 99
Beckman, C.M. …………………………… 73
Burton, M.D. ……………………………… 73
Covin, J.G. …………………………… 75, 80
Dew, N. …………………………………… 174
Dumin, M. ………………………………… 70
Eisenhardt, K.M. ………………………… 49
Facebook ……… 36, 37, 40, 42, 47, 90, 117
Fitbit …………………………… 49, 97, 158
GEM ………………………………………… 2
Google ……36, 37, 42, 45, 47, 90, 117, 161
GUESSS …………………………………… 2
Kirzner, I.M. ………… 14, 15, 16, 17, 18, 20, 23, 157
Knight, F.H. ………………………… 13, 24, 173
Lee, C.M. ………………………………… 48
Lin, N. …………………………………… 70
McMullen, J.S. ………………… 165, 167
NVCA …………………………………… 30, 35
Okamuro, H. ……………………………… 85
O'Reilly, C. A. …………………………… 73
Plug and Play Tech Center ………37, 44, 89
Reymen, I.M.M.J. ……… 174, 175, 176, 179, 185, 190, 191
Sarasvathy, S.D. …… 20, 21, 22, 24, 25, 26, 143, 173, 178
Saxenian, A. ……………………………… 46
Schoonhoven, C.B. ……………………… 49
Schumpeter, J.A. ………………………… 15
Shane, S. … 3, 12, 16, 18, 20, 21, 23, 48, 80, 119, 157, 165, 173
Shepherd, D.A. ………………… 165, 167
Simon, H.A. …………………………… 178
Slevin, D.P. …………………………… 75, 80
VEC ……………………………………… 32
Venkataraman, S. ………………… 80, 157
Wasserman, D. ………………………… 41
Y Combinator ………………………… 43

人名・組織名索引

【和文】

江島由裕 ……………………………… 66
櫛田健児 ……………………………… 48
忽那憲治 ……………………………… 85
スタンフォード大学 ……… 37, 40, 45, 50
田路則子 ………………………… 46, 81
露木恵美子 ……………………… 46, 81
マサチューセッツ工科大学（MIT）10, 45, 50, 157
吉田満梨 ……………………………… 174

【数字・欧文】

500 Startups ………………………… 43, 99
Beckman, C.M. ……………………… 73
Burton, M.D. ………………………… 73
Covin, J.G. ……………………… 75, 80
Dew, N. ……………………………… 174
Dumin, M. …………………………… 70
Eisenhardt, K.M. …………………… 49
Facebook …… 36, 37, 40, 42, 47, 90, 117
Fitbit ……………………… 49, 97, 158
GEM ………………………………… 2
Google …… 36, 37, 42, 45, 47, 90, 117, 161
GUESSS …………………………… 2
Kirzner, I.M. ……… 14, 15, 16, 17, 18, 20, 23, 157
Knight, F.H. ……………… 13, 24, 173
Lee, C.M. …………………………… 48
Lin, N. ……………………………… 70
McMullen, J.S. ……………… 165, 167
NVCA ………………………… 30, 35
Okamuro, H. ………………………… 85
O'Reilly, C. A. ……………………… 73
Plug and Play Tech Center ……… 37, 44, 89
Reymen, I.M.M.J. …… 174, 175, 176, 179, 185, 190, 191
Sarasvathy, S.D. …… 20, 21, 22, 24, 25, 26, 143, 173, 178
Saxenian, A. ………………………… 46
Schoonhoven, C.B. ………………… 49
Schumpeter, J.A. …………………… 15
Shane, S. … 3, 12, 16, 18, 20, 21, 23, 48, 80, 119, 157, 165, 173
Shepherd, D.A. ……………… 165, 167
Simon, H.A. ………………………… 178
Slevin, D.P. …………………… 75, 80
VEC ………………………………… 32
Venkataraman, S. ……………… 80, 157
Wasserman, D. ……………………… 41
Y Combinator ……………………… 43

▨著者紹介

田路則子（たじ・のりこ）　法政大学経営学部・大学院経営学研究科教授

1964 年　大阪生まれ
1988 年　神戸大学経営学部卒業
1998 年　一橋大学大学院商学研究科修士課程修了
2003 年　神戸大学大学院経営学研究科博士課程後期修了（博士〔経営学〕）
学部を卒業後，政府系金融機関，建設会社，IT スタートアップ勤務の後，学術界へ転向。1999 年高知工科大学，2002 年明星大学を経て，2006 年より法政大学勤務。法政大学イノベーション・マネジメント研究センター所長（2012 年〜2017 年）。
東京の中小企業振興を考える有識者会議委員，NEDO 研究開発型ベンチャー企業等事業化促進カタライザー，大阪市イノベーション促進評議会評議員等を歴任。
専門分野　イノベーション・マネジメント，アントレプレナーシップ
主な著作
『ハイテク・スタートアップの経営戦略─オープン・イノベーションの源泉』（共著）東洋経済新報社 2010 年
『アーキテクチュラル・イノベーション─ハイテク企業のジレンマ克服』（単著）白桃書房 2005 年
「WEB ビジネスにおけるスタートアップの成長要因─首都圏における定量調査と事例分析」（共著）『ベンチャーズレビュー』第 31 号，2018 年
「アーキテクチャ進化における製品開発マネジメント─半導体露光機産業の事例から」（共著）『一橋ビジネスレビュー』第 65 巻 3 号，2017 年
"Resource Acquisition in High-Tech Startup Global Strategies," *Technology, Innovation, Entrepreneurship and Competitive Strategy*（単著），Emerald Group Publishing, 2014

法政大学イノベーション・マネジメント研究センター叢書19

▨**起業プロセスと不確実性のマネジメント**
　　　首都圏とシリコンバレーのWebビジネスの成長要因

〈検印省略〉

▨発行日──2020年 3 月31日　初 版 発 行
　　　　　2020年12月16日　第 2 刷発行

▨著　　者──田路 則子（たじ のりこ）

▨発行者──大矢栄一郎

▨発行所──株式会社　白桃書房（はくとうしょぼう）
　　　　〒101-0021　東京都千代田区外神田5-1-15
　　　　☎03-3836-4781　⊕03-3836-9370　振替00100-4-20192
　　　　http://www.hakutou.co.jp/

▨印刷・製本──藤原印刷株式会社

Ⓒ TAJI, Noriko 2020　Printed in Japan　　ISBN 978-4-561-26740-9 C3334